KLEINE MITTELHOCHDEUTSCHE GRAMMATIK

VON

KARL WEINHOLD

FORTGEFÜHRT VON

GUSTAV EHRISMANN

NEU BEARBEITET VON

HUGO MOSER

SIEBZEHNTE, VERBESSERTE AUFLAGE
MIT ALPHABETISCHEM WORTVERZEICHNIS, EINEM SACHREGISTER
UND 4 KARTEN

WILHELM BRAUMÜLLER
UNIVERSITÄTS-VERLAGSBUCHHANDLUNG, GES. M. B. H.
1092-WIEN

1980

© 1972 by Wilhelm Braumüller
Universitäts-Verlagsbuchhandlung Ges. m. b. H.
A 1092 — Wien
I S B N 3 7003 0021 2
Druck: Ferdinand Berger & Söhne OHG, 3580 Horn

Inhaltsverzeichnis

Zweiter Abschnitt: Flexionslehre

I. Deklination

Vorwort zur 11. Auflage

Die *Kleine Mittelhochdeutsche Grammatik*, deren künftige Betreuung mir der Verlag anvertraut hat, blickt auf ein Alter von fast einem Dreivierteljahrhundert zurück. Karl Weinhold, Breslau-Berlin, der Schöpfer der ältesten großen wissenschaftlichen Grammatik des Mittelhochdeutschen, löste sie 1881 aus seinem Mittelhochdeutschen Lesebuch und gab sie als selbständiges Buch heraus. Die 3.—7. Auflage (1904—1930) besorgte Gustav Ehrismann, Greifswald - Heidelberg; er hat das Werk vor allem durch stärkere Berücksichtigung der Mundarten und des Neuhochdeutschen erweitert (vgl. sein Vorwort zur 4. Auflage 1912). Die 8. und 9. Auflage (1938, 1943) brachte Hans Teske, Hamburg heraus, der mit behutsamer Hand vieles dem Stand der neueren Forschung anpaßte, wobei er von seinen Kollegen Luise Berthold, Karl Helm, Ludwig Wolff und seiner Assistentin Dr. Käthe Scheel unterstützt wurde. Hans Teske ist aus dem Kriege nicht zurückgekehrt, und so wurde die im wesentlichen unveränderte 10. Auflage (1947) von Frau Dr. Blanka Horacek, heute ord. Professorin an der Universität Wien, durchgesehen.

Wenn ein Buch so zahlreiche Neuauflagen erlebt, so muß es sich bewährt haben. Die *Kleine Mittelhochdeutsche Grammatik* will praktischen Zwecken dienen: sie war und ist ein Lehrbuch für Studierende, insbesondere für Anfänger. Ihre Stärke lag von Anfang an in der Genauigkeit, Klarheit und Systematik der Anordnung und in der geschickten Auswahl der Beispiele, die weder ein Zuviel noch ein Zuwenig zeigt. Diese Vorzüge galt es dem Buch zu erhalten. Andererseits war das Werk ursprünglich eine echt junggrammatische Arbeit, und so war es auch nötig, in der schon von Teske eingeschlagenen Richtung weiterzuschreiten. Bei der Behandlung der Vorstufen und Parallelerscheinungen mußte der Tatsache Rechnung getragen werden, daß viele Studierende des Mittelhochdeutschen keine Griechischkenntnisse mehr haben, dafür aber zumeist Englisch können.

Vor allem aber hielt ich es für nötig, das Mittelhochdeutsche noch stärker in den sprachgeschichtlichen Fluß hineinzustellen.

Bei der Lautlehre war schon bisher aufs Althochdeutsche zurück-
gegriffen worden; nun habe ich auch bei der Flexion im allge-
meinen die althochdeutschen Formen hinzugefügt, was vorher
nur teilweise bei der Konjugation geschehen war. Namentlich aber
schien es mir wichtig, die mittelhochdeutschen Laut- und Flexions-
formen noch stärker mit den neuhochdeutschen zu verknüpfen.
Auch dem sprachgeographischen Gesichtspunkt habe ich noch
größere Geltung zu verschaffen versucht. Völlig neu zu schreiben
war die Einleitung, die das Mittelhochdeutsche vor allem auch in
seiner vielfältigen Schichtung und landschaftlichen Gliederung kenn-
zeichnen und namentlich die Stellung der höfischen Dichtersprache
umschreiben soll. Gerne hätte ich aus methodischen Gründen den
Abschnitt Pronomina vor die Adjektive gestellt (in dieser Reihen-
folge pflegt man ja in Übungen mit Recht vorzugehen), aber
ich wollte den überkommenen Aufbau des Buches nicht zu sehr
verändern.

Ich widme die Neuauflage dem, der mich einst mit päd-
agogischer Meisterschaft in die mittelhochdeutsche Grammatik
einführte, dem verewigten Tübinger Lehrer Karl Bohnenberger.

Stuttgart-Nimwegen, im Mai 1955.

H. M.

Aus dem Vorwort zur 16. Auflage

Vor allem war die Frage, inwieweit neuere, phonologisch-strukturale Methoden der Sprachbeschreibung zu berücksichtigen seien. Ich habe es für richtig gehalten, dies unter Beibehaltung der junggrammatischen Anlage des Buches nur in exemplarischer Weise bei der Laut- wie bei der Formenlehre zu tun, bei letzterer am Beispiel der Substantivflexion.

Im Laufe der 16 Jahre, während deren ich das Werk betreue, sind dem Buch viele Erweiterungen zugute gekommen: Beifügung eines Wort- und Sachregisters, ausführlichere Fassung der Satzlehre durch Prof. Dr. Hugo Stopp, Augsburg, Beigabe von Skizzen und Karten. Dazu kommen sehr viele Einzeländerungen. Viele Kolleginnen und Kollegen gaben mir dabei Anregungen und machten Verbesserungsvorschläge. Ich nenne sie in alphabetischer Folge: Frau Prof. Dr. Luise Berthold — Marburg, Lektor Dr. W. Breuer — Bonn, Wiss. Rat E. Dittmer — Aarhus, Prof. Dr. Rudolf Grosse — Leipzig, Prof. Dr. H. M. Heinrichs — Westberlin, Prof. Dr. Walter Henzen † — Bern, Prof. Dr. J. Kibelka — Hamburg, Prof. Dr. Karl Kurt Klein † — Innsbruck, Prof. Dr. A. Kracher — Graz, Prof. Dr. Walther Mitzka † — Marburg, Prof. Dr. E. Nellmann — Bochum, Prof. Dr. H. Rupp — Basel, Frau Prof. Dr. Ruth Schmidt-Wiegand — Münster, Prof. Dr. Ernst Schwarz — Erlangen, Prof. Dr. G. De Smet-Gent. Frau Prof. Dr. Ruth Römer — Bielefeld, hat die Korrekturen der 15. Auflage, Herr Rainer Pause, M. A. — Köln, die der 16. Auflage mitgelesen. Ihnen allen danke ich aufrichtig.

Bonn, im April 1971.

H. M.

Vorwort zur 17. Auflage

Neben der Beseitigung einiger Druckfehler sind über die schon in der 16. Auflage beigegebenen Beispiele synchronischer Darstellung hinaus noch solche der Flexion des Adjektivs und des Verbums hinzugefügt worden.

Bonn, im Mai 1980.

H. M.

Einleitung

§ 1 Sprachgeschichtliche Stellung des Mittelhochdeutschen.

Das Deutsche ist eine Teilsprache des Germanischen, das zur indoeuropäischen oder indogermanischen Sprachgruppe gehört. Das Germ. setzte sich, soweit wir sehen, im 1./2. Jahrtausend v. Chr. von den anderen ideur. Sprachen ab. Aus dem wohl im ganzen einheitlichen Frühgerm. entwickelten sich, vielleicht seit Christi Geburt, Stammessprachen. Die sog. westgermanischen Stammessprachen der Alemannen, Baiern, Franken, Hessen, Thüringer, Sachsen und Friesen wuchsen zum Deutschen zusammen, das wir etwa ab 770 bis 1500 als Altdeutsch ansetzen dürfen.

Wir nennen das Deutsch des Beginns, dessen hochsprachliche Formen Geistliche gestalten, frühmittelalterliches Deutsch oder Frühdeutsch (= Ahd. und And.). Um 1170 übernehmen adelige Laien die Führung der Hochsprache. Von da an rechnen wir das hoch- und spätmittelalterliche Deutsch, d. h. das Mhd., das Mnd. und das Mnl. als Sonderform des Nfr. Das hochmittelalterliche Deutsch reicht bis etwa 1250, das spätmittelalterliche, dessen Hauptträger nun das Bürgertum ist, bis zum Beginn des 16. Jhs. Zu dem soziologischen Gesichtspunkt der Periodisierung treten solche sprachlicher Art. Vom Frühdeutschen unterscheidet sich das hoch- und spätmittelalterliche Deutsch vor allem dadurch, daß die Abschwächung der frühdeutschen vollen Endungsvokale weithin durchgeführt ist; vgl. ahd. *taga/tagâ* die Tage, mhd. *tage*; ahd. *gibu* ich gebe, mhd. *ich gibe* (vgl. §§ 18 ff.). Der Vorgang setzt allerdings schon im Frühdeutschen ein, und es sind andererseits in alem. Urkunden nach 1250 die vollen Endungsvokale z. T. noch lange bewahrt.

Die lautlichen Hauptkennzeichen, durch die sich die nhd. Hochsprache vom Altdeutschen unterscheidet, entwickeln sich schon im Hoch- und Spätmittelalter:

1) die **Diphthongierung** von *î û iu* (= $\overline{ü}$) $>$ *ei, au, eu/äu* (*îs hûs, hiuser* — Eis, Haus, Häuser) seit dem 12. Jh. im Bair. (um 1100 Südtirol, dann Kärnten; vgl. §§ 12, 36, 39 f.);

2) die **Monophthongierung** von *ie, uo, üe* $>$ *ī, ū, ü* (*liep, guot, güete* — lieb spr. līp, gūt, Güte) seit dem 11. Jh. im Wmd. (vgl. §§ 13, 46 ff.);

3) die **Dehnung altkurzer Tonvokale** in offener Silbe (*oven, siben, tages* — Ofen, sieben, Tages) seit dem 12. Jh. im Nfr. (vgl. § 14 a);

4) die **Kürzung altlanger Tonvokale** vor Mehrkonsonanz (*lêrche* — Lerche) (§ 14 b).

Seit Wilhelm Scherer läßt man das Altdeutsche oft auch schon um 1350 enden und setzt hier den Beginn des Neudeutschen an.

§ 2 Raumbild und Schichtung des hoch- und spätmittelalterlichen Deutsch

Im Hoch- und Spätmittelalter wird das deutsche Sprachgebiet stark ausgedehnt (Karte 4).

Während sich die dt.-roman. Sprachgrenze im Westen seit ihrer Ausbildung im Frühmittelalter bis heute nur wenig veränderte, breitete sich das Deutsche in der Südschweiz und in Südtirol, vor allem aber jenseits von Elbe und Saale weiter aus. Im 13. Jh. wurde die Eindeutschung von Obersachsen und Schlesien abgeschlossen, und im 12./13. Jh. drang das Deutsche aus Nieder- und Mitteldeutschland auch in die nördl. ostelbischen Gebiete bis ins Baltikum vor (seit 1233 in Ostpreußen). Seit der Mitte des 12. Jhs. zogen schles., md. und obd. Siedler in die Slowakei, namentlich in die Zips, wmd. nach Siebenbürgen. Auch in die Randgebiete Böhmens und Mährens dehnten sich die angrenzenden deutschen Maa. mit den dorthin gerufenen Siedlern aus; im 15. Jh., in den Hussitenkriegen, wichen sie dann wieder ein Stück zurück.

I. Das hochmittelalterliche Deutsch
(Karte 1)

Volkssprache

Die gesprochenen Maa., die noch vorwiegend Stammessprachen sind, kennen wir wie die Berufssprachen kaum; sie zeigen sich uns nur undeutlich vor allem im Spiegel der Schreib- und Literatursprachen [1]. Im östl. Kolonialgebiet entstehen durch Sprachmischung

---

[1] Unter Schreibsprache versteht man eine Vorstufe der Schriftsprache, die weniger geregelt ist als diese.

neue hd. und nd. Maa. aus denen der Altstämme. Man pflegt die Maa. so einzuteilen (Karte 1):

A. Mittelhochdeutsch

I. **Oberdeutsch**: Alemannisch, Bairisch, Ostfränkisch.

II. **Mitteldeutsch**:

a) *Westmitteldeutsch:* Südrheinfränkisch, Rheinfränkisch (einschl. Hessisch), Mittelfränkisch (d. i. Moselfränkisch und Ripuarisch).

b) *Ostmitteldeutsch:* Thüringisch, Obersächsisch, Schlesisch.

B. Mittelniederdeutsch

Niederfränkisch, Niedersächsisch; das Friesische nimmt eine Sonderstellung ein.

Die nördliche Grenze der zweiten Lautverschiebung (§§ 51 ff.) scheidet das Hd. vom Nd.

Sprachliche Zwischenformen

Die landschaftlichen Umgangssprachen der Oberschichten, die gewiß Breitmundartliches vermieden, kennen wir nicht unmittelbar.

Hochsprache: Schreib- und Literaturidiome

Die frühdeutsche Tradition wissenschaftlicher Prosa wird weitergeführt (Lucidarius, Rechtsbücher, der mnd. Sachsenspiegel und die mnd. Weltchronik Eikes von Repgow). Dazu treten deutsche Predigten. 1235 erscheint das erste Reichsgesetz in deutscher Sprache, der Mainzer Reichslandfriede Friedrichs II. Es folgen dann Schweizer Urkunden.

Im Bereich der Dichtung steht ein mittelrhein. Literaturidiom am Anfang (Straßburger Alexander, König Rother, Herzog Ernst, Trierer Floyris? u. a.). Heinrich von Veldeke schreibt seine Lieder, St. Servatius und wohl einen Teil der Eneit limburgisch.

Gipfel der Hochsprache: Höfische Dichtersprache

Dem ausgeprägten Formwillen der höfischen Gesellschaft, dem universalen Geist der staufischen Zeit, aber auch dem Wunsche der Dichter, überall gleichermaßen verstanden zu werden, entsprach das Streben nach einer einheitlichen Dichtersprache, die auch nd. Dichter zumeist verwendeten. Sie ist die Sprache der oberdeutschen Dichter Hartmann von Aue, Wolfram von Eschenbach, Gottfried von

Straßburg und Walther von der Vogelweide und ihrer Nachfolger, im wesentlichen auch der Heldenepik. Ihre Form ist uns schwer zugänglich, da wir nicht die Originale der Dichtungen besitzen, sondern nur Abschriften. Diese zeigen keineswegs die Einheitlichkeit der Schreibgestalt, wie sie die meisten kritischen Textausgaben nach dem Muster von Lachmanns „normalisiertem" Mittelhochdeutsch aufweisen.

Und doch ist in den überlieferten Texten eine Tendenz zu überlandschaftlicher Einheit zu erkennen. Deutlich sind die Gemeinsamkeiten im Bereich des höfisch bestimmten Stils und Wortschatzes, wobei allerdings die Sprache der Heldenepen altertümlicher ist. Der Wortschatz ist französisch beeinflußt: es finden sich Lehnwörter wie *prîsen* preisen < afrz. *priser* und Lehnprägungen wie die aus dem Nfr. kommenden Wörter *ritter* für afrz. *chevalier* und *dörper* (> nhd. Tölpel) Bauer für afrz. *vilain* (hd. *rîter, gebûre*). Dazu kommen Lehnsuffixe wie mhd. nhd. *-ieren* < afrz. *-ier*, mhd. *-ie* nhd. *-ei* < afrz. *-ie* und mhd. *-leie* nhd. *-lei* < afrz. *-ley*, z. B. mhd. *parlieren* sprechen, *hofieren*; *profezîe* Prophezeiung, *jegerîe* Jägerei; *manegerleie* mancherlei usw.

Die Endsilbenvokale sind im Gegensatz zu einem Teil der gleichzeitigen alemannischen Urkunden meist zu *-e* abgeschwächt (vgl. §§ 18 ff.), was der Sprache den Charakter einer Umgangssprache gibt. Mundartliches wird auch sonst vermieden. Vor allem verwendeten die höfischen Dichter Reimwörter, die in allen deutschen Landschaften einen reinen Reim ergaben. Für germ. *b* steht obdt. *p* neben fränk. *b*, für germ. *k* alem. *ch, kch* neben fränk. *k (kh)* (vgl. §§ 79. 84). Neben den alem. Formen *gân, stân* „gehen, stehen" finden sich in denselben Dichterwerken die vorwiegend fränk. und bair. *gên, stên* (§ 170). Die mhd. Dichtersprache zeigt eine Mischung von alem. und ofr. Lautstand. Hier wird staufischer Einfluß wahrscheinlich. Vielleicht liegt ihr die Verkehrssprache des alem.-fränk. staufischen Adels zugrunde.

II. Das spätmittelalterliche Deutsch
(Karte 2)

Mit der Ablösung der höfischen Kultur durch eine „bürgerlich" bestimmte tritt auch die höfische Dichtersprache zurück; sie stirbt im 14. Jh. ab. Immerhin wirkt sie stark auf die neuen

Formen der Hochsprache, namentlich auf die Sprache der Dichtung, der Mystik und der Erbauung.

In der Welt der bürgerlichen Sprache herrscht Provinzialismus statt des höfischen Universalismus. Er zeigt sich in der Vielfalt der sprachlichen Formen wie in dem immer schrankenloser werdenden Subjektivismus der Schreibung (*funffczig, fünfftzig* usw.) Mit der Steigerung des Nationalgefühls dehnt sich wie im übrigen Europa auch in Deutschland der Gebrauch der Nationalsprache aus.

Volkssprache

Es entstehen neue mundartliche Unterteilungen. Die Territorialgrenzen sind dabei von entscheidender Bedeutung. Sie beeinflussen im Westen teilweise die Grenzen der zweiten Lautverschiebung. Im Osten bilden sich weitere koloniale Maa. in Mecklenburg, Pommern, Brandenburg, Preußen. Die Fachsprachen werden besser faßbar; sie entfalten sich reich im Zusammenhang mit der Entwicklung des Handwerks und der Zünfte.

Sprachliche Zwischenformen

Die landschaftlichen Umgangssprachen der Oberschichten sind uns auch jetzt nicht direkt zugänglich.

Hochsprache
Landschaftlich bestimmte Sondersprachen

Die Dichtung wird seit dem 14. Jh. wieder in landschaftlichen Literatursprachen niedergeschrieben. Auf dem Gebiet der geistlichen Prosa entsteht neben einer sich vom lateinischen Vorbild lösenden Predigtsprache eine deutsche Sprache erbaulicher Werke, der theologischen Schriften der Mystik und Scholastik und Bibelübertragungen. Der Einfluß des mystischen Wortschatzes ist noch größer als der des höfischen Deutsch, so auf die Abstraktbildungen (vgl. *blosheit, nichtekeit, suochunge* usw.). Auch die deutsche Prosa der Wissenschaft, der Kanzlei und des Geschäftsverkehrs entfaltet sich in reichem Maße. Allerdings ist die Sprache der Wissenschaft noch vorwiegend das Latein, dessen Stellung durch den Humanismus erneut für Jahrhunderte gefestigt wird. Ludwig der Bayer (1314 — 1347) führt das Deutsche in die kaiserliche Kanzlei ein und gibt damit den anderen Kanzleien ein wichtiges Vorbild.

Überlandschaftliche Schreibsprachen

Zur *mnl.* Literatur- und Schreibsprache, die sich seit dem Hochmittelalter weiterentfaltet, treten im Spätmittelalter weitere überlandschaftliche Schreibsprachen der Kanzleien und Kontore. Das *Mnd.* entwickelt sich seit der 2. Hälfte des 14. Jhs. als Geschäftssprache der Hanse. Es ist früh bedroht vom Omd., dem es zu Anfang des 17. Jhs. endgültig erliegt. Die *omd.* Schreibsprache erwächst im 14./15. Jh. auf der Grundlage einer überlandschaftlichen Durchschnittssprache. Sie wird durch das Werk Luthers zur Grundlage der nhd. Hochsprache. Eine oberdeutsche Schreibsprache (sie wird vielleicht *das Gemeine Deutsch* genannt) entsteht in der 2. Hälfte des 15. Jhs. unter dem Einfluß der kaiserlichen Kanzlei. Erst in der 2. Hälfte des 18. Jhs. weicht die oberdeutsche Sonderform der Schriftsprache omd. Gepräges.

Druckersprachen

Seit der 2. Hälfte des 15. Jhs. entwickeln einzelne Druckorte ihre Sondersprachen. Es entsteht in Oberdeutschland ein österreichisch-bayerischer Typ (Wien, Ingolstadt, München), ein schwäbischer (Augsburg, Ulm, Tübingen), ein oberrheinischer (Basel, Straßburg), in Mitteldeutschland ein obersächsischer (Leipzig, Wittenberg) und ein westmitteldeutscher (Mainz, Frankfurt, Worms, auch Köln); ein ostfränkischer (Nürnberg, Bamberg) hält die Mitte zwischen den obd. und den md. Formen.

Es gibt also kein zeitlich und räumlich einheitliches „Mittelhochdeutsch". Die vorliegende Grammatik beschäftigt sich vorzugsweise mit der hochmittelalterlichen höfischen Dichtersprache, und zwar in überkommener Weise mit ihrer normalisierten Gestalt; sie ist im allgemeinen mit „mittelhochdeutsch" gemeint. Allerdings wird dabei immer wieder auf die Landschaftssprachen, zum Teil auch auf die spätmittelalterlichen Formen der Hochsprache Bezug genommen.

Erster Abschnitt

Laute

(dargestellt durch ihre Zeichen)

§ 3 Schreibung und Aussprache

Die Schreibweise unserer meisten kritischen Ausgaben mhd. „klassischer" Texte ist normalisiert, d. h. anstelle der regelloseren freieren Schreibweise der Handschriften wird fast jeder Laut durch ein besonderes Zeichen wiedergegeben (vgl. § 2); so kann für *u* *û, ü, iu (ǖ), iu (iü), uo, üe* des Normalmittelhochdeutschen in den Handschriften *u* und *v* stehen, für *öu* neben *ou* und *ov* auch *eu, ev, ew, ô, ôv, ᵒu. y* und *x* finden sich fast nur in Fremdwörtern.

Zur Aussprache. Es gibt in betonter Silbe fünf mhd. *e*-Laute: das (kurze) *e* ist als Primärumlaut von *a* geschlossen, sonst offen (im folgenden durch *ë* bezeichnet). Der Sekundärumlaut *ä* ist noch offener als *ë* (§§ 25, 26, 27). *ê* ist im Bair. und Ostschwäb. halboffene, sonst wie heute geschlossene Länge; *æ* (Umlaut von *â*) ist die Länge zu *ä* (§§ 34 f.).

iu steht für langes *ǖ* (§§ 40, 44 f.). — Zur Aussprache von *ei* vgl. § 41. — *ie* ist immer diphthongisch zu sprechen (§ 46).

ch ist im Obd. auch nach *i* und *e* wie im nhd. *Bach* auszusprechen (vgl. auch § 85). *h* ist im Silbenanlaut Hauchlaut, auslautend Reibelaut (= nhd. *ch*), ebenso in der Regel in den Verbindungen *ht* und *hs* (§ 86). Niemals ist *h* Dehnungszeichen wie im Nhd.; es hat immer eigenen Lautwert.

In hochmittelalterlichen Texten bezeichnet *f* im allgemeinen den stimmlosen, *v* den (schwach) stimmhaften Reibelaut; *w* ist noch bilabial, *v* und *f* sind bereits labiodental (vgl. §§ 69, 82).

z steht für die Affrikata (nhd. *z* spr. *ts*) oder für den stimmlosen Reibelaut *s* (in den Grammatiken als *ʒ* wiedergegeben, § 77). *tz* bezeichnet die gedehnte Affrikata *(tts)*.

s wird bis zur Mitte des 13. Jhs. mehr dem *sch* ähnlich ausgesprochen, und zwar im Anlaut vor Vokal und süddeutsch außerdem vor *l, m, n, w* stimmhaft (§ 78).

Das Nld. hat die *sch*-Aussprache des *s* bewahrt.

Im Md., namentlich im späteren Mfr., wird *e* oder *i*, z. T. auch *y* nach Vokalen zur Bezeichnung der Länge gesetzt: *haet hait* = *hât* hat, *ayn*=*ân(e)* ohne usw., vgl. die ONN *Troisdorf* spr. *Trōsdorf, Soest* spr. *Sōst*. (§§ 33, 35, 37, 39).

I. Die mittelhochdeutschen Vokale

1. Allgemeines

§ 4   a) **Übersicht** (vgl. auch § 49)

mhd.	ahd.	germ.	ideur.

Kurze Vokale:

mhd.	ahd.	germ.	ideur.
a	*a*	*a*	*a, ə, o*
Primärumlaut des *a : e*	Primärumlaut des *a : e*		
Sekundärumlaut des *a : ä*			
ë	*ë*	*e, i*	*e, i*
i	*i*	*i, e*	*i, e*
o	*o*	*u* ⎫	*u* bzw. *Null* vor silb.
u	*u*	*u* ⎭	Nasalen oder Liquiden (vgl. § 139).
Umlaut des *o : ö*			
Umlaut des *u : ü*			

Lange Vokale:

mhd.	ahd.	germ.	ideur.
â	*â*	*ê*[1] (= *æ*); *an* vor *h* (§ 59)	*ē*
Umlaut des *â : æ*			
ê	*ê*	*ai* vor *h, w, r*	*ai, oi*
î	*î*	*î; in* vor *h* (§ 59)	*ī, ei (i)*
ô	*ô (ao)*	*au* vor Dentalen und *h*	*au, ou*
Umlaut des *ô : œ*			
û	*û*	*û; un* vor *h* (§ 59)	*ū (u)*
Umlaut des *û : iu* (spr. *ü*)	Umlaut *iu*		

mhd.	ahd.	germ.	ideur.

Diphthonge:

ei^1	$ei\ (<ai)$	ai	$ai,\ oi$
ei^2	egi		
ou	$ou<au$	au	$au,\ ou$

Umlaut des $ou:\ddot{o}u$
auch eu geschrieben)

iu (spr. $\bar{\ddot{u}}$)	iu	eu	eu

Umlaut des $iu:i\ddot{u}$
(spr. $\ddot{u}$)

ie	$ie<ia<ea<\hat{e}$	$\hat{e}^2$	$\bar{e}i$
	$ie<io<eo$	eu	eu
uo	$uo<ua<oa<\hat{o}$	$\hat{o}$	$\bar{a},\ \bar{o}$

Umlaut des $uo:\ddot{u}e$

d) Zur vormittelhochdeutschen Entwicklung der Vokale
§ 5   Der Ablaut (Wesenszüge)

Unter Ablaut versteht man eine den ideur. Sprachen gemeinsame Erscheinung, den regelmäßigen Vokalwechsel, vor allem in der Stammsilbe wurzelverwandter Wörter. Man unterscheidet einen qualitativen Ablaut (Abtönung=a), Wechsel in der Vokalfärbung, z. B. ideur. e—o, germ. e—a, von einem quantitativen Ablaut (Abstufung), Wechsel in der Vokaldauer, z. B. e—$\bar{e}$. Abstufungen sind Grundstufe (Normal-, Voll-, Hochstufe) = G — Dehnstufe = D — Schwundstufe = S, z. B. G e — D $\bar{e}$ — S *Null*. G $\bar{e}$ — S ∂; G ei — S i.

Der Ablaut ist in der angenommenen ideur. Grundsprache wohl durch den Wechsel der Betonung verursacht worden, der das ganze gramm. System durchzieht. Er ist also nicht nur in den Wurzelsilben, sondern ursprünglich auch in den Ableitungs- und Flexionssilben eingetreten. Für Wurzelsilben vgl. griech. λείπω — λέλοιπα (*leípo — léloipa*) verlasse, habe verlassen, *stîge — steic* steige, stieg (Abtönung ideur. ei — oi > germ. $\hat{i}$ — ai); griech. λείπω — ἔλιπον (*leípō — élipon*) verlasse, verließ, mhd. *stîge — wir stigen* steige, stiegen (Abstufung ideur. ei — i > germ. $\hat{i}$—i). Der Ablaut zeigt sich vor allem in den Tempusstämmen der starken Verben, z. B. auch *liuge — louc — lugen — gelogen* (vgl. § 136 ff.). Aber auch außerhalb der Verbalflexion ist er zu beobachten: z. B. *binden, diu binde* — *daʒ bant* — *dër bunt*, *gëben* — *gâbe* und Adj. *gæbe* willkommen — *gift* Gabe. Im Ablautverhältnis stehen etwa auch die Suffixe mhd. *-inc* und *-unc* (*nîdinc nîdunc* Neider).

§ 6 Wechsel zwischen ë und *i.*

a) Wandel von germ. *e* zu *i.*

α) Urspr. *e* ist schon im Frühgerm. zu *i* geworden:

1. wenn die folgende Silbe ein *i* oder *j* enthielt: *ist* griech. ἐστί [*estí*], er *wil* (lat. *velit*), ahd. *mitti* mhd. *mitte* (lat. *medius*); darauf beruht der Wechsel zwischen *ë* und *i* im Präs. der starken Klassen IIIb, IV und V (vgl. §§ 139 ff.): Inf. ahd. *hëlfan*, dagegen 2., 3. Pers. Sg. Präs. Ind. *hilfis hilfit*, mhd. *hëlfen* — *du hilfest ër hilfet;* ahd. *nëman* — *nimis nimit*, mhd. *nëmen* — *du nimst ër nimt;* ahd. *gëban* — *gibis gibit*, mhd. *gëben* — *du gibest ër gibet;* ferner bei Ableitungen: ahd. *ërda* mhd. *ërde* — ahd. mhd. *irdîn*, mhd. *vëlt* — ahd. *gafildi* mhd. *gefilde*, mhd. *bërc* — ahd. *gabirgi* mhd. *gebirge;* mhd. *rëht* — *rihten (< *reht-jan);*

2. vor Nasal *(m, n)* + Kons.: *finfte* (aus **fimfte*, griech. πέμπτος [*pémptos*]), *wint* (lat. *ventus*), und besonders im Präs. der starken Kl. IIIa: *swimmen, rimpfen/rümpfen, rinnen, binden, singen.*

β) Urspr. *e* wurde zu *i* im Ahd. (und Asächs., teilw. auch Anord., Aengl.), wenn die Folgesilbe ein *u* enthielt: ahd. *sibun* (lat. *septem*), *situ, filu* mhd. *siben, site, vil*, und besonders in der 1. Pers. Sg. Präs. Ind. der starken Klassen IIIb, IV und V: Inf. ahd. *hëlfan* — *hilfu* mhd. *hëlfen* — *ich hilfe*, ahd. *nëman* — *nimu* mhd. *nëmen* — *ich nim(e)*, ahd. *gëban* — *gibu* mhd. *gëben* — *ich gibe*. Doppelformen: ahd. *fëhu* (lat. *pecus*) — *fihu* mhd. *vëhe* — *vihe* (§ 100); *ë* ist geblieben in ahd. *ëbur* mhd. *ëber*, ahd. *ërnust* mhd. *ërnest* Kampf, Aufrichtigkeit, ahd. *mëtu* mhd. *mëte* Met u. a.

b) Wandel von germ. *i* zu *ë.* Urspr. *i* erscheint vor urspr. *a-, e-, o*-Lauten der folgenden Silbe im Ahd. zuweilen als *ë*: ahd. *lëbên, klëbên, swëbên*, mhd. *lëben, klëben, swëben*, ahd. *lëbara* mhd. *lëber*, ahd. *stëga* mhd. *stëge* Stiege, *stëc* (*a*-Stamm) Steg, mhd. *quëc* (*a*-Stamm) lebendig, ahd. *wëcha* mhd. *wëche/woche*, ahd. *wëhsal* mhd. *wëhsel* u. a. Doppelformen sind: Prät. ahd. *wissa wista* — *wëssa wësta* mhd. *wisse wiste* — *wësse wëste*, mhd. *line* — *lëne* (*ô*-Stamm; zu den Stämmen der Subst. vgl. §§ 88 ff.) Lehne,

linen — *lënen* (urspr. *-ên*), *lirnen* — *lërnen (-ên)*, *lidec* — *lëdec*
(< *lidic* — *lëdac*), *schif* — *schëf*, *schirm* — *schërm* (*a*-Stämme).
Fest ist das alte *i* im Part. Prät. der I. starken Kl. (vgl. § 137):
ahd. *gasgan, garitan* mhd. *gestigen, geriten*. (Vgl. „Brechung" § 8).

§ 7 Wandel von germ. u zu o. Urspr. *u* ist durch *a-, e-,*
o-Laute der folgenden Silbe in vorahd. Zeit in *o* verwandelt
worden, ausgenommen vor Nasal *(m, n)* + Kons.: *joch* (germ. *a*-
Stamm, **juka-*), *wolf* (*a*-Stamm), ahd. *folgên* mhd. *folgen*, ahd.
boto mhd. *bote*; aber ahd. *zunga* mhd. *zunge*, ahd. *sunna* mhd.
sunne, ahd. *brunno* mhd. *brunne*, *tump* (*a*-Stamm); besonders im
Part. Prät. der starken Klassen II, IIIb und IV: ahd. *gibotan*
mhd. *geboten*, ahd. *giholfan* mhd. *geholfen*, aber vor Nasal + Kons.
ahd. *giswumman* mhd. *geswummen*, ahd. *gibuntan* mhd. *gebunden*
(Kl. IIIa; §§ 138 ff.). (Vgl. „Brechung" § 8).

Da *u* nur vor *a-, e-, o*-Lauten in *o* überging, vor *i j* und
u aber blieb, so entstand in den Stammsilben wurzelverwandter
Wörter ein Wechsel zwischen *u* (bzw. Umlaut *ü*) und *o,* je nach
dem urspr. Vokal der folgenden Silbe; so besonders im Pl. Prät.
der starken Klassen II und IIIb gegenüber dem Part. Prät.: ahd.
butum wir boten — *gibotan* mhd. *buten* — *geboten*; ahd. *hulfum*
halfen — *giholfan* mhd. *hulfen geholfen;* ferner: ahd. mhd. *wullîn*
wollen — mhd. *wolle* Wolle (ahd. *wolla*), mhd. *guldîn* golden —
golt (*a*-Stamm), *hülzîn* hölzern — *holz* (*a*-Stamm), *hübesch (= hubisch)*
höfisch — *hof* (*a*-Stamm), *hulde* (ahd. *huldî*) — *holt* (*u*-Stamm);
Verba auf *-jan:* mhd. *zürnen (< *zurn-jan)* — *zorn* (*a*-Stamm),
füllen (< *full-jan) — *vol* (*a*-Stamm), *fürhten (< *furht-jan)* —
Prät. *vorhte* (ahd. *forahta*) fürchtete, *würken (< *wurk-jan)* wirken
— *worhte* (ahd. *worahta*) wirkte; *wir tugen* (ahd. *tugum*) taugen —
tohte (ahd. *tohta*) taugte u. a.

§ 8 Wandel von germ. eu zu mhd. *iu (ü)/ie*. Wie *u* durch
a-, e-, o-Laute der folgenden Silbe in *o* verwandelt wurde, so auch
das *u* in dem urspr. Diphthong *eu* (ahd. *iu*): es entsteht dann 1) ahd.
iu mhd. *iu (ü)* und 2) ahd. *eo>io>ie* mhd. *ie*. Dies tritt deutlich
hervor im Präs. der II. st. Kl. (§ 138): Sg. ahd. *biutu* ich biete *biutis*
biutit — Pl. *biotamês biotet biotant,* mhd. *biute biutest biutet* — *bieten*
bietet bietent; ferner ahd. *diutisk* deutsch, zu ahd. *diot diota* Volk, mhd.
tiutsch — *diet;* ahd. *liuhten (< *liuht-jan)* leuchten — *lioht* Licht,

mhd. *liuhten* — *lieht;* ahd. *siuchî* Seuche — *sioh* (*a*-Stamm), mhd. *siuche* — *siech.*

In der Lautgruppe *iuw* bleibt *iu* immer, auch wenn *a* folgt: ahd. *triuwa* Treue, *hriuwa* Reue, *hriuwan* reuen, *bliuwan* bleuen, mhd. *triuwe, riuwe, riuwen, bliuwen.*

Als Faustregel für das Ahd. und Mhd. gilt: *i, u, iu* stehen im allgemeinen vor folgenden *i*- und *u*-Lauten sowie vor Nasal + Kons., *o, io/ie* und oft *ë* vor *a-, e-, o*-Lauten.

Den Wandel von *i* zu *ë, u* zu *o* und *eu* zu *io/ie*, der durch *a-, e-, o*-Laute der folgenden Silbe bewirkt wurde, nennt man (mit älterer, von Jacob Grimm gegebener Bezeichnung) Brechung, daneben auch *a*-Umlaut oder auch Erweiterung.

§ 9 (i-) Umlaut. Unter (*i*-)Umlaut versteht man den Wandel eines Vokals einer stärker betonten Silbe durch ein *i* oder *j* der folgenden schwächer betonten Silbe in einen dem *i* näher liegenden Vokal (Palatalisierung).

Der Umlaut ist zwar gemeingerm., wird aber unter verschiedenen Bedingungen erst einzelsprachlich durchgeführt (im Got. allerdings nur in Namen). Im Ahd. sind nur zwei Umlaute in der Schrift zum Ausdruck gekommen: der von *a* zu *e* (etwa 750) und der von *û* zu *iu* (um 1000, Notker). Bei *a* verhinderten vor allem folgendes *ht* und *hs* den Umlaut.

Es wurden gewandelt *a* zu *e* (Primärumlaut) und *ä* (Sekundärumlaut; § 25 f.), *o* zu *ö* (§ 30), *u* zu *ü* (§ 32); *â* zu *æ* (§ 34), *ô* zu *œ* (§ 38), *û* zu *iu* (spr. *ü*, § 40); *ou* zu *öu* (§ 43), *iu* zu *iü* (geschrieben meist *iu*, spr. *ü*, § 45), *uo* zu *üe* (§ 48). Der Umlaut ist also eine „partielle Assimilation", bei welcher der urspr. Vokal dem folgenden *i j* genähert wird. Beispiele: *gast* Pl. *geste* (ahd. *gesti*), mhd. *wir gâben* — Konj. Prät. *ich gæbe* (ahd. *gâbi*), *dorf* — Pl. *dörfer* (ahd. *-ir*), *hôn* — *hœnen* (< **hôn-jan*), *wir zugen* zogen — Konj. Prät. *ich züge* (ahd. *zugi*), *brût* Braut, junge Frau — Pl. *briute* (ahd. *brûti*) Braut, *loup* Laub — Pl. *löuber* (ahd. *-ir*), *ruom* Ruhm — *rüemen* (< **ruom-jan);* *iu* wird ohne und mit Umlaut gleich ausgesprochen (*ü*), vgl. *liut* Volk — Pl. *liute* (ahd. *liuti).*

Im Mhd. erscheint der Umlaut auch oft über die unmittelbar vorhergehende Silbe hinaus in der zweitvorhergehenden, so schon ahd. *edili* (= *adali* > *adili*, indem zunächst der vorhergehende Vokal *a* an das schließende *i* assimiliert wurde und dann durch das nunmehrige *i* der Mittelsilbe das erste *a* umgelautet wurde) mhd. *edere,* ahd. *hemidi (= hamadi > hamidi)* mhd. *hemde,* ahd. *framadi > flamidi > fremidi* mhd. *fremde,* ahd. *managî > manigî > menigi* mhd. *menege* Menge, und mhd. besonders bei den Suffixen *-in -lin -lich: mägetin* neben *magetin, fröuwelîn* neben *frouwelîn, väterlîn väterlîch* neben *vaterlîn vaterlîch* (§ 26).

Der Umlaut unterbleibt meistens vor dem Suffix *-nisse: vancnisse, bekantnisse, gehugnisse,* aber auch unter Anlehnung an das Grundwort: *mordisch* zu *morden, lustic* zu *lust* (vgl. §§ 25 ff.).

Im Md. sind meist nur die Umlaute von *a* und *â,* d. i. *e* und *ê (= æ),* bezeichnet, teilw. auch von *ou,* d. i. *eu (öu),* die übrigen meistens nicht; sie sind vielleicht aber auch in der Tat zum Teil nicht gesprochen worden.

Über die Funktion des Umlauts bei der Dekl. vgl. § 90.

Wechsel zwischen Diphthongen und einfachen Vokalen.

§ 10 Übergang von Diphthongen in lange Vokale.

Germ. *ai* und *au* werden auf vor- oder frühahd. Stufe vor bestimmten Konsonanten zusammengezogen zu den Längen *ê* und *ô.* Bei den folgenden got. Beispielen haben *ai, au* wohl schon den Lautwert *ę, ǫ.*

a) ai wird zu *ê* vor *r w* und germ. *h:* got. *airis* — ahd. *êr* mhd. *êr ê* eher, ebenso mhd. *mê(r)* mehr, *sêr(e)* Schmerz, *êre, lêren;* got. *saiws* — ahd. **sêw sêo sê* mhd. *sê* See, ebenso mhd. *snê* Schnee, *êwe ê* Gesetz, Ehe, *sêle* (got. *saiwala);* got. *(ga)þlaihan* (þ ist stimmloser dentaler Reibelaut, vgl. § 54) — ahd. *flêhôn* mhd. flêhen flehen, ebenso mhd. *zêhe* Zehe.

Infolge dieser Veränderung steht in der 1., 3. Pers. Sg. Prät. Ind. der I. starken Kl. je nach dem wurzelschließenden Konsonanten *ei* (< älterem *ai*) oder *ê: ei* ist geblieben z. B. in mhd. *rîte* — *reit* reite ritt, *belîbe* — *beleip* bleibe blieb; es wurde zu *ê* etwa in *zîhe* — *zêch* zeihe zieh, *spîwe* — *spê* (< **spêw*) speie spie (§ 137).

Außerdem wurde *ai* zu *ê* im Wortauslaute: got. *wai* — ahd. *wê,* got. *sai* — *sê* (Ausruf = ecce!), dazu in nichthaupttonigen Silben: 2. Pers. Sg. Konj. Präs. got. *nimais* ahd. *nëmês* du nehmest, 1., 3. Pers. Sg. Ind. Prät. *habaida* — ahd. *habêta* hatte sowie in mhd. *zwêne* (M.; zu *zwei*), *wênec* (zu *weinen*, got. *wainags*), *bêde* neben *beide*.

b) *au* wird zu *ô* vor Dental *(d t z ʒ s l n r)* und germ. *h:* got. *dauþus* Tod — mhd. Subst. Adj. *tôt;* got. *hlauts* — *lôʒ* Los; got. *stautan* — *stôʒen;* got. *laus* — *lôs* los; lat. *caulis* — *kôl;* got. *laun* — *lôn,* got. *skauns* — *schœne;* got. *raus* — *rôr,* got. *ausô* — *ôre,* got. *hausjan* — *hœren;* got. *hauhs* — *hôch hœher.* Infolge dieses Wandels steht in der 1., 3. Pers. Sg. Prät. Ind. der II. Kl. der ablautenden Verben je nach dem wurzelschließenden Kons. *ou* (= älteres *au*) oder *ô: ou* blieb etwa in mhd. *liuge* — *louc* lüge log, *riuche* — *rouch* rauche rauchte; es wurde zu *ô* z. B. in *biute* — *bôt* biete bot, *siude* — *sôt* siede sott, *geniuʒe* — *genôʒ* genieße genoß, *verliuse* — *verlôs* verliere verlor, *ziuhe* — *zôch* ziehe zog (vgl. § 138).

Vor *ch* < germ. *k* (§ 52) werden *ai* und *au* nicht zu *ê* und *ô,* also zwar got. *þlaihan* — *flêhen,* aber got. *taikns* — mhd. *zeichen;* got. *hauhs* — *hôch,* aber got. *auk* — *ouch* auch; ebenso *dër rouch, dër louch.*

§ 11   Übergang von langen Vokalen in Diphthonge.

a) Germ. *ê* (*ê²*) wird im Ahd. diphthongiert zu *ea ia ie,* mhd. *ie:*

1. in einzelnen germ. Wörtern: ahd. *hêr hear hiar hier* mhd. *hier hie* (got. *hêr*), ahd. *skêro* — *schiere* bald, ahd. *zêri* — *ziere* schön, dazu ahd. *mêta* — *miete* Lohn; vgl. auch got. *Krêks* — *Kriech* Grieche;

2. im Prät. urspr. reduplizierender Verben der Kl. VII a: ahd. *râtan* — *rêt reat riat riet* mhd. *râten* — *riet,* ebenso *vallen* — *viel, walten* — *wielt* usw. (§§ 143 f.);

3. in lat. Lehnwörtern (deren *e* meist sekundär gelängt ist): *tēgula* — ahd. *zeagal ziagal ziegel* mhd. *ziegel,* *spēglum* < *spēculum* — mhd. *spiegel,* *brēvis* < *brevis* — *brief,* *fēbris* < *febris* — *fieber.* *Rētia* < *Raetia* — *Rieʒ* Ries (schwäb. Landschaft), dazu afr. *prēstre* < lat. *presbyter* — mhd. *priester.*

Lat. *ē* wird (vielleicht unter keltischem Einfluß oder unter dem der irischen Mission) in einigen Wörtern im Ahd. zu *i: fēria* — ahd. *fira* mhd. *vire* Feier, *spēsa* (< *spensa*) — mhd. *spise* Speise, *sēta* — *side* Seide, *crēta* — *kride* Kreide, *poena* — *pin(e)* Pein.

b) Germ. *ô* wird im Ahd. diphthongiert zu *oa ua uo*: got. *gôd-s* — ahd. *gôt (goat guat) guot* mhd. *guot* gut, got. *fôtus* — mhd. *fuoʒ* Fuß, got. *brôþar* — *bruoder*, got. *fôr* — *fuor* fuhr.

Im Mfr. und z. T. im Hess. bleiben (wie im Nd.) *ê* und *ô* (vgl. §§ 46 f.).

c) Vokalwandlungen in mittelhochdeutscher Zeit

I. Qualitative Veränderungen

§ 12

a) Die Diphthongierung von *î û iu (ǖ)* zu *ei au eu* (§§ 36, 39, 40) zeigt sich zuerst in Österreich, z. T. schon im Ahd., und entfaltet sich dort seit dem 12. Jahrh. (um 1100 Südtirol, dann Kärnten). Sie verbreitet sich über Bayern (sie ist vor 1300 hier vorherrschend geworden), Böhmen, soweit dort deutsch gesprochen wurde, Schlesien und das östl. Ostfranken (Bamberg vor 1350), dann weiter nach dem westl. Ostfranken (Würzburg vor 1400), Sachsen, dem östl. Thüringen, südl. und mittl. Rhfr. und dem Schwäb. (vor 1500). Erst nach 1500 gelangt sie in das nördl. Rhfr. und Mfr. Nicht durchgedrungen ist sie im Alem. im engeren Sinn, im Ripuar., im Westthüring. und Osthess. (ebenso wie im Nd.). Diese Daten beziehen sich auf die geschriebene Sprache, nicht auf die gesprochene Volkssprache, die z. B. bei den Ostmundarten der Schrift vorausging. Überhaupt kann z. T. auch eigenständige landschaftliche Entwicklung vorliegen (Ansätze bei *î* in Köln 12. Jh.?).

Beispiele: mhd. *mîn* — nhd. mein, *hûs* — Haus, *hiute* — heute. — Merke: *sîn niuweʒ hûs.*

Die neuen Diphthonge *ei < î* und *au < û* sind landschaftlich zumeist nicht mit den alten *ei, ou* zusammengefallen. Das zeigen vor allem die Reime.

§ 13

b) Die Monophthongierung von *ie, uo* und *üe* zu *ī ū ǖ* (§§ 46, 47, 48) ist schon frühmd. Sie ist bereits im 11. und 12. Jh. im Wmd. zu beobachten und hat sich noch im Mittelalter über das Omd., den größten Teil des Rhfr. und das Ofr. ausgebreitet; vom Obersächs.-Thür. aus gingen die langen Vokale dann in die nhd. Hochsprache über.

Beispiele: mhd. *liep* — nhd. lieb gesprochen *līp*, *quot* — gūt, *güete* — Güte. — Merke: *dës bruoder liebe unde güete.*

Kleine Teile des Al. in der Schweiz zeigen die Monophthongierung.
Zu mfr. und hess. *ê* und *ô* für mhd. *ie* und *uo* bzw. *üe* vgl. §§ 46 f.
Über die Kontraktion von *egi* zu *ei*[2] und *ibi idi igi* zu *î* vgl. §§ 75, 79, 83.

II. Quantitative Veränderungen

§ 14

a) Die Dehnung der kurzen, haupttonigen Vokale in
offener Silbe, die in der nhd. Hochsprache Regel ist, verbreitet
sich vom 12. Jh. an, vom Nfr. ausgehend (Heinrich von Veldeke
kennt sie schon), über das ganze hd. Gebiet (mit Ausnahme des
südl. Teils des Alem.): *să-gen* zu sāgen, *lĕ-ben* zu lēben, *dĕs ră-des*
zu des Rādes. Jünger sind die Übertragung der Dehnung aus den
Biegungsformen in die einsilbigen Wortformen, z. B. nhd. Saal <
Saales, sowie die Dehnung vor *r* + Dental, z. B. mhd. *vart* >
nhd. Fahrt, und in einsilbigen Wörtern vor allem auf *r: dar, ër,*
dër, dir, wir usw., aber auch *im* ihm, *dëm, wol* wohl usw. Die
Dehnung unterblieb meist vor *t* und häufig (immer wenn *-er*
folgte) vor *m: schate* — Schatten, *himel* — Himmel, *hamer*-Hammer.

Ein Teil des Al. in der Schweiz hat heute Dehnung.

b) Umgekehrt trat Kürzung von Längen besonders vor
mehrfacher Konsonanz ein. Sie ist im Nhd. seltener als die Län-
gung; sie findet sich vor *ht,* so in *brâhte* brachte, *dâhte* dachte,
âhte Achterklärung, *tâht* Docht, *dîhte* dicht; vor *rch* in *hôrchen,*
lêrche; vor (urspr.) Doppelkons. in *lâzen, müezen, wâfen, slôz*
Schloß; vor *-er* der folgenden Silbe: vgl. *jâmer, fuoter, muoter;* in
klâfter, krâpfe; râche, schâch; bei Schwachtonigkeit: *nâchgebûre*
Nachbar, *wintbrâ* (mit Assimilation) Wimper, und bei *hâst hât* usw.

Wie die alten, so werden (vor allem im Md.) auch die neuen
Längen (vgl. § 13) verkürzt: *stuont* zu *stunt* stand, *gienc* zu *gınc*
ging, *fienc* zu *finc, lieht* zu *licht, stüende* zu *stunde, stünde* stünde.

Die Verkürzung von Langvokal in *hërre (her)* neben *hêrre*
(§§ 21 f.), *-lîch* > *-lĭch, -rîch* > *-rĭch* (vgl. § 19) ist in mhd. Zeit
in Teilen des Sprachgebietes eingetreten.

2. Betonung

Haupt-, neben- und unbetonte Silben

§ 15
Hinsichtlich der Betonungsstärke unterscheidet man
drei Grade: 1. Hauptton (Hochton, bezeichnet mit dem Akut ′),

2. Nebenton (Tiefton, bezeichnet mit dem Gravis `), 3. Unbetontheit (unbezeichnet), oder haupttonige, nebentonige und unbetonte Silben.

Der Hauptton liegt auf der ersten Silbe, außer in Wörtern, die mit unbetonten Vorsilben zusammengesetzt sind. Es heißt mhd. noch *hólunder, lébendec, vórhele* Forelle. Andererseits hatten allerdings manche heute deutsch betonte Wörter und Namen fremder Wurzel noch fremde Betonung: *Adám, Davíd, María* neben *María* (>*Mérge*; vgl. St. Märgen im Schwarzwald).

Für das gegenseitige Verhältnis der nebentonigen und unbetonten Silben lassen sich keine allgemeingültigen Regeln aufstellen, weil ein und dasselbe Wort je nach seiner Stellung im Satzzusammenhang oder im Verse verschieden betont werden kann, vgl. die Verse *dër wërlt an ándern díngèn* und *von ándèren díngèn; suln díe mit líebe lánge lëben* und *wie líebè mit leídè. ze júngest lônen kán.* Man kann jedoch einige Anhaltspunkte für die Scheidung zwischen Nebenton und Unbetontheit geben.

§ 16 Nebentonig sind besonders folgende Silben: 1. die Stammsilben zweiter Kompositionsglieder: *mínnelẁet, hóchgemùot* (–́ × –̀), *náhtegàl* (– × ×); *rátgèbe, níugèrne* neugierig, *náhtvògel* (–́ × ×); 2. schwere Ableitungssilben, wie *-ære, -inne, -lîn, -lích(e), -unge, -nisse: glíchesære* Gleisner, *búrgære* Burgbewohner; *mínneclìch(e), frœlìch(e); hándelùnge, wárnùnge.*

§ 17 Unbetont sind meistens die Silben mit schwachem *e*: *líebe, heílege, mínnete, ándern; váter, lëbe, lëbete, édele.* Schwache *e* können jedoch auch den Nebenton tragen, nämlich wenn die vorhergehende Silbe hochbetont und lang ist (Silbe mit Langvokal bzw. Diphthong oder „positionslang", d. h. auf mehrfache Konsonanz endend): *líebè, heílège, mínnète, ándèrn* (–́ ×, –́ × ×), oder wenn die vorhergehende Silbe unbetont ist: *lëbetè, édelèn* (× × ×); bzw., negativ ausgedrückt, schwache *e* können den Nebenton nicht tragen, wenn die vorhergehende Silbe betont und kurz ist: das schwache *e* in *váter, lëbe* kann also keinen Nebenton haben, desgleichen nicht das mittlere *e* in *lëbete, édele.* Vgl. klingende Kadenzen: *der állẹ lịep leídèt* [1] (× ×́× –́ – ×̀ [2]; *Erec* 2210);

---

[1] (der Tod ...), der alle Freude in Leid verkehrt.
[2] — = einsilbige Takte.

und tríuwelòs [1] *béidè* (✕ ✕́✕ ‿́ ‿́ ✕̀; Hartmanns *Iwein* 3186);
sô vóllen gèlt vúndèn [2] (✕ ✕́✕ ‿́ ‿́ ✕̀; *Iwein* 7216).

Nebensilben

§ 18 Entwicklung des schwachen *e*.

Das Ahd. besaß in den Flexions- und Ableitungssilben noch
vielfach volle Vokale. Diese sind im Mhd. meistens zu *e* abge-
schwächt. Erhalten sind sie besonders in den schweren Suffixen
-ære, -inne usw. (§ 16). Fest geworden ist *-ant* in den substan-
tivierten Partizipien Präs. *heilant* (noch nhd.!), *vîant* (daneben
abgeschwächt *vîent, vînt*; got. *fîjands*) Feind, *wîgant* Kämpfer
gegenüber den eigentlichen Part. auf *-ende*, z. B. *heilende;* ebenso
ist der volle Vokal erhalten in dem ursprünglichen Part. Präs.
friunt (got. *frijônds*) Freund.

Archaisch und mundartlich dauerten namentlich im Obd.
nebentonig auch noch andere schwere Endungen weiter: in der
ôn-Konjug.: *zwîvelôn* zweifeln, *ermorderôt* ermordet (Part. Prät.);
Superlative: *obrist oberôst, minnist* kleinste; Ordinalzahlen: *zwein-
zigiste zweinzigôste.*

Vor allem sind im Alem. volle Endsilbenvokale vielfach erhalten: *o (ò)*
in der schwachen *ôn*-Konjug. (§§ 152, 156), im Superl., in der schwachen Dekl.
(hier auch *u*): *boton, botun* Boten; *i* in Verbalformen, besonders 1., 3. Pers.
Konj. Prät.: *heti, giengi*, für das fem. Suffix ahd. *i: starki* Stärke, *schœni*
Schönheit; *a* in den Adverbien *dannan, hinnan*. Dies gilt besonders für die
Sprache der Urkunden, aber zum Teil auch für die der Hss. von Dichtwerken.

§ 19 Vokalschwächungen in Ableitungssilben

infolge von Verminderung der Betonungsstärke: *-lîch*
kann zu *-lich, -rîch* zu *-rich* verkürzt werden: *frœlîch — frœlich,
welîch — welich (welch), solîch — solich (solch); Dietrîch — Dietrich,
ërtrîch — ërtrich* Erdreich. Ähnlich gehen vollere und kürzere
Endungen nebeneinander bei *küninc — künic künec* (zum *n* vgl.
§ 74), *ieman — iemen* jemand, *nieman — niemen* niemand, *iêmer
— iemer* immer, *niewiht — nieweht nieht niht* nicht, *imbîz — immeȝ*
Imbiß, *ambaht — ambet* Amt, *œheim — œhem* Mutterbruder u. dgl.
Bei den Nomina liegt der Grund zu diesem Wechsel oft in wech-
selnder Betonung des Paradigmas: *ámbàht* aber Gen. *ámbetès,
œ̀hèim — œ̀hemès* usw. Diese abgeschwächten Mittelsilben kön-
nen dann manchmal ihren Vokal auch ganz verlieren (vgl. § 21).

---

[1] treulos.
[2] (Sie hatten noch nie wieder ...) so vollen Gewinn gefunden.

§ 20 Schwund des schwachen *e* (Apokope, Synkope[1]).

Das schwache *e* schwindet nach *l* und *r*, seltener nach *n* und oft nach *m*, wenn diesen Kons. ein kurzer Vokal vorhergeht: *mül* (ahd. *mulî*) Mühle; *gemaln*; *kil* Federkiel: Gen. *kils*, Dat. Pl. *kiln* gegen *tages tage tagen*, *kieles* usw. (*kiel* Schiff); *ich var du verst ër vert sie varnt* gegen *ich hœre du hœrest ër hœret sie hœrent; bine bin* Biene; *ich man du manst ër mant* gegen *ich lône ou lônest ër lônet; diu schum; ich nim(e) du nim(e)st ër nim(e)t.* Auch nach den Suffixen *-el, -er, -em, -en* schwindet *e:* Gen. *engels,* Dat. *engel,* Dat. Plur. *engeln* (§§ 90, 91); *michel* groß: *michels michelme (michelm) micheln;* heiter: *heiters heiterme (heiterm) heitern* (§§ 91, 110); *âtems; eigens.* Beim Suffix *-en* kann die darauffolgende Flexionssilbe *-en* schwinden: *eigenen — eigen* aneignen, *dën gevangenen — dën gevangen, dën heidenen — dën heiden* (§§ 90, 91, 98, 101, 110).

Ferner schwindet das schwache *e* in den Präfixen *ge-* und *be-* vor Vokal und gern vor *r, l, n, w: gan = ge-an* gönne, *günnen = ge-ünnen* gönnen, *garnen = ge-arnen* ernten, *gëȝȝen = ge-ëȝȝen* essen; *g(e)rade; g(e)lîch, g(e)loube, g(e)lücke; g(e)nâde, g(e)nôȝ, g(e)nuoc; g(e)winnen; bange = be-ange* (zu *enge*), *binnen = be-innen, erban = er-be-an* mißgönne (§ 160); *blîben = be-lîben* u. a.

Die Apokope tritt zuerst, im 13. Jh., im Bair. auf, etwa 100 Jahre später im Ofr. und Schwäb., dann im Alem., im 15. Jh. im Rhfr.; im Omd. unterbleibt sie. Durch *i* bezeichnet wird *e* sehr häufig im Md. (wie auch im Nd.) und z. T. im Alem.

§ 21 Synkope von Mittelsilbenvokalen

Die Bedingung für diese Synkope ist die ahd. Betonung — ⤬ ⤬: *hériro* hehrere, *hóubetës* Hauptes. Schon ahd. steht neben *hêriro* synkopiertes *hêrro* Herr, mhd. *hêrre hërre*, ebenso ahd. *mêriro* mhd. *mêrre, mërre* größer, ahd. *tiuriro* mhd. *tiurre* teurer (§ 113), ahd. *mennisco* mhd. *mensche;* ferner beim Dat. Sg.: mhd. *mîneme dîneme sîneme — mînme dînme sînme* und mit Assimilation von *nm > m: mîme dîme sîme, eineme — einme eime, diseme — disme, jeneme — jenme jeme* (§§ 113. 122 f.); beim Suffix *-ida:* ahd. *sâlida* mhd. *sælde* Seligkeit, *gebærde, gelübde;* beim Superlativ: *grœȝeste — grœste, beȝȝeste — beste, leȝȝeste — leste* letzte (§ 77); so auch Gen. *houbetes — houbtes, ambetes — ambtes* Amtes. *dienestes — dienstes, maneges — manges, soliches — solhes, weliches — welhes,*

---

[1] Schwund am Ende bzw. im Innern eines Wortes.

tiut(i)sches deutsches u. a.; beim schwachen Prät.: *ladete — latte schadete — schatte, leitete — leitte* (§ 153).

§ 22 Proklitische und enklitische Wörter

Durch schwache Betonung im Satz können proklitische (vorangestellte) bzw. enklitische (nachgestellte) Wörter, Artikel, Pronomina und Präpositionen, auch Adverbien, ihren Vokal verlieren, worauf Verschmelzung (Synaloephe) der beiden Wörter eintritt.

Präpositionen und Artikel bzw. Pron.: *an dëm(e) — anme ame am; in dëm(e) — inme ıme im; ûf dëm(e) — ûfme ûfem, ûf dën — ûfen, ûf daʒ — ûfʒ,* ebenso *übern überʒ, undern underʒ; bî dëm(e) — bim(e), ze dëm(e) — zëme zëm, ze dën — zën, ze dër — zër, ze im(e) — zim, ze in — zin, ze einer — zeiner,* hieher auch *ze wâre — zwâre* fürwahr.

Enklitische Pron.: *ichʒ, mirʒ, mohtër, mohtërʒ* konnte er es, *mohten si — mohtens, bat in — baten. —* Proklit. Artikel *s morgens, under dougen* unter die Augen. — *dâr, hie* mit Adverbien: *dâr inne — drinne dinne, dâr ûʒe — drûʒe dûʒe* draußen *hie inne — hinne* hier innen. — Mit *ıst: ër ist — ërst, èʒ ist — eist ëst, dër ist — dërst, nû ist — nust, sô ist — sost. —* Mit *daʒ: daʒ ich — deich, daʒ iʒ — deiʒ, daʒ ist — deist, daʒ ist wâr — deiswâr, deswâr.*

Der Vokal proklit. Präpositionen wird geschwächt: *in-* \/ *en-: enmitten* inmitten, *enbinnen* binnen, *enzwischen* zwischen, *enein* überein-, *enzwei* entzwei, *enwëc* weg, *enbor* empor, *engegene* entgegen, *enhant* in der Hand; mit Schwund des schwachen *e: enëben* > *nëben; bi-* > *be-: bezîte* beizeiten, *behende* geschickt, schnell, *benamen* wirklich.

hêrre und *frouwe* vor Titeln und Namen können gekürzt werden zu *her* (thür. auch *er*): *her künic (er künic),* bzw. *frou verfrou Lunête, ver Hersant* (vgl. den PN *Vernaleken* = der Frau Aleke [Adelheid] Sohn); auch *frô Belaâne.*

§ 23 Mit Partikeln zusammengesetzte Wörter

Nomina. Das Präfix ist betont (bei alter Nominalkomposition) und hat deshalb den vollen Vokal bewahrt: *ánebôʒ* Amboß, *ántlâʒ* Ablaß, *bíderbe* (> bieder) tüchtig, *dúrchliuhtec* hell-

ıeuchtend, *óbedach, übermuot, úmbeswanc* Umkehr, *úrsache, úrsprunc,*
úzwért auswärtig, *fü'rspréche* Anwalt; dagegen unbetont: *be-, ge-,*
er-, ver-, ent-, zer-: begín, gewin, ervindunge, verlust, entwîch Flucht
Verben. *a)* Bei untrennbaren Partikeln trägt das Verb
den Ton, und die Partikel ist abgeschwächt: *be-, ge-, er-, ver,*
ent-, zer-. Durch die Betonungsverschiedenheit zwischen Nomen
und Verb entstehen Gegenbilder: *bivilde* f. Totenfeier — *befélhen,*
bíderbe — ich bedárf; úrsprunc — erspringen, úrteil — erteilen.
úrloub — erlóuben; fürspréche — verspréchen, fürsíhtic — ver-
séhen; ántlâʒ — entláʒen, ántfanc — enpfáhen. Dagegen heißt
es *ántwürten, úrteilen,* da diese Verben erst wieder von den
subst. *ántwürte, úrteil* abgeleitet sind (Denominativa).

b) Trennbare Partikeln. Folgende Partikeln können eine
untrennbare oder eine trennbare Verbindung mit dem Verbum
eingehen: *über, under, hinder, wider, umbe, durch.* 1. Bei untrenn-
barer Verbindung trägt das Verb den Ton, wie bei *be-, ge-, er-,*
ver-, ent-, zer-: übergén — ér übergét, underlígen — ich underlác,
durchbórn — sie durchbórnt. 2. Bei trennbarer Verbindung (Zu-
sammenrückung) ist die Partikel eigentlich Präposition oder Adverb
und sie trägt den Ton, nicht das Verb: *über gên — ér gêt úber,*
únder tûchen untertauchen — *ér tûchet únder.*

3. Die einzelnen Vokale in den Hauptsilben
Die kurzen Vokale
§ 24 mhd. *a*
dauert in den Stammsilben im wesentlichen im ahd. Umfang
fort. Es entspricht meist ideur. *o.*

Beim Umlaut des *a* sind zwei zeitlich getrennte Vorgänge
zu unterscheiden, der ältere Umlaut *(e)* und der jüngere *(ä).*

§ 25 mhd. *e.*
Der ältere Umlaut (Primärumlaut) *e* kam schon im Ahd.
des 8. Jh. auf; das *e* hat geschlossene Aussprache (in den Lehr-
büchern mit *e,* aber auch mit *ę* oder *ẹ* bezeichnet). Er begegnet
sehr häufig, besonders auch in bestimmten Wortgruppen, so im
Plur. der *i*-Dekl.: ahd. mhd. *gast* — ahd. *gesti* / mhd. *geste, kraft* —
krefti / *krefte;* Gen. Dat. Sg. der fem. *i*-Dekl: *kraft* — *krefti* / *krefte;*
Pl. N. auf ahd. *-ir: lamb* — *lembir* / *lember;* Komp.: *lang* — *lengir* /

lenger; 2., 3. Sg. Ind. Präs. der VI. Ablautsreihe: ahd. *tragu tregist tregit* — mhd. *ich trage du tregest ër treget;* adjekt. *ja*-Stämme: ahd. *festi* mhd. *veste* fest gegenüber dem Adv. *fasto / vaste* (nhd. fast; § 115); fem. Abstrakta auf ahd. *-î:* Adj. ahd. *lang / mhd. lanc — lengî / lenge* Länge; andere Ableitungen: mhd. *kraft — kreftic, sal — geselle (*gasaljo), stall — stellen (*stalljan), winden* Prät. *want — wenden* (<**wantjan;* dazu Prät. ahd. *wanta* mhd. *wande,* § 152), *lig(g)en* liegen Prät. *lac — legen (*lagjan), hengen* hangen lassen, henken (**hangjan* zu ahd. *hâhan* hangen, § 33).

In bestimmten Fällen drang der Umlaut im Ahd. nicht durch (§ 26).

Das ältere, geschlossene Umlauts-*e* ist schon seit dem 13. Jh. in einigen Wörtern mundartlich (zuerst alem.) gerundet worden (Labialisierung): *frömde schöpfer, öpfel* (Pl. zu *apfel), wöllen* u. a. Im Nhd. hat sich wohl unter ofr. Einfluß *ö* festgesetzt für mhd. *e* in *schepfen, schepfer, scheffe, helle, zwelf, leffel, lewe* (< lat. *leo), leschen, wenen* gewöhnen, *swern* schwören, *ergetzen.*

Md. erscheint nicht selten *i,* daneben *ei, ie* für *e* (vgl. §§ 27 f.). Besonders mfr. wird oft *ei* geschrieben: *einde, geiste=ende, geste.*

§ 26 mhd. *ä.*

Der jüngere Umlaut (Sekundärumlaut) *ä* reicht in seinen Keimen ins Ahd. zurück, aber er hat da in der Schrift noch keine Bezeichnung gefunden. Erst im Mhd. ist er gänzlich entfaltet. Im Unterschied zum älteren Umlaut hat er sich nicht bis zur geschlossenen, sondern nur bis zur offenen Aussprache entwickelt. In den Hss. wird er oft mit *e* statt mit *ä* bezeichnet, also vom älteren Umlaut nicht unterschieden.

Der Primärumlaut drang im Ahd. nicht durch:

a) durchweg vor *h* + Kons. *(hs, ht)* und vor *rw* (alem. und bair. auch nicht vor einfachem germ. *h* und *ch,* vor *l* + Kons. und oft auch nicht vor *r* + Konsonant);

b) in zweitvorhergehender Silbe, d. h. wenn *i* oder *j* in der übernächsten Silbe standen.

Im Mhd. findet sich der Sekundärumlaut:

a) durchweg vor *h* + Kons. *(hs, ht):* mhd. *wahsen — ër wähset maht* — Plur. *mähte mähtic, geslähte, naht* — Gen. Dat. Sg. und im Plur. *nähte* (§ 105); vor *rw:* ahd. *garawen* (<*garwjan zu *gar;* fertig machen, bereiten), *farawen (<*farwjan)* — mhd. *gärwen, färwen* gerben, färben; ferner in *dër walch* der Welsche — *wälhisch wälsch, da𝔷 march* Pferd (dazu *marschalc* Marschall, urspr. Pferdeknecht) — *diu märhe* Pferd (Mähre), mlat. *paraverēdus* — *pfärfrit pfärit pfärt* Pferd. Dagegen erscheint vor *l* und *r +* Kons. älteres Umlauts-*e*: *alt* — *elter, kalt* — *kelter, warm* — *wermer,* Adv. *harte* — Adj. *herte* (§ 115);

b) in zweitvorhergehender Silbe (§ 9): ahd. *magadi* — mhd. *mägede, *trahani* — *trähene* Träne (urspr. Pl.), *zahari* — *zähere* Zähre (urspr. Pl.), *fravalî* — *frävel* Frevel; *giwahanen (<*giwahan-jan)* — *gewähenen* erwähnen;

c) in den Ableitungen mit *-lîn* und mit *-lîch:* ahd. *vaterlîn* — mhd. *väterlîn* Väterchen, *vaterlîch* — *väterlîch;* mhd. *mänlîch;*

d) vor *iu* der Folgesilbe: ahd. *alliu* (aber frk. *elliu, ellu)* — mhd. *alliu älliu, andriu* — *andriu,* seltener *ändriu;*

e) vor *ei* der Folgesilbe: mhd. *arbeit, arwei𝔷* (Erbse), neben *ärbeit, ärweiz;*

f) in analogischen Neubildungen, besonders im Pl. der mask. *a*-Dekl.: *dër walt* — Pl. *die walde > die wälde* nach Analogie der *i*-Dekl. (wie *gast* — *geste,* §§ 90, 99).

Im Nhd. wird der *i*-Umlaut des *a* durch *ä* bezeichnet, wenn der etymologische Zusammenhang mit *a* erkannt wurde, z. B. Gast — Gäste, alt — älter, sonst durch *e:* die Eltern (zu alt!), Elend (zu Land), behende (zu Hand), legen (got. *lagjan).* — Für mhd. *ë* (§ 27) steht nhd. *ä* 'in Bär, gebären < mhd. *bër, gebërn* (zu *bërn* tragen).

§ 27 mhd. *ë*

hat im Gegensatz zu dem geschlossenen Primärumlaut *e* offene Aussprache. Es fällt md. und westobd. lautlich mit dem jüngeren Umlauts-*ä* zusammen, mit dem es hier reimt; im Ostschwäb. und im Bair. jedoch wird es von diesem geschieden und halboffen gesprochen (steht also zwischen *e* und *ä).* Es ist:

1. germ. ahd. *ë,* z. B. in den ablautenden Verbalklassen IIIb, IV, V, vgl. *hëlfen, nëmen, gëben.* Zu unterscheiden sind *ë* und *e* in sonst gleichlautenden Wörtern, wie: *dër rëgen* Regen — *regen (<*rag-jan)* regen, intrans. *lëschen* aufhören zu brennen — trans. *leschen*

<*lask-jan) das Feuer auslöschen, intrans. *wëgen* sich bewegen — trans. *wegen* (<*wag-jan*) machen, daß sich etwas bewegt, intr. *erschrëcken* in Schrecken geraten — trans. *erschrecken* in Schrecken versetzen, intrans. *stëcken* — trans. *stecken;*

2. ahd. *ë,* erst im Ahd. entstanden aus urgerm. *ı* durch Brechung (*a*-Umlaut) des *i* (§ 6).

ë erhält geschlossene Aussprache durch folgendes *st* in *swester, gestern, deste* desto, *weste* (Prät. zu *weiʒ*), mundartlich in *nest;* durch folgendes *sch* in *dreschen;* unter dem Einfluß eines *i* der Folgesilbe, vgl. *sehs* (< *sehse* = ahd. *sëhsi*), *sehste* (aber *sëhzëhen, sëhzec*), *etewaʒ* etwas usw. (§ 127), *helm(e), ledec, schelme.*

Alem. und rheinfränk. ist *har* für *hër* her, in Angleichung an *dar.*

Im Md. wechseln *ë, e* und *i* leicht miteinander; so findet sich *i* in *mirken giben, nimen, vinster = venster, sinte = sente (sanct), ride = rede,* besonders aber *wilch, switch = welch, swelch* (vgl. § 25). Im Omd. erscheint noch *swëster.*

Die mhd. Dichter scheiden je nach ihrer Mundart die *e*-Laute verschiedener Qualität im Reim (*e-ä-ë*).

§ 28 mhd. *i*

1. ist germ. ahd. *ı,* so z. B. im Ablaut zu *î: ich rîte — wir riten geriten, grîfen dër grif, smîden der smit diu smitte, wiʒʒen gewis;* ferner: *fisch, witewe* Witwe;

2. ist entstanden aus urgerm. *ë:* schon frühgerm. vor *i, j* der folgenden Silbe sowie vor Nasal + Kons., im Ahd. vor *u* der folgenden Silbe (§ 6).

Im Md. steht oft *e* für *i* (und zwar häufiger als umgekehrt *i* für *e, ë;* §§ 25, 27), z. B. *erdisch* irdisch, *wert* Wirt, *geberge* Gebirge, *vele* viel, *gevelde* Gefilde, *hemel, mede* mit, *neder* nieder, *weder* wieder, *sede* Sitte; *brengen* für *bringen* kommt (mit Umlaut) von **brang-jan.*

i wird mundartlich (besonders alem.) im 14. und 15. Jh. nach *w* zu *ü* gerundet, z. B. *ër wirt — ër würt, diu wirde — diu würde würdic, ich wiste* (Prät. zu *ich weiʒ*) — *ich wüste, zwüschen* (dies auch md., *tuschen* § 77). Allgemein gilt mhd. *fünf* für *finf.* Im Nhd. festgeworden ist *ü* für *i,* wohl unter ofr. Einwirkung, in *würde* und *würdig* sowie in *rümpfen.* — Md. ist *ich woste wuste* (daher nhd. ich wußte) für *ich wiste* (§ 158), dazu *sulen* für *siben.*

§ 29 mhd. *o*

ist ahd. *o* (= Brechung bzw. *a*-Umlaut des *u,* vgl. § 7).

Wie im Md. *ë, e* und *i* leicht ineinander übergehen, so auch *o* und *u;* für *o* steht *u* z. B. oft in: *uffen* offen, *ufte* oft, *hulz, wulde, sulde;* besonders sind *kumen* (Inf. und Part.), *genumen* (Part.) im Md. verbreitet (umgekehrt für *u* ein *o*, vgl. § 31). In bair. Denkmälern ist oft *or* > *ar* geworden: *zarn* = *zorn, wart* = *wort.*

Auf altes *a* geht *o* zurück in *sol* (noch ahd. *skal, sal;* vgl. § 163), ferner in *von, wonen* wohnen gewohnt sein, *gewon* gewohnt, wo im Ahd. die Formen mit *a* selten belegt sind. Doch zeigt das Md. noch oft Formen mit *a; van* kommt auch im Alem. vor.

§ 30 mhd. *ö*

ist der Umlaut des *o.* Da germ. *u* nur vor *a-, e-, o*-Lauten der folgenden Silbe zu *o* wurde, vor *i* und *u* aber blieb (§ 7), so konnte bei lautgerechter Entwicklung ein *i*-Umlaut von *o* nicht vorkommen. Doch wurde ein solcher geschaffen in analogischen Neubildungen wie in folgenden Wortgruppen: Pl. N. auf mhd. *-er* (ahd. *-ir*): *dorf — dörfer, horn — hörner,* nach Analogie von *lamp — lember* (vgl. § 91); Pl. einiger Mask. der *a*-Dekl., die den Umlaut nach dem Muster der *i*-Dekl. (wie *gast — geste*) angenommen haben: *boc — böcke, stoc — stöcke, bischof — bischöfe* (vgl. § 90); Diminutive auf *-lîn: holz — hölzelîn, bolz* Bolzen *— bölzelîn;* Fem. auf *-inne: got — götinne;* Konj. Prät. *möhte, dörfte* und späteres *gönde, könde.* Neben diesen Neubildungen haben sich Formen mit dem alten regelmäßigen Wechsel *o — u,* mhd. in der Regel *o — ü* (§ 7), erhalten: *wolle — wüllîn, golt — güldîn* (häufiger ohne Umlaut *guldîn*), *horn — hürnîn gehürne* Gehörn, *dorn — dürnîn gedürne* Dorngebüsch, *holz — hülzîn gehülze* Gehölz, *daʒ wolken* Wolke —. *gewülke* Gewölk, *vogel — gevügʒle* die fliegenden Tiere (auch Insekten); nebeneinander *hübisch* höfisch und *höfisch* (zu *hof*; vgl. § 57).

Im Md. ist der Umlaut von *o* meist unbezeichnet (§ 9). — Gelegentlich kommt im Mhd. auch noch *gütinne* vor.

§ 31 mhd. *u*

ist germ. ahd. *u,* so im Ablaut zu *iu: ich ziuhe* ziehe — *wir zugen* zogen *der zuc, ich niuʒe* genieße — *der nuz* Genuß Nutzen, *ich kiuse* kiese, wähle — *diu kust* Prüfung; im Ablaut zu *ë* vor Liquida und Nasal + Kons.: *wir bunden gebunden, wir swummen geswummen, wir hulfen; wërfen — dër wurf, nëmen — vernunft.*

Im Md. ist für *u* auch *o* eingetreten: *scholt, gebort,* vor Nasal (im 14. und 15. Jh. auch schwäb.): *son, sonne, bronne, gonde* gönnte, *konde, sonder*

wonder; somer, from; im Nhd.: Sohn, Sonne, Wonne, Nonne, sonder, sonst
(§ 74), begonnen, gewonnen; fromm, Sommer, geschwommen.

§ 32 mhd. *ü*

ist der Umlaut des *u*.

Beispiele: *ja*-Dekl.: ahd. *kunnι* — mhd. *künne* Geschlecht,
ahd. *dunni* — mhd. *dünne*, mhd. *gewürme* die kriechenden Tiere
(auch Schlangen), *gevügele* die fliegenden Tiere; *jô*-Dekl.: ahd.
suntia — mhd. *sünde; i*-Dekl.: ahd. *turi* — mhd. *tür*, ahd. *kunst*
Plur. *kunsti* — mhd. *künste* (mhd. *kunst* hat einen viel weiteren
Sinn als im Nhd.: Kunst, Kunstfertigkeit, Wissen, Ekstase); Konj.
Prät. der II. starken Kl.: ahd. *zugi* — mhd. *züge* zöge, ahd. *tugi*
— mhd. *tüge* tauge; bei *i*-haltigen Suffixen, vgl. Fem. auf ahd.
-î: Adj. ahd. mhd. *kurz* — ahd. *kurzî* mhd. *diu kürze*, ahd. *-ida:*
mhd. *gelübde*, ahd. *-ig:* mhd. *künic*, ahd. *-isch:* mhd. *hübisch* höfisch:
ahd. *-il:* mhd. *zügel*, ahd. *-ir:* mhd. *über;* Verben auf *-jan: spürn
(<*spur-jan),* *hügen* denken, *küssen.*

Der Umlaut des *u* ist oft unterblieben: 1. vor Liquida +
Kons., vor allem *ld, lt:* mhd. *dulten (-jan), gedultic (-ec), schuldic,
hulde* (ahd. *huldî*), oft in *guldîn* (noch nhd. der Gulden. mhd. *gul-
dîn pfenninc)*, Gen. Dat. Sg. *burge* (ahd. *burgi*), *wurde / würde*
(ahd. *wurti), wurbe;* — 2. häufig vor Nasal + Kons.: *wunne, kunne*
Geschlecht, *dunken, jungen (-jan)* verjüngen, *ze jungest, tungen*
düngen; *umbe;* ferner besonders im Konj. Prät. der III. starken
Kl. und der Präteritopräsentien: ich *gunne, kunne, gewunne, funde,
bunde, kunde, gunde, sunge, gelunge; swumme; verdurbe, sturbe, wur-
be;* — 3. ebenso auch in *luge* Lüge; — 4. obd. vor *pf, tz, ck: lupfen,
rupfen, zupfen; nuz* (Adj. und Subst.), *nutzen* (Verb); *brucke, rucke,
stucke, drucken, rucken, zucken.*

Im Md. ist der Umlaut von *u* meist unbezeichnet (§ 9) und daher nicht
leicht nachzuweisen.

Gleich wie für *u* mundartlich (md., schwäb.) *o* eintritt (§ 31), so auch
für den Umlaut *ü* der Umlaut *ö*: mhd. *son* Plur. *sön(e), könic, können, gön-
nen*, im Nhd.: Söhne, König, Mönch, gönnen, können, ich gewönne.

Die langen Vokale
§ 33 mhd. *â*

1. entspricht ahd. *â* = germ. *ê*[1] (= æ; ideur. *ē*), z. B. im
Prät. Pl. der IV. und V. starken Kl.: *nâmen, gâben*, in ursprüng-
lich reduplizierenden Verben: *râten, slâfen, lâʒen* lassen;

2. ist schon im Urgerm. entstanden aus $a + nh$; im Germ. ist n vor h unter Dehnung des Vokals („Ersatzdehnung") ausgefallen ($a + nh$ wird *âh*, $i + nh$ wird *îh*, $u + nh$ wird *ûh*, §§ 36, 39, 59, 154): *vâhen, hâhen* (das n tritt wieder auf in dem dazugehörigen Prät. und Part. Prät. *vienc viengen gevangen, hienc hiengen gehangen* und in den schwachen Verben *hangen hengen) bringen — brâhte, denken — dâhte, âhte* Acht (zu ahd. *angi* mhd. *enge,* lat. *angor* Angst?).

In manchen obd. und md. Mundarten wurde $â > ô$, das im 14. und 15. Jh oft auch *ô (o)* geschrieben wurde, besonders im Bair., Ofr., Rhfr. sowie im Elsaß; im Schwäb. wurde $â > au$ diphthongiert. Im Nhd. ist solches mundartliches *ô* fest geworden in mhd. *âne* ohne, *mâne* Mond, *mânôt, âmaht* Ohnmacht; *wâ* wo, *wâc* Woge, *arcwân* Argwohn; *mâhe / mâge* Mohn (§ 57), *kât* Kot, *slât* Schlot, *tâhe* Ton (Lehm), *tâhele* Dohle, *tâht* Docht.

$â$ wird besonders im Mfr. oft *ai*, auch *ae* geschrieben (vgl. §§ 3, 35, 37 39): *hait = hât* hat.

§ 34 mhd. *æ*

ist der Umlaut des *â*. Er erscheint z. B. in folgenden Wortgruppen: Konj. Prät. der IV. und V. starken Kl.: ahd. *nâmi* — mhd. *næme* nähme, *gâbi* — *gæbe;* bei den Adj. der *ja*-Dekl.: ahd. *swâri* — mhd. *swære* schwer, *lâri* — *lære* leer; fem. Abstrakta auf *-î:* ahd. *swârî* — mhd. *diu swære* Schmerz; bei *i*-haltigen Suffixen: *sælic, hærîn* hären, *grævinne* Gräfin; bei den Verben auf *-jan: blæjen* blähen, *mæjen, sæjen, wæjen* wehen.

In Teilen des Md., besonders hess.-thür., wird der Umlaut von *â* mit *ê* statt mit *æ* bezeichnet.

§ 35 mhd. *ê*

ist schon ahd. entstanden aus *ai* vor *r, w,* germ. *h* und im Auslaut (vgl. § 10). Es wurde im Bair. und Ostschwäb. halboffen (wie *ë*), sonst wie heute geschlossen gesprochen.

Besonders im Mfr. begegnet die Schreibung *ei (heir = hêr;* vgl. §§ 3, 33, 37, 39).

So ergeben sich also fünf, wohl auseinanderzuhaltende mhd. *e*-Laute: *e, ä, ë, æ, ê* (§§ 25 —27, 34).

§ 36 mhd. *î*

1. entspricht germ. ahd. *î*, so besonders im Präs. der I. Ablautsreihe: *rîten* reiten, *strîten dër strît, wîse* weise (in einem

weiteren Sinn als im Nhd. auch erfahren, gelehrt; *wîse* auch,
wer die christlichen und die ständischen *tugende* verwirklicht);
2. ist schon urgerm. entstanden aus *i* + *nh* mit Ersatz-
dehnung (§§ 33, 39, 58, 154): *dîhen* gedeihen *(< *þinhan);*
3. hat sich im Mhd. gebildet durch Kontraktion (Zusammen-
ziehung zweier gleichartiger Vokale): *quidit* > *quît* sagt, *gibit* >
gît gibt, *ligit* > *lît* liegt (§§ 13, 75, 79, 83).

> *î* wird in Österreich teilweise schon ahd., besonders dann im 12. Jh.,
> zuerst in Südtirol und Kärnten, zu *ei* diphthongiert (§ 12): Anfang der „nhd.
> Diphthongierung". Beispiele: *mîn — mein, zît — zeit, lîden — leiden, gît
> < gibit — geit,* Suffix *-lîn — -lein,* auch in Fremdwörtern: *pîne(e) — pein(e),
> arzenîe — arzenei.*

§ 37 mhd. *ô*

ist schon im Ahd. entstanden

1. aus *au* vor Dentalen und germ. *h* (§ 10; altes *ô* in Suffix-
und Ableitungssilben vgl. § 18);
2. aus *ao* < *aw,* vgl. *frô* < *frao* froh, *strô* < *strao* Stroh.

> *ô* wird besonders im Mfr. oft *oi* geschrieben: *noit = nôt* (Vgl. §§ 3,
> 33, 35, 39); daneben erscheint auch *oe.*

§ 38 mhd. *œ*

ist der Umlaut des *ô,* vgl. *rôt — ahd. rôtî* mhd. *rœte* Röte *rœten
(-jan)* rot machen, mhd. *tôt — tœten (-jan), hôn — hœnen (-jan),
rôst — rœsten (-jan), nôt —* Gen. Dat. Sg. und im Pl. ahd.
nôti mhd. *nœte, hôch —* Komp. ahd. *hôhir* mhd. *hœher,* Superl.
ahd. *hôhist* mhd. *hœhest,* ahd. *hôhî* mhd. *hœhe* Höhe, *hœhen (-jan)*
erhöhen — *œheim* neben *ôheim.*

> Im Md. ist der Umlaut von *ô* meist unbezeichnet. Südbair. unterbleibt er
> vor *n,* vgl. Adj. *schône.*

§ 39 mhd. *û*

1. ist germ. ahd. *û,* z. B. *bûwen* das Feld bebauen, *tûbe* Taube,
ûf, sûfen, trût traut lieb, *hûs, fûl, sûr, sûgen, rûchen;*

2. ist entstanden aus *u* + *nh* (§§ 33, 36, 58, 154): *dunken*
dünken — Prät. *dûhte.*

> Die landschaftliche Diphthongierung des *û* zu *au* (§ 12) läuft parallel der
> von *î > ei* und *iu > eu: ûf — auf, hûs — haus, ûʒ — auʒ, kûme — kaume,
> rûm — raum, mûre — maure.*
>
> *û* wird besonders im Mfr. zuweilen als *ui* oder *ue* geschrieben: *huis =
> hûs* (vgl. §§ 3, 33, 35, 37).

§ 40 mhd. $\bar{\imath}u$ $(\bar{\ddot{u}})$

Der Umlaut des $\hat{u}$ ist $\bar{\ddot{u}}$, geschrieben $\imath u$: *brût* Braut — Gen. Dat. Sg. und im Pl. ahd. *brûti* mhd. *briute*, *hûs* — ahd. Pl. *hûsir* mhd. *hiuser* (älter *hûs*); *sûr* sauer — ahd. *sûrî* mhd. *siure* Säure, *fûl* — ahd. *fûlî* mhd. *fiule* Fäule, *zûn* — *ziunen* *(-jan)* umzäunen, *gebûre* Bauer — *gebiurisch* bäuerisch.

Der Umlaut des $\hat{u}$ unterbleibt obdt. vor Labialen (vgl. §§ 32 43, 48), so in den *-jan*-Verben *rûmen* räumen, *sûmen* säumen.

Im Md. ist der Umlaut meist unbezeichnet.

Die Diphthongierung des *iu* zu' *eu* läuft parallel der von *î* zu *ei* und *û* zu *au* (§ 12): *briute* $>$ *breute*, *hiuser* $>$ *heuser*, *ziunen* $>$ *zeunen*.

Im Nhd. wird für jeden aus einem der drei mhd. *iu* (§§ 40, 44, 45) entstandenen Diphthong *eu* geschrieben; nur wenn etymologischer Zusammenhang mit *au* aus *û* deutlich ist (was nur bei dem hier behandelten Umlauts-*iu* möglich ist), steht *äu*: Haus — Häuser, Braut — Bräute, Zaun — zäunen.

Die Diphthonge
§ 41 mhd. *ei*

1. ist (außer vor *r w* germ. *h*, ausl.; §§ 10, 35) germ. *ai*/ahd. *(ai)* *ei* $=$ mhd. *ei*[1]; es findet sich besonders im Prät. Sg. der I. starken Kl.: *beleip* blieb zu *belîben*, *reit* ritt, *schein* schien, *neic* neigte;

2. ist kontrahiert aus ahd. *egi* $=$ mhd. *ei*[2]: *segit* — *seit* (§ 83).

Die Aussprache des *ei* war im Schweizer. und Elsäß. wohl *ẹi*, im Schwäb. und Bair. in betonter Stellung *ai* (unbetont *ẹi*?), rheinfrk. vielleicht *ẹi*; *ei*[2] scheint wie das aus *î* entstandene neue *ei* bair. *ẹi* ausgesprochen worden zu sein.

Md. wird seit dem 13. Jh. auf weiten Strecken (ostthür., osächs., mfr., rhfr. bis ins Elsaß) *ei* $>$ *ê*: *bein* $>$ *bên* usw. (vgl. § 42).

§ 42 mhd. *ou*

ist (außer vor Dentalen und germ. *h*, §§ 10,37) germ. *au*, ahd. *au ou*; es kommt insbesondere im Prät. Sg. der II. st. Kl. vor: *kloup* spaltete zu *klieben*, *slouf* schlüpfte, *bouc* bog, *louc* log.

Md. wird seit dem 13. Jh. im Bereich der Monophthongierung von *ei* (vgl. § 41) auch *ou* $>$ *ô*: *boum* $>$ *bôm* usw.

§ 43 mhd. *öu*

ist der Umlaut des *ou*, vgl. *ouge* Auge — *öugelîn*, *öugen* (*ougjan) *zöugen* (< *ze öugen)* vor Augen bringen, *loup* — Pl. *löuber* (ahd. *loubir*, älter ahd. *loub* mhd. *loup*), *loufen* — ahd. *loufit* mhd. *ër löufet*. Dieser Umlaut begegnet nicht häufig, auch ist er im Obd.

vor Labialen gar nicht durchgedrungen (vgl. §§ 32, 40, 48)
houbet (ahd. *houbit*), *gelouben, erlouben, koufen, toufen, roufen, trou-
men, zoumen, lougen(en)* leugnen (Verben auf *-jan;* nur md. *heubet*),
geleuben, keufen usw., vgl. noch Luther: gleubet ihr nicht, so
bleibet ihr nicht!), ebenso nicht in *-ouw-: ouwe (jô*-Stamm) Au
(aber umgelautet in nd. Norderney), *frouwe* Frau (*jôn*-Stamm).

öu wird bair. und md. oft *eu* geschrieben.
Das Nebeneinander von *göu* (Gäu, z. B. Allgäu = Albgau) und *gou* (Gau,
z. B. Thurgau), *höu* und *hou* (Heu, § 94) erklärt sich aus ahd. Wechsel in
der Flexion, ebenso *fröuwen — frouwen* freuen, *dröuwen — drouwen* dräuen
(drohen), *döuwen — douwen* verdauen, *ströuwen — strouwen* streuen (Nom.
Sg. **gawi > gewi > geu göu*, aber Gen. Sg. **gawjes > *gawwjes > gouwes*;
1. Sg. Ind. Präs. **frawju > *frawwju > frouwu*, aber 2. Sg. **frawiis > frawis
> frewis > fröuwest* [*ii > i*, vgl. § 63]).

§ 44 mhd. *iu.*

Der ahd. Diphthong *iu* (germ. *eu*) wird im Mhd. für gewöhn-
lich als einfache Länge *ü* gesprochen, also wie das Umlauts-*iu*,
mit dem er weitgehend zusammengefallen ist.

Mundartlich jedoch hat sich bis heute diphthongische Aussprache erhal-
ten (schwäb. und bair. *ui*).

Der alte Diphthong *iu* hat seine Stelle besonders im Präs.
der II. starken Kl.: *ich biute* biete, *ich fliuge* fliege, *ich geniuȝe*
genieße.

Auch dieses *iu* beginnt, wie das Umlauts-*iu*, österr. seit dem 12. Jh. zu
eu diphthongiert zu werden (§ 40): Dat. Pl. *iu — eu* euch, *hiute — heute*,
hiure — heuer, *liumunt — leumunt*, *triuwe — treue*, *ziuch* (Imper. zu
ziehen) — zeuch.
Hess., moselfr., nordthür., meißn., z. T. rhfr. erscheint auch dieses *iu*
als *û: hiute — hûde;* vor *w* ist es md. durchweg zu *û* geworden, das dann
später zu *au* (geschr. *aw*) diphthongiert wird (vgl. auch §§ 12, 39): *triuwe
— trûwe — trawe, riuwe — rûwe — rawe.* Daher nhd. brauen (mhd. *briuwen*),
kauen (mhd. *kiuwen*), traun (mhd. [en] *triuwen*). Gekürzt wird *iu* zu md. *u*
in *friunt — frunt.*

Zum Wechsel von *iu* mit *ie* vgl. § 8.

§ 45 mhd. *iu (iü)*

ist auch der Umlaut des Diphthongs *iu*: ahd. *liut* — Pl. *liuti*
mhd. *liute* Leute, ahd. *diutisk* — mhd. *tiutsch* deutsch, *ziuhit —
ziuhet* zieht, ahd. *diuten (-jan)* — mhd. *diuten* deuten, mhd. *riuten*

gerute Gereute. Unterblieben ist der Umlaut vor *w* und *r:* ahd.
(gi)triuwi — mhd. *(ge)triuwe,* ahd. *tiuri* — mhd. *tiure.*

In der Aussprache ist *iü* mit dem nichtumgelauteten Diphthong
iu wie mit *iu,* dem Umlaut von *û,* zusammengefallen (vgl.
§§ 40, 44).

Auch der Umlaut *iü* wird seit dem 12. Jh. zu *eu* diphthongiert; *liute*
— *leute, tiutsch* — *teutsch, ёr ziuhet* — *ёr zeuht* zieht (zeucht) usw. (vgl.
§§ 12, 40, 44).

In Teilen des Md. wird *iü* wie *iu* behandelt: ahd. *diuten* — md. *dûden,*
liuti — *lûde* (vgl. § 44). Da das aus *iu* vor *w* entstandene *û* nicht umgelau-
tet wird, ergibt ahd. *niuwi* — obd. *niuwe* — md. *nûwe* (obd. Neuenburg, Neu-
heim, Neumann = md. Naumburg, Nauheim, Naumann).

§ 46 mhd. *ie,*

gesprochen als Diphthong *(iё?),* ist:

1. = germ. *ё̂* *(ê²)* ahd. *ie* in der Entwicklungsreihe *ê ea ia*
ie: hier, riet; dazu in Lehnwörtern wie *ziegel* (vgl. § 11);

2. = ahd. *io ie,* d. i. Brechung (*a*-Umlaut) von germ. *eu* (§ 8),
die besonders im Präs. der II. st. Kl. auftritt: *bieten, biegen,*
liegen lügen, *triegen* trügen, aber auch Prät. *lief* zu *loufen;* im
Ahd. ist bair. und alem. die Brechung von *iu* zu *io ie* nicht
eingetreten vor Labialen und Gutturalen, weshalb noch in mhd.
Zeit obd. oft *liup* lieb, *diup* Dieb, *tiuf* tief, *siuch* siech, *liuf* lief
u. a. begegnen;

3. = ahd. *io ie* aus *êw,* germ. *aiw* in *ie* immer, *wie.*

In *ie* mit den Zusammensetzungen *ieman* jemand, *ieg(e)lîch* jeglicher, *iezuo*
iezunt jetzt ist der Akzent im Nhd. auf den zweiten Teil des Diphthongs ge-
treten (die fallende Betonung *ie* wurde zur steigenden *jé*); aber in *iemer* >
immer und in *nie* mit dessen Zusammensetzungen *nieman* niemand usw ist
wie in *niemer nimmer* der Akzent auf dem *i* geblieben.

Im Md. ist wie in der nhd. Hochsprache *ie* zu *î* monophthongiert: *lieb,*
gesprochen *lîb.*

Zu mfr. hess. *lêf* vgl. §§ 11 Anm.; 13. Zur Kürzung des *ie* zu *i* in
fienc — *finc, gienc* — *ginc* vgl. § 14.

§ 47 mhd. *uo*

ist = ahd. *uo* in der Entwicklungsreihe *ô (oa ua) uo;* es tritt
besonders im Prät. der VI. starken Kl. auf: *truoc* trug, *fuor* fuhr.

Im Md. ist *uo* wie in der nhd. Hochsprache zu *û* monophthongiert:
guot zu *gût.*

Zu mfr. hess. *gôd* vgl. §§ 11 Anm. 13. Zur Kürzung des *uo* zu *u* in
stuont — *stunt* vgl. § 14.

§ 48 mhd. *üe*

ist der Umlaut des *uo*, z. B. im Konj. Prät. der VI. starken Kl.:
Ind. ahd. *truog* — Konj. *truogı* mhd. *trüege*, ahd. *fuor* — *fuori*
mhd. *füere;* ferner bei Verben auf *-jan:* ahd. *fuoren* — mhd.
füeren führen, mhd. *buoʒe* — mhd. *büeʒen, ruom* — *rüemen, bluost*
Blüte (§ 99) — *blüejen, gluot* — *glüejen;* adv. *fruo* — adj. *früeje.*
    Unterblieben ist der Umlaut im Obd. bei den *-jan*-Verben
vor Labialen (vgl. §§ 32, 40, 43): *uoben* neben *üeben, ruofen* —
rief neben *rüefen* — *ruofte;* vor *ch: suochen, fluochen, ruochen.*

    Da im Md. das *uo* als *û* bzw. *ô* erscheint, der Umlaut aber oft vernach-
lässigt ist, entspricht z. B. einem obd. *müeʒe* im Md. häufig *müʒe* oder *môʒe.*
Zur Kürzung des *üe* zu *u* in *stüende* — md. *stunde* (nhd. stünde) vgl. § 14.

§ 49 Entwicklung der deutschen Vokale im Überblick

1. Altkurze Tonvokale

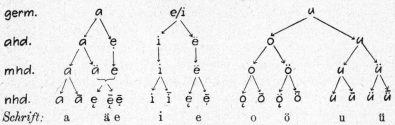

2. Altlange Tonvokale und Diphthonge

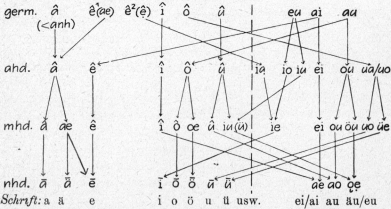

Anm.: *ia, io* gehen schon spätahd. zu *ie* über. Im Nhd. stehen für Langvokale
auch doppelte Vokalzeichen und *h*, für *ī* auch *ie*, nach Kurzvokalen doppelte
Konsonantenzeichen.

3. Die mhd. Vokale in synchroner Sicht

i	ü	u	î	iu(ǖ)	u	ie	üe	uo
e								
	ö	o	e	œ	ô	ei	öu	ou
ë								
ä	a	æ	â				(unbet. e)	

Nach W. G. Moulton, Zur Geschichte des deutschen Vokalsystems, in: PBB Tüb. 83, 1961/62, S. 30 f.

II. Die mittelhochdeutschen Konsonanten
1. Allgemeines

§ 50 Die Konsonanten der mhd. Dichtersprache zeigen weithin den Lautstand des Ofr. (§ 2; das „normalisierte" Mhd. durchgehend) und damit auch den der nhd. Einheitssprache. In historischer Sicht erklären sich viele ihrer Besonderheiten durch vormittelhochdeutsche Lautveränderungen wie die 2. Lautverschiebung, oder die westgermanische Konsonantendehnung. Andere gehen auf mhd. Lautvorgänge zurück wie Auslautsverhärtung, Konsonantenschwächung, Assimilation und Dissimilation.

Die zweite, hochdeutsche Lautverschiebung
Schema der Entwicklung

		I			II				III		
1. L. V.	ideur.	p	t	k		bh	dh	gh		b	d	g
		(ph	th	kh)								
	germ.	f	þ	h	(χ)		ƀ	đ	g		p	t	k
		f	þ	h (χ)		ƀ	đ	g*) ƀ	đ	g		p	t	k
2. L. V	ahd./	f	þ	h (χ)			ƀ	đ	g**)		p	t	k
	ofr.	f	th/d	h (ch)		b	t	g	ff ʒʒ hh (ch) pf (t)z k (ck)
	altobd.	f(th)/d	h	(ch)		p	t	k	ff ʒʒ hh (ch)	pf (t)z k ch (ch)

*) Grammatischer Wechsel (§ 56 f.)   **) meist

Aus H. Moser, Zu den beiden Lautverschiebungen und ihrer method. Behandlung, in: Der Deutschunterricht 6, 1954, H. 4, S. 56—81.

§ 51 Unter Lautverschiebung versteht man bestimmte Veränderungen der Verschlußlaute. Neben der ersten, germanischen Lautverschiebung (2./1. Jahrtausend v. Chr.) steht die zweite, hochdeutsche (ahd.). Bezeugt ist sie etwa seit dem 7. Jh.; sie reicht aber in ihren Anfängen möglicherweise weiter zurück. Über ihre Ursachen wissen wir nichts Genaueres. Geschichtliche Anstöße mögen zu einer Störung des Lautsystems geführt haben, die durch eine neue Systematisierung beseitigt wurde.

Die heutige und frühere Aufteilung der Verschiebungsprodukte zeigt eine (west) mhd. Verschiebung von postvokal. germ. *p t k* (mit Ausnahme der in § 77 genannten mfr. *dat* usw.), von germ. *t* in sonstiger Stellung sowie von postliquidem germ. *p* (außer im Rip.) und eine konsequentere obd. Verschiebung auch von germ. *p* und *k* in nicht-postvokalischer Stellung; s. dazu § 185, vgl. Karte 4. Während man früher allgemein mit dem Ursprung der 2. LV im südlichen Obd. und ihrer Ausbreitung nach Norden rechnete („Wellentheorie"), wird neuerdings auch die Auffassung vertreten, daß die meisten westmd. Wandlungen genuin fränkisch seien und der Ausbreitung eine sekundäre Rolle zukomme („Entfaltungstheorie"). Eine Klärung dieses Problemkreises ist zu erhoffen von einer umfassenden Zusammenarbeit von moderner und historischer Sprachgeographie unter Einbeziehung sprachsoziologischer und systemhafter Betrachtungsweisen.

§ 52 1. Verschiebung der germ. Tenues *p t k:*

a) nach Vokalen über *ph, th, kh* zu den geminierten Reibelauten *ff, ʒʒ, hh (ch)*; nach langem Vokal, im Auslaut und vor Konsonant werden diese Geminaten vereinfacht (vgl. § 64).

Beispiele: *p* zu *ff (f)*, vgl. got. *slēpan* — ahd. *slâf(f)an* mhd. *slâfen* schlafen, got. *skip* — ahd. *skif* Gen. *skiffes* mhd. *schif* Gen. *schiffes* (engl. *sleep, ship*); *t* zu *ʒʒ (ʒ)*, etwa in got. *itan* — ahd. *ëʒʒan* mhd. *ëʒʒen*, Prät. *âʒ âʒ(ʒ)en* (engl. *eat*); *k* zu *ch*: got. *brikan* — ahd. *brëchan* brach mhd. *brëchen* brach (engl. *break*).

b) in sonstigen Stellungen, d. h. im Anlaut, nach Kons. sowie bei Verdopplung, zu den Affrikaten *pf (ph)*, *z (tz = tts)*; *k* (bzw. *kk*) ist mhd. nur im Südalem., Südostschwäb. und Südbair. (vielleicht auch im Mittelbair.) zur Affrikata *kch* verschoben, bleibt aber in allen anderen Mundarten *k* (gesprochen wohl *kh*) bzw. *ck (= kk)*; vgl. auch §§ 84 f.

Beispiele: *p* zu *pf*: im Anlaut *pf*, z. B. in got. *punä* — ahd. mhd. *pfunt* (engl. *pound*); nach Kons. entwickelten sich *lp rp mp* ursprüngl. > *lpf rpf mpf; lpf rpf* wurden weiterhin zu *lf rf* (§ 81), vgl. got. *hilpan* — ahd. *hëlpfan* mhd. *hëlfen* (engl. *help*) / got. *waírpan* (spr. *wërpan*) — ahd. *wërpfan* mhd. *wërfen* (engl. *warp* sich krümmen) / ags. *gelimpan* — ahd. *gilımphan* mhd. *gelimpfen* angemessen machen (sein) nhd. glimpflich (engl. *limp* schlurfen); bei Verdopplung *pf*, so in got. *skapjan* asächs. *skeppian* — ahd. *skepfen* mhd. *schepfen* schöpfen (engl. *scoop*).

t zu *z (tz)*: im Anlaut *z*, vgl. got. *twai* — ahd. mhd. *zwei* (engl. *two*); nach Kons. *(lz rz nz)*, z. B. got. *hairtô* — ahd. *hërza* mhd. *hërze* (engl. *heart*); bei Verdopplung *tz*, so in got. *satjan* asächs. *settian* — ahd. mhd. *setzen* (engl. *set*) / got. *skatts* — ahd. *skaz* mhd. *schaz* Gen. *schatzes (tz < zz* wird im Auslaut zu *z* vereinfacht, vgl. § 77).

k, kk bleibt (außer obd.) *k, kk (ck)*: im Anlaut *k*, etwa in got. *kalds* — ahd. mhd. *kalt* (engl. *cold*); nach Kons. *lk, rk, nk*, vgl. got. *marka* — ahd. *marka* mhd. *marke* (engl. *mark*); bei Verdopplung, z. B. in got. **wrakja* asächs. *wrekkio* — ahd. *reckio* mhd. *recke* (dagegen südalem., südostschwäb., südbair. *kchalt, markche, rekche*).

Unverschoben sind *p t k* in den Verbindungen *sp, st, sk, ft, ht, tr* (vgl. § 77).

Zu mfrk. *dat, wat* usw. vgl. § 76.

§ 53 2. **Verschiebung der germ. weichen (stimmhaften) Reibelaute** *đ đ g* zu ahd. (ofrk.) *b t g* (alem. und bair. urspr. ahd. *p t k*, aber auch hier spätahd. in der Schrift meist *b t g*).

đ wird schon wgerm. in allen Stellungen zu *d*, *đ* und *g* nur bei Verdopplung zu *bb, gg*. Es ist also statt urspr. germ. *đ đ g* als die der hd. Lautverschiebung unmittelbar vorhergehende wgerm. Reihe anzusetzen *đ d g*. Im Ofrk. wird die Media *d* zur Tenuis *t* und werden die stimmhaften Reibelaute *đ g* zu den Mediae *b g* verschoben.

Beispiele für urgerm. wgerm. *đ* — ahd. mhd. *b*: urgerm. wgerm. **weđan* — ahd. *wëban* mhd. *wëben;* für urgerm. *d* — wgerm. *d* — ahd. mhd. *t*: urgerm. **đagaz (z =* stimmh. *s!)* — wgerm. **dag* — ahd. *tag* mhd. *tac;* für urgerm. wgerm. *g* — ahd. mhd. *g:* urgerm. **gastiz (z =* stimmh. *s!)* wgerm. **gast* — ahd. mhd. *gast.*

b und *g* sprach man nur im Alem. und Bair. durchweg als stimml. Verschluß-Lenes (Lenes sind mit geringem Druck gesprochene Konsonanten), in den übrigen Mundarten aber, je nach der Stellung im Worte, teilweise auch als Reibelaute, vgl. §§ 79, 83, 85. *p* und *t* waren im Unterschied zur nhd. Fortis-Aussprache mit Behauchung (Fortes sind mit starkem Druck gesprochene Konsonanten) im Mhd. nicht behaucht (vgl. das Neufranz.); nur für *k* ist Behauchung anzunehmen (§ 52).

§ 54 Es erscheinen also im[Mhd. im wesentlichen wie ahd.

1) germ. *p, t, k* a) als *ff (f)*, *ȥȥ (ȥ)*, *ch* nach Vokalen,
     b) als *pf*, *tz z*, *ck k* in sonstigen Stellungen
     (*kch* nur südalem., südostschwäb., südbair.);

2) germ. *b̄, đ (> d), g* als *b, t, g;* dazu

3). wgerm. *dd* als *tt*, wgerm. *bb, gg* als obd. *pp, ck* (§ 62, 76, 79, 83).

§ 55 Wandlung von germ. *þ > ahd. d*

Ein jüngerer Vorgang des 8. — 10. Jh. ist die Wandlung von germ. *þ* (stimmloser Reibelaut, nach dem Runenzeichen *þorn*) über stimmhaften Reibelaut *đ* zum stimmhaften Verschlußlaut *d*: got. *þat* — ahd. mhd. *daȥ*, got. *brôþar* — ahd. mhd. *bruoder*, got. *warþ* ward — ahd. *ward* mhd. *wart (d > t* im Auslaut, § 65).

Der grammatische Wechsel

§ 56 Wir verstehen unter grammatischem Wechsel einen Wechsel verwandter Konsonanten in wurzelverwandten Wörtern, der seiner Entstehung nach auf vorgerm. Betonungsverhältnissen beruht: die im Germ. nach der ersten Lautverschiebung vorhandenen stimmlosen Reibelaute wurden in- und auslautend in stimmhafter Nachbarschaft stimmhaft, wenn im Ideur. der Hauptton nicht unmittelbar vorherging. Es wechseln miteinander:

germ. *f — b̄ þ — đ h — g hw — gw s — z* (= stimmh. *s*)
ahd. mhd. *f — b d — t h — g h — w s — r*[1]

Am deutlichsten ist die ursprüngliche Wirksamkeit des gramm. Wechsels zu sehen in der Abwandlung der ablautenden Verben: ahd. mhd. *f, d, h, s* kommt ursprünglich den beiden ersten Ablautsstufen des Paradigmas zu, ahd. mhd. *b, t, g, w, r* den beiden letzten, bei denen urspr. die Endungen betont waren. Doch sind schon seit dem Ahd. mehrfach Störungen durch Formenübertragung eingetreten.

Da der grammatische Wechsel von dem Dänen K. Verner erklärt wurde (1875), spricht man auch von „Verners Gesetz".

---

[1] Germ. *z* (= stimmh. *s*) ist bereits vorahd. zu *r* geworden, vgl. § 57, 5 Anm.

§ 57 Beispiele für grammatischen Wechsel

1) ahd. mhd. *f — b:* ahd. *heffu* (got. *hafjan) huob — huobum irhaban* heben (*b* in *huob* ist bereits Ausgleich: Übertragung aus dem Plur. in den Sing., § 142).

mhd. *heve huop* (*b > p* im Auslaut, § 65) — *huoben erhaben;* ebenso etwa *dürfen — darben verdërben, wolf* Wolf — *wülpe wülpinne* (mit germ. *b,* wgerm. *b b*) Wölfin, *wëfel* Einschlag beim Gewebe — *wëben gewëbe;* Doppelformen: *swëfel* und *swëbel* Schwefel.

Anders zu beurteilen ist *hof hövisch — hübisch: hövisch* und *hüvisch* sind mfr. Lehnübersetzungen zu afrz. *courtois.* Dabei entspricht *ü* vor *i* mfr. Lautstand, *ö* ist Angleichung an *hof;* bei der Ausbreitung tritt *b* für *v* ein. *p* in *wülpe* zeugt von wgerm. Gemination *(jô —* Stamm; *p* aus *bbj).*

2) ahd. mhd. *d — t:* ahd. *lîdu leid — litum gilitan* leiden, *siudu sôd — sutum gisotan* sieden.

mhd. *lîde leit* (*d > t* im Auslaut, § 65) — *liten geliten, siude sôt — suten gesoten,* ebenso *mîden, snîden;* ferner *snîden dër snîdære — dër snit* (Gen. *snites) diu snite dër snitære;* ahd. *dër tôd* (mhd. *tôt)* — ahd. mhd. *tôt* (Adj.); *scheiden — diu scheitel* Scheitel.

3) ahd. mhd. *h — g:* ahd. *dîhu dêh — digum gidigan* gedeihen.

mhd. *dîhe dêch* (inlautend *h >* auslautend *ch,* vgl. § 86) — *digen gedigen,* ebenso *zîhe* zeihe (dazu *zeige), ziuhe zôch — zugen gezogen* ziehen (dazu gehören auch *zuc, zuges, zügel* sowie *herzoge); slahe sluoc* (*c < g,* vgl. § 65, dieses aus dem Plur., § 142) — *sluogen geslagen* schlagen, ebenso *twahe* wasche; *hâhe hienc* (*c < g,* dieses aus dem Plur., § 144) — *hiengen gehangen,* ebenso *vâhen* fangen; ferner *hâhen* hangen — *hangen hengen; sîhen* seihen — *sîgen* tröpfeln; *zëhen — zweinzec* (*c < g); swëher* Schwiegervater — *swiger* Schwiegermutter *swâger;* Doppelformen: *swëlhen* und *swëlgen* verschlingen; *mâhen* und *mâge(n)* Mohn (vgl. Magsamen).

4) ahd. mhd. *h — w:* got. *ahwa* ahd. *aha* Wasser (Aach) — ahd. *ouwa* Au (beides zu lat. *aqua);* zum gramm. Wechsel: germ. **agwjô- >* wgerm. **áwwja* (zur Verdopplung des *w* vgl. § 60 > ahd. **auwja* (*w > u* § 69) > *auwa > ouwa.*

mhd. *ahe — ouwe* (*hw > h:* § 69).

5) ahd. mhd. *s — r:* ahd. *kiosan, kiusu kôs — kurum gikoran* kiesen, wählen.

mhd. *kiesen / kiuse kôs* — *kurn gekorn*, dazu *kosten* schmek-
kend prüfen — *korn* [ahd. *korôn*] kosten, *kür* Wahl, *kür kur-
fürste*, *verliuse* verliere, *verlust* — *verlorn*, *friuse* friere (dazu *frœren*
frieren machen), *list* m. List Kunst — *lêren lërnen*; gestört ist der
Wechsel in *wise was* — *wâren gewësen* sein, *lise las* — *lâren /
lâsen gelësen* (dazu *lære* leer), *genise genas* — *genâren / genâsen
genësen* (dazu *nern* nähren, retten), *rîse reis* — *risen / rirn gerisen /
gerirn* fallen (dazu *rêren [-jan]* fallen machen).

Zur Entwicklung des *s* zu *r*: Das ideur. *s* wurde nach „Vernes Gesetz" zu
stimmh. *s* (geschrieben *z*, so im Got.), das dann wgerm. und nordgerm. in
r überging (Rhotazismus); vgl. zu mhd. *kiesen* wählen Prät. Sg. *kôs*, aber
Prät. Plur. **kuzum* > ahd. *kurum* > mhd. *kuren* > *kurn*.

§ 58 Lautveränderungen vor *t*

Schon im Frühgerm. gingen *p b (ƀ)* und *k g (g)* vor *t* in die
entsprechenden stimml. Reibelaute *f* und *ch* über, d. h. alle Labiale
erscheinen vor *t* als *f*, alle Gutturale als *h (ch)*.

Germ. *pt bt (ƀt)* > *ft:* mhd. *gëben* — *gift, heben* — *haft* (Adj.
gefangen; Subst. m. Band, f. Gefangenschaft). — Germ. *kt gt (gt)*
> *ht:* mhd. *würken* — *worhte, denken* — *dâhte, dunken dünken*
— *dûhte, bringen* — *brâhte, mugen* können — *mohte diu maht,
pflëgen* — *pfliht, siech* — *suht*.

Ideur. *tt* wurde zu germ. *ss*, nach Langvokal zu einfachem *s*
(vgl. § 64): got. *wait* ahd. *weiʒ* — Prät. ahd. *wissa wëssa
(< *wit-ta)* mhd. *wisse wësse, gewis* flekt. *gewisser, wise*; got. *môt*
ahd. *muoʒ* muß — Prät. ahd. *muosa (< *môt-ta)* mhd. *muose*.
Statt *ss (s)* trat dann durch Analogiebildung *st* ein: für *wisse
wësse* wird nach den schwachen Prät. *wiste wëste* gebildet, ebenso
zu *muose muoste*. — Vgl. dazu lat. *sedeo* — Part. **settos (< sed-tos)*
> *(ob)sessus*.

§ 59 Schwund des *n* vor *h*

In der Verbindung Vokal + *nh* schwand *n* schon frühgerm.,
wobei der vorausgehende Vokal, wohl nach vorheriger Nasalierung,
gedehnt wurde (es ist dies die sog. Ersatzdehnung; §§ 33, 36, 39,
154); diese Erscheinung gilt also für alle germ. Sprachen. Vgl.
germ. **fanhan* fangen — ahd. *fâhan* aber *gifangan*, mhd. *vâhen
(vân)* aber *gevangen*, germ. **hanhan* hangen — ahd. *hâhan* aber
gihangan, mhd. *hâhen (hân)* aber *gehangen* (vgl. § 57); germ. **þin-*

han gedeihen — mhd. *dihen*; germ. **branhta* — mhd. *brâhte* zu *bringen*, germ. **þanhta* — mhd. *dâhte* zu *denken*, germ. **þunhta* —mhd. *dûhte* zu *dunken* dünken (vgl. § 58).

Westgermanische Konsonantendehnung

§ 60 Eine nur im Wgerm. eingetretene Wandlung ist die Konsonantendehnung (auch Konsonantenverdopplung oder -gemination): *j*, aber auch *w r l n*, bewirkte Dehnung des vorhergehenden Kons. (zu *r* vgl. § 63); *j* fiel darauf selbst aus.

Beispiele für *j* (im Ahd. meist *i* geschrieben): got. *halja* — ahd. *hell(i)a* mhd. *helle* Hölle, got. (Nom. *kuni*) Gen. *kunjis* — ahd. *dës kunnes* (daraus *nn* des Nom. *kunni*) mhd. *dës künnes* (Nom. *künne*) Geschlecht; got. *sibja* — ahd. *sibbia sipp(e)a* mhd. *sibbe sippe* Sippe; got. *bidjan* — asächs. *biddian* ahd. mhd. *bitten*; got. *skapjan* — asächs. *skeppian* ahd. *skepfen* mhd. *schepfen* schöpfen; got. *satjan* — asächs. *settian* ahd. mhd. *setzen*; got. *wrakjan* verfolgen, dazu asächs. *wrekkio* ahd. *reccheo* (*cch* = *kch*, Affrikata) mhd. *recke* Recke (im Mhd. ist *kch* nur südalem., südostschwäb. und südbair., sonst *ck*, vgl. §§ 50, 52); germ. **agwjǒ* — wgerm. **awwja*, ahd. *auwa* > *ouwa*, mhd. *ouwe* (vgl. § 57, 4; ahd. *uw* < *ww:* § 69).

Die Konsonantendehnung ist vor *w r l n* seltener als vor *i*, vgl. got. *naqaþs* (spr. *nakwaþs*) — ahd. *nackot* mhd. *nacket*; got. *baitrs* — ahd. *bittar* mhd. *bitter*, got. *akrs* — ahd. *akkar* mhd. *acker*; krimgot. *apel* — ahd. *apful* mhd. *apfel*; *n*-Stämme: ahd. *knabo* mhd. *knabe* (aus dem Nom.), aber ahd. *knappo* mhd. *knappe* (aus den flekt. Formen auf *-n*, ebenso mhd. *rabe* — *rappe*), ahd. *backo* mhd. *backe*, ahd. *tropfo* mhd. *tropfe*.

Germ. Tenuis + *j* ergibt die wgerm. Geminaten *pp tt kk*: welche durch die ahd. Lautverschiebung (§§ 51 ff.) zu *pf (t)z ck* (nur südalem., südostschwäb. und südbair. *kch*) werden; darum wechseln in verwandten Wörtern Affrikata und Reibelaut, vgl. mhd. *schepfen* schöpfen — *schaffen*, *hitze* — *heiz*, *diu witze* das Wissen — *ich weiz*, *dër schütze* — *schiezen*, *letzen* hindern — *laz* matt, *beizen* neben *beizen* beizen, *heizen* neben *heizen* heizen *reizen* neben *reizen* reizen, *weize* neben *weize* Weizen, *flœzen* neben *flœzen* flößen; *wecken* — *wachen*, *decke* — *dach*, *stëcken* / *stecken*

stecken *stëcke* Stecken — *stëchen* (südalem., südostschwäb., süd-
bair. *wekchen, dekche* usw.).

§ 61 Nach langem Vokal werden diese gedehnten Konso-
nanten vereinfacht (§ 64): germ. **hôrjan* ahd. *hôrran* > *hôren* —
mhd. *hœren*, ahd. *teil(l)en (-jan)* — mhd. *teilen*.

§ 62 Die geminierten Mediae *bb* und *gg* werden obd.
meist zu *pp ck* gewandelt (§§ 79, 83): *wëben* — *weppe* Gewebe (vgl.
Spinnewebe), *brücke (< *bruggja), mücke (< *muggja)*.

§ 63 Nur in einem Falle tritt die Konsonantendehnung vor
j nicht ein, nämlich bei *r* nach kurzem Vokal: hier bleibt *rj*,
und dieses wird weiterhin oft zu *rg rig*, vgl. ahd. *verio* (zu *varn*)
mhd. *verje verge verige* Ferge, ahd. *skerio* (zu *skara* Schar) mhd.
scherje scherge scherige Scherge, ahd. *heries*, Gen. Sing. zu *heri*
Heer, mhd. *heriges* (selten; gewöhnlich *heres*, das zu Nom. *her(e)*
gebildet ist), vereinzelt: mhd. *brünje brünige* neben *brünne* Brünne,
Brustharnisch, *winje winige* neben *wine* Freundin. Mhd. *nern*
(neben *nerjen nerigen*) nähren, retten gegen ahd. *nerien (< *nerjan)*
erklärt sich aus dem Wechsel in der Flexion: 1. Pers. Sg.
Präs. Ind. *neriu (= nerju)* und die übrigen Formen des Präs.
behalten *j* bei, nur 2., 3. Pers. Sg. Präs. Ind. und 2. Pers. Sg. Imper.
*nerjis *nerjit *nerji werden zu *neris nerit neri (ji > i*, vgl. § 43).
Im Alem. und Fränk. erscheint auch *nerren*.

§ 64 Vereinfachung von Doppelkonsonanz

Mhd. Doppelkonsonanz ist verschiedenen Ursprungs:

1. urgerm., vgl. *stal stalles, fallen, man mannes;*
2. wgerm., als Folge der Konsonantendehnung (§ 60 ff.);
3. ahd.: *ff, ʒʒ, hh* der ahd. Lautverschiebung (§ 51 f.);
4. mhd., als Ergebnis von Assimilationserscheinungen (§ 67).

Doppelkonsonanten wurden — zumeist schon im Ahd. —
vereinfacht:

a) nach langem Vokal: mhd. *vallen — vielen, bannen —
bienen, trëffen — trâfen, ëʒʒen — âʒen;* ahd. *leit(t)a* — mhd.
leite (Prät. zu *leiten*), ahd. *breit(t)a* — mhd. *breite* (Prät. zu *brei-
ten* ausbreiten), ahd. *nôtta* — mhd. *nôte* (Prät. zu *nœten* nötigen);

b) vor Konsonanten: *vellen* fällen — *valte, brennen — brante,*

küssen — kuste, setzen — sazte (z ist einfache, *tz* ist gedehnte
Affrikata = *zz*, § 77), *decken — dahte (dacte), zücken — zucte* (c
ist einfacher, *ck* gedehnter Kons. = *kk*, § 84);

c) im Wortauslaut: *swëllen — swal,* Gen. *valles —* Nom. *val*
Fall, *snëller — snël,* wërren verwirren — *war, swimmen — swam,*
brinnen — bran, Gen. *bizzes —* Nom. *biz, bezzer* (Adj.) — *baz*
(Adv.), Gen. *kusses —* Nom. *kus,* Gen. *schiffes —* Nom. *schif,*
Gen. *tratzes —* Nom. *traz* Trotz (§ 77), Gen. *stockes —* Nom.
stoc (§ 84).

Aussprache von Doppelkonsonanten: Im Südalem. und Südbair. (außer
Kärnten) herrscht auch nach langen Vokalen gedehnte Aussprache.

§ 65 Auslautsverhärtung

Stimmh. Verschlußlaut wird im Mhd. im Wort- und Silbenaus-
laut stimmlos: *rades — rat* Rad, *snîde* schneide — *sneit* schnitt, *lîbes*
— *lîp* Leib, *huoben — huop* hob; *tages — tac* Tag, *sluogen —*
sluoc schlug; *neigen — neicte* (§ 83); *lëben — lëpte* (§ 79); ebenso
vor Konsonant derselben Silbe: *abbet —* verkürzt *apt* Abt.

In den gleichen Stellungen wechseln auch *v* und *f*: *hoves —*
hof; nëve Neffe — *niftel* Nichte, vgl. § 82.

§ 66 Konsonantenschwächung

Im allg. setzte sich erst spätmhd. eine Schwächung (Lenie-
rung) der Verschlußlaute durch. Im Md. (außer dem Ripuar. und
z. T. dem Moselfr. und Thür. sowie dem Schles.) und Obd. (außer
dem südl. Teil des Schwäb.-Alem. und dem Südbair.) gingen
die Fortes weithin in Lenes (oder Halbfortes) über, wobei sie
zugleich ohne Behauchung (Aspiration) gesprochen wurden.

Anm.: Dies geschah im Anlaut vor *l, r, n, w* (dagegen nicht bei *ph,*
kh vor Vokalen) sowie in den Verbindungen *sp, st, ts, pf* (vgl. mittelbair.
khind — gnobf Knopf). Ebenso trat Schwächung im Inlaut ein, wobei aller-
dings im Mittel- und Nordbair. nur die einfachen *p, t, k* leniert wurden, nicht
dagegen die ahd. Geminaten sowie *sp, st, ft, cht, pf, ks (< chs), ts.* Bei der
Schwächung im Auslaut sind die Fortes nur im Mittel- und Nordbair. bei
ks (< chs) und *mp* erhalten. — Im östl. Nordthür. wurde auch anl. *k* vor Vokal
> *g* leniert (*gom* komme); heute auch im westl. Obersächs.

§ 67 Assimilation und Dissimilation

1. Assimilation ist die Angleichung eines Lautes an einen
benachbarten anderen Laut. Sie findet sich zu allen Zeiten.

Phonetisch sind auch die Umlaute als Assimilationen zu bezeichnen; beim
i-Umlaut (§ 9) etwa wird *a* dem *i* der Folgesilbe angenähert zu *e*.

Man unterscheidet nach Grad, Richtung und Distanz:

a) Teilassimilation: *Wirtenberc-Wirtemberc, stêt bî — stêt pî*
(vgl. im Ahd. „Notkers Anlautregel"), *unter-under* (§ 76), *entfâhen-
empfâhen;* und Vollassimilation: *zwin(e)linc-zwillinc, unmaht-ummaht,
blick(e)zen-blitzen, zimber-zimmer* (§ 73), *hôchfart-hoffart,* mit Ver-
einfachung der Doppelkonsonanz (vgl. § 64) *einlif-eilf, einlant-
eilant, lînlach-lîlach.*

Fälle wie *Liutbolt-Liupolt, wiltbræte-wilpræte* lassen sich so erklären:
Teilass. *tb* > *pb*, Vollass. *pb* > *pp*, Vereinfachung der Doppelkonsonanz *pp* > *p*.
Ähnliches gilt für *Liutgart-Liukart* und *ahtbære-achpære* angesehen.

b) progressive Assimilation: *verne-verre,* ahd. *nemnen*-ahd.
frühmhd. *nemmen;* regressive Assimilation: *enbor-embor; nemnen*-
ahd. mhd. *nennen,* und reziproke Assimilation: *banwart* >
**bamwart* > PN Bammert.

Auch die Monophthongierungen sind als reziproke Assimilationen aufzu-
fassen; etwa germ. *ai* > ahd. *ê;* germ. *au* > ahd. *ô* (§ 10).

c) Berührungsassimilation: *inbîz-imbîz, an(e)bôz-ambôz;* und
Fernassimilation: *törpel-tölpel, mesnære*-PN Mesmer.

2. Dissimilation ist die artikulatorische Differenzierung
benachbarter gleicher, gleichartiger oder ähnlicher Laute oder
Silben. Man unterscheidet hier:

a) Ferndissimilation: *dörper-dörpel* (§ 72). Auch hier ist pro-
gressive (mhd. *marmer — marmel)* und regressive Dissimilation
(ahd.*mûrberi — mhd. *mûlber* Maulbeere) auseinanderzuhalten.

Diphthongierungen enthalten dissimilierende Vorgänge ; etwa *i* > *ii* > *ei* > *ai*.

b) dissimilatorischen Schwund; bes. bei *r* (§ 72) und *n* (§ 74):
·*vordern-vodern, küninc-künic.*

c) Haplologie („Silbenschichtung"): ahd. *elilenti*-mhd. *ellende
zouberærinne — nhd. Zauberin.

2. Die einzelnen Konsonanten
Sonore Konsonanten
Halbvokale

§ 68 mhd. *j*

ji ist schon im Ahd. zu *gi* geworden im Präs. von *jëhen*
bekennen, *jësen* gären, *jëten* jäten: *ich gihe du gihest ër gih(e)t*

(vgl. nhd. Gicht = die durch Beschreien angezauberte Krankheit), ebenso *gise* gäre, *gite* jäte.

Neben mhd. *jener* jener und *jâmer* Jammer stehen (wie schon germ.), besonders alem., Formen ohne *j: ëner, âmer;* vgl. § 123.

j im Inlaut ist geschwunden bei der wgerm. Konsonantendehnung (§ 60). Geblieben, bzw. dann später zu *g* geworden (§ 63), ist *j* nur hinter *r* nach kurzem Vokal: *verje verge verige* Ferge usw. (zu *varn* fahren), auch in *brünje, winje;* ferner in Lehnwörtern: *kevje kevige* = lat. cavea, *lilje lilge* Lilie, *latwêrje latwêrge* < lat. *ēlectuārium* eingekochter Saft, *matërje matëe* Materie, Eiter, *Venedige, Span(i)gen, St. Márien* (Dat. Sg.) > *St. Märgen* (ON im Schwarzwald), *Mergentheim.*

Geblieben ist *j* endlich zwischen Vokalen: *blæjen* blähen, *dræjen* drehen, *kræjen* krähen, *mæjen* mähen, *sæjen* säen, *wæjen* wehen, *blüejen* blühen, *müejen* mühen (nhd. *h* ist nur jüngeres Dehnungszeichen!); daneben aber auch *blæn, blüen* usw.

j (g) tritt als Übergangslaut ein zwischen *î* bzw. *ei* und folgendem Vokal: *drî* drei — *drîer drîjer drîger, frî* — *frîer rîjer frîger, ei* Ei — *eier eijer eiger, zwei* — *zweier zweijer zweigr.*

Im Md. und Ofr. steht statt *j* nach Vokal *w: blæjen* — *blêwen, sæjen* — *sêwen, blüejen* — *blûwen, müejen* — *mûwen.*

Zum Lautwert von *g* < *j* vgl. § 83.

§ 69 mhd. *w*

wird bilabial (wie engl. *w*) gesprochen; erst im 13. Jh. wird es zum labiodentalen Reibelaut des Nhd. (gleichzeitig *v* > *f,* § 82).

Germ. *w* ist nach Kons. außer *l r* schon ahd. geschwunden: got. *ahwa* — mhd. *ahe* Wasser, ebenso im Anlaut vor *l r* schon vor den ahd. Denkmälern: got. *wlits* — mhd. *ant-litze;* got. *wrikan* — *trëchen* verfolgen, dazu asächs. *wrekkio* — *dër recke,* got *wrôhjan* — mhd. *rüegen* anklagen, as. *wringan* — mhd. *ringen.* — Mfränk. ist wie im Nd. *wr* erhalten: *wrëchen wruegen wrîven* mhd. *rîben)* reiben.

Anlautendes *w* an Stelle von ahd. *hw:* vgl. § 86.

Im Auslaut wird *w* ahd. zu *o.* 1. Dieses fällt nach langem Vokal ab (Mitte des 9. Jh.): ahd. **sêw* > *sêo* > *sê* mhd. *sê* See, 2. wird nach kurzem mit diesem kontrahiert: ahd. **fraw* > *frao*

$> frô$ mhd. *frô* froh (vgl. § 37), 3. bleibt aber nach Kons.: ahd. **mëlw $>$ mëlo* mhd. *mël(e)* Mehl, ahd. **scatw $>$ scato* mhd. *schate* Schatten.

Im Inlaut blieb das *w* bestehen. Dadurch ergab sich ein Wechsel zwischen mhd. Nom. *sê* — Gen. *sêwes, snê* — *snêwes* Schnee, *grâ* — *grâwes* grau, *blâ* — *blâwes; frô* — *frôwes, strô* — *strôwes; mël* — *mëlwes* Mehl, *val* — *valwes* fahl, *kal* — *kalwes* kahl, *gël* — *gëlwes* gelb, *gar* — *garwes gärwen* bereiten, gerben, *var* — *varwes* farbig, *diu varwe värwen* färben, *zëse* — *zësewes* recht (dexter), *schate* — *schatewes, schatewen* Schatten geben.

Seit dem 12. Jh. ist im Bair. der Übergang von in- und anlautend $w > b$ (geschrieben *b*) und seit dem 13. Jh. von $b > b$ (geschrieben *w*) zu beobachten. So treten (am häufigsten im 14. und 15. Jh.) Schreibungen von *b* für *w* auf: *bant = want, burm = wurm, birt = wirt, gebert = gewert* gewehrt und umgekehrt (seltener) von *w* für *b*, vgl. § 79.

Ahd. *uw ($<$ ww)* steht in *euw*, das schon im Ahd. zu *iuw* geworden ist: ahd. *treuwa / triuwa* — mhd. *triuwe* Treue, ferner mhd. *riuwe* Reue, *niuwe* neu, *bliuwen* bleuen (schlagen), *spriu* Pl. *spriuwer* Spreu; in ahd. *auw* mhd. *ouw: frouwe, ouwe, schouwen;* ahd. *u $+$ uw* wird zu ahd. mhd. *ûw* zusammengezogen: Prät. Pl. *blûwen* aus **blu-uwen* zu *bliuwe blou* bleuen, bleute (nach Vokal entwickelte sich vor *w* ein *u:* ahd. *blu — w — um $>$ blu $+$ uw — um*).

Im Nhd. fällt *w* aus in den Gruppen mhd. *ûw ouw iuw: bûwen* — bauen; *frouwe* — Frau; *riuwe* — Reue, Subst. *triuwe* — Treue. — Mhd. *âw* erscheint nhd. als *au: brâwe* — Braue, *klâwe* — Klaue, *blâwer* — blauer, *grâwer* — grauer. — Mhd. *lw rw* wird nhd. zu *lb rb: swalwe* — Schwalbe, *varwe* — Farbe. — Erhalten ist *w* nhd. zwischen Vokalen in ewig (aber Ehe; mhd. *êwec — ê, êwe*) und in dem Lehnwort Löwe (mhd. *lewe*).

§ 70 mhd. *qu*

ist soviel wie *kw;* der *w*-Laut fällt häufig aus.

qu bleibt im Md. in *qua quâ quë qui: quëmen quam quimet* kommen *kam* er kommt, *quëc* lebendig *erquicken, quâle* Qual, *quât* böse, Kot.—*u* schwindet vor allem im Alem., es wird besonders im Bair. mit dem folgenden Vokal verschmolzen und bewirkt Verdumpfung. Daher entspricht md. *quam* alem. *kam* bair. *kom;* ebenso *quâmen* — *kâmen kômen, quâle* — *kâle kôle* Qual, *quât* — *kât kôt* böse, Kot. Wieder besonders im Bair .wird *quë* zu *kë, kö, ko* (viele Hss. bezeichnen *ö* mit *o*, sodaß die Gebiete sckwer zu trennen sind), *qui* zu *ku, kü: quëmen* — *komen, quëc* — *këc* (alem.) *köck*, (bair.) *quëne* — *köne kone* Frau (engl. *queen* Königin !), *queln* — *köln* Qual leiden *quëste* — *köste* Büschel *quërder* — *kërder korder körder* Köder; er *quimt* — er *kumt er kümt, erquicken — erkucken erkücken*. — Zu *quëmen* vgl. § 140. Md. *qu* < *tw*, vgl. § 75.

Liquidae

§ 71 mhd. *l*

Eine Anzahl anlautender mhd. *l* geht auf ahd. *hl* zurück, vgl. § 86. — Zu *wl* im Anlaut vgl. § 69. — Dissimilation (von zwei gleichen Lauten geht einer in einen anderen über) liegt vor in *pfeller* neben *pfellel* Seidenstoff (<mlat. *palliolum*). — Zum Ausfall von *l* vgl. §§ 163, 166, 172.

§ 72 mhd. *r*

Anlautendes *r* statt ahd. *hr:* § 86; *wr* im Anlaut: 69.

Geschwunden ist *r* schon ahd. in der Vorsilbe *ver-* vor *l:* mhd. *vliesen* neben *verliesen* verlieren, *vlust* neben *verlust*; ebenso mhd. in *alrêst* neben *alrêrst vodern* neben *vordern;* auch bair. seit dem 12. Jh. in *rlt: wëlt* neben *wërlt*.

Im Auslaut ist *r* in sechs einsilbigen Wörtchen nach langem Vokal abgefallen: ahd. *dâr* da, *hier, hwâr* wo, *sâr* sofort, *êr* eher, *mêr* mehr — mhd. *dâ, hie, wâ, sâ, ê, mê*; es bleibt jedoch erhalten in *dâr* und *wâr* bei Zusammensetzungen mit vokalisch anlautenden Adv.: *dârane* daran, *dârinne, dârumbe, dârüber, dârunder, dârûf; wârane* woran usw. (meist getrennt: *dâr an, dâr inne* usw.; auch gekürzt *dar ûf* usw.).

Silbenauslautendes *r* (und *-re*) ist nach *û iu* manchmal zu silbenbildendem *er* geworden: mhd. *gebûr — gebûwer* Bauer, *sûr — sûwer* sauer, *tiur(e) — tiuwer* teuer.

Im Nhd. ist dies so nach *î û iu*, die zu *ei au eu* geworden sind; mhd. *gir* — Geier, *lîr(e)* — Leier, *vîre* — Feier; *schûr* — Schauer, *mûr(e)* — Mauer, *trûr(e)* — Trauer; *viur* — Feuer, *tiur(e)* — teuer, *gehiur(e)* — geheuer, *schiur(e)* — Scheuer, *stiur(e)* — Steuer.

Die Endsilbe *-er* kann obd. nach vorhergehendem *l r n* zu *-re* umgestellt werden (Metathese): *aller* — *alre, keller* — *kelre; unserer* — *unserre, anderer* — *anderre; miner* — *minre, sîner* — *sînre, doner* — *donre;* ebenso, aber nur in wenigen Hss., das Präfix *er-: unerkant* — *unrekant, ër erstarp* — *ërrestarp;* nach Vokal *dô erbeizte ër* — *dôrebeizte ër* da stieg er ab.

Wechsel zwischen ursprünglichem *r* und *l* liegt vor: 1. bei Ferndissimilation, vgl. mhd. *körper* — *körpel, dörper* — *dörpel, marter* — *martel, marmer* — *marmel* (nhd. Marmor ist gelehrte Entlehnung), *mörter* — *mörtel, prîor* — *prîol* Prior, *turter* — *turteltûbe* Turteltaube, *murmern* — *murmeln;* 2. in *smieren smielen* lächeln.

Ferndissimilation liegt auch vor in alem. *kilche* für *kirche*, wo das *l* schon in der nichtsynkopierten Form des Wortes *(chilicha)* belegt ist.

Bes. md. tritt oft Metathese des *r* ein: *brunne — born* Brunnen, *brust — burst, dritte — dirte, kristen — kirsten* Christ — *ors* der mhd. Dichtersprache neben *ros* stammt aus dem Nfr. (nhd. Bernstein statt Brennstein aus dem Nd.).

Nasale

§ 73 mhd. *m*

m in *mf* wird schon im Laufe des Ahd. zu *n*, folgt also der Entwicklung des *f* vom bilabialen zum labiodentalen Laut: ahd. *fimf — finf* mhd. *fünf*, ahd. *semfti — senfte* sanft, ahd. *kumft — kunft* (zu *quëmen / komen*) Zukunft, ahd. *zumft — zunft* (zu *zëmen* ziemen).

Im Md. und danach im Nhd. ist inlautend *mb* früh zu *mm* assimiliert worden: *dës kambes — dës kammes, imbe — imme* Biene, *zimber — zimmer, umbe — umme* um, *kumber — kummer, krumber — krummer, diu krümbe — diu krümme* Krümmung; *verstümbeln — verstümmeln*; im Auslaut steht einfaches *m* (nach § 64): *umbe — umme* um, *lember* Nom. Sg. *lamp — lemmer* Nom. Sg. *lam* Lamm, *stumber stump — stummer stum*.

Auslautendes *m* geht unbetont, vor allem in den Flexionsendungen, schon ahd. (Anfang des 9. Jahrhunderts) in *n* über: Dat. Pl. *tagum — tagun* mhd. *tagen*, 1. Plur. Prät. Ind. ahd. *nâmum nâmun —* mhd. *nâmen*, ahd. *bim, bin —* mhd. *bin*. Es bleibt jedoch, wenn es betont ist und zum Stamme gehört: mhd. *arm, kam, heim, lobesam* (aber alem. *arn, kan, hein, lobesan*), ebenso auch im Subst.-Suffix -*em: âtem, bodem, buosem, vadem* (neben *âten, boden, buosen, vaden*).

§ 74 mhd. *n*

Anlautendes *hn:* § 86.

n in unbetonten Silben vor Konsonant kann ausfallen, vor allem, wenn ein *n* in dem Worte vorangeht (§ 67): *küninc — künic* König, *pfenninc — pfennic, teidingen (< tagedingen) — teidigen* verhandeln, *senende — sen(e)de, brinnende — brinnede, liumunt — liumet* Ruf (vgl. § 19). — Zur Assimilation von *nm > mm* usw. vgl. § 67.

Auslautendes *n* des Inf. ¦schwindet besonders im Ofr., Thür. u. Hess., z. T. auch im Obd. (vgl. § 150).

Im Moselfr. und dem angrenzenden Teil des Rhfr. fällt das *n* im Part. Prät. der ablautenden Verben ab (vgl. § 151).

Das Alem. (besonders das Schwäb.) hat die Neigung, die Stammsilbe gewisser Wörter zu nasalieren: vor Zischlaut: *kiusche — kiunsch, meist —*

meinst, fûst — fûnst, lise — linse; vor *h: sëhen — sënhen, verjëhen — verjênhen;* im Nhd. erhalten in sonst (= *sus > sust > sunst >* sonst; angetretenes *t* § 76, *u > o* vor Nasal § 31).

Nhd. Turm statt mhd. *turn* ist thür.-osächs.

Geräuschlaute (Verschluß- und Reibelaute)
Dentale
§ 75 mhd. *d*

Ahd. mhd. *d* ist entstanden aus germ. þ (§ 55).

Da in md. Mundarten das germ. *d*, wgerm. *d*, oft nicht zu *t* weiterverschoben wurde (§ 76), sondern *d* blieb, so fallen hier *d* aus germ. þ und *d* = germ. *d* zusammen, z. B.: anlautend obd. *diu*, aber *tohter*, dagegen md. *diu* und *dochter;* inlautend obd. *bruoder*, aber *vater*, md. *brûder* und *vader*.

Im Mfr. wird noch bis ins 12. Jh. das þ (oder *d*) |als *th* geschrieben, also z. B. *thër, thir, thin, genâthe, rethen, sceithen.*

Anlautend wird statt *d* (= germ. þ) obd. *t* gebraucht in *tûsent* (got. *þûsundi,* ahd. *dûsunt / tûsunt*), *tâht* Docht, *tinne* Schläfe, *trûbe* Traube (im Thür. *verterben = verdërben*).

Mhd. *d* entspricht im Anlaut nhd. *t* in *dôsen* — tosen, *draben* — traben, *drum* Plur. *drümmer* — Trümmer, ebenso inlautend nach *r* in *vierde* (< ahd. *fiorda*) neben *vierte.*

Ahd. *dw* wird schon im Anfang der mhd. Zeit zu *tw* und dieses am Ende derselben zu *zw* weiter verschoben, so daß im Deutschen hier eine dreifache Verschiebung vorliegt (germ. þw > ahd. *dw* > mhd. *tw* > nhd. *zw*). z. B.: got. *þwaírhs* (spr. *þwërhs*) zornig entspricht 1. ahd. *dwërh* quer, 2. mhd. *twërch* quer, 3. spätmhd. *zwërch* (Zwerchfell, überzwerch); so ferner asächs. *thwingan* — ahd. *dwingan* — mhd. *twingen* — spätmhd. *zwingen;* got. *þwahan* — ahd. *dwahan* — mhd. *twahen* — spätmhd. *zwahen* waschen; ahd. *dwahilla* mhd. *twähele* spätmhd. *zwähele* Abwasch-, Handtuch.

Dieses mhd. *tw* wechselt im Omd. mit *qu* (= *kw*) ; *quërch* = nhd. quer, *quingen, quahen, quehele;* vgl. auch *twarc — quarc* Quark, mhd. *twirl —* md. *quirl* Quirl, Rührstab.

Inlautendes *d* steht im grammatischen Wechsel mit *t* in *lîde* leide — *liten* usw. (§ 56).

d hat sich, besonders seit dem 14. Jahrhundert, zwischen *n* und silbischem *r* und *l* entwickelt in *iener — iender* irgend, *niener — niender* nirgend, *minner — minder* kleiner; *spinnel* Spindel. Zur Zusammenziehung von *quidit* zu *quît* sagt vgl. § 36.

Auslautendes *d* wird zu *t* verhärtet (§ 65): *bades — bat, leides — leit, wërdes — wërt, lîden — leit, vinden — vant.*

§ 76 mhd. *t*

Ahd. mhd. *t* (unbehaucht gesprochen, § 53) ist entstanden durch die Verschiebung von wgerm. *d,* aber diese ist nur im Obd. und Ofr. voll durchgeführt, während im übrigen Md. *d* oft geblieben ist: im Rhfr. wechseln oft unverschobenes *d* und verschobenes *t,* im Omd. überwiegt *t,* im Mfr. ist *d* unverschoben, aber *rd* ist nur im Ripuar. bewahrt geblieben, das Moselfr. hat es zu *rt* verschoben.

Beispiele: mhd. *tohter* — md. *dohter,* mhd. *vater* — md. *vader;* ebenso z. B. *teil* — *deil, tugent* — *dugend, muoter* — *mûder, guoter* — *gûder, bote* — *bode, tuon* — *dûn.*

Auch im Auslaut ist md. *d* meist geblieben : *gûd,* doch auch *gût* nach § 65.

Mit Gemination erscheint *tt,* vgl. *smitte* Schmiede (germ. *þj* —).

In *tr* entspricht *t* oft einem schon germ. *t,* da die Lautgruppe germ. *tr* im Ahd. nicht verschoben wurde (§ 52): got. Adj. *triggws* treu — mhd. *getriuwe,* got. *trudan* treten — mhd. *trëten,* ferner mhd. *træge, trôst;* im Inlaut: got. *wintrus* — mhd. *winter,* got. *hlûtrs* lauter — mhd. *lûter, bitter* (zu *bîzen,* vgl. got. *baitrs* bitter, § 63). Dieses *tr =* germ. *tr* ist also zusammengefallen mit dem *tr,* das aus germ. *đr* verschoben ist wie in got. *dragan* — mhd. *tragen,* got. *drigkan* (spr. *drinkan*) — *trinken,* got. *dreiban* (spr. *drîban*) treiben — *trîben,* got. *drôbjan* trüben — *trüeben.*

Anlautendem mhd. *t* entspricht im Nhd. *d* in: mhd. *tump* dumm, unerfahren, *tihten, tunkel, tam, tâhele* Dohle, *tolde, toter* (dazu bei urspr. *þ* in *tiütsch* deutsch und ebenso in *tâht* Docht, § 75).

Ahd. mhd. *tw* (= germ. *đw*) wird spätmhd. zu *zw* verschoben (germ. *đw* > ahd. mhd. *tw* > nhd. *zw*): nd. *dwerg* — mhd. *(ge)twërc* — spätmhd. *zwërc* (md. auch *quërch*); es ist also mit dem aus ahd. *đw* (germ. *þw*) am Anfang der mhd. Zeit weiterverschobenen *tw* (§ 75) zusammengefallen.

Erweichung des *t.* 1. Nach Nasalen wird *t* meistens zu *d* erweicht, d. h. *nt mt* werden zu *nd md* (Teilassimilation, § 67): ahd. *untar* — mhd. *under, hintar* — *hinder, dës huntes* — *dës hundes, dës lantes* — *dës landes, dër hente* — *dër hende* (Gen. Dat. zu *hant*), *bintan* — *binden, wintan* — *winden, senten* — *senden;* ebenso mhd. Prät. *kande, nande, sande* (= *santte*)*, diende; rûmde, sûmde, troumde.* —

2. Nach **Liquiden:** *a)* nach *l* ist die Erweichung häufig, vgl. *halden, walden, gëlden, dulden, solde, wolde, wërlde* (Gen. Dat. zu *wërlt*), neben *halten, walten* usw.; *b)* selten ist sie nach *r: kêrde, gërde* neben üblichem *kêrte, gërte* (aber mit urspr. *þ vierde* vierte § 75).

Über landschaftliche Lenierung vgl. § 66.

t wird, zumeist im späteren Mhd., im Wort- und Silbenauslaut zugefügt, besonders an *n: iendert iergent* irgend, *niendert, niergent* nirgend, *iemant* jemand, *niemant, wîlent* weiland, ehemals, *iezunt (< iezuo)* jetzt; *allenthalben, beidenthalp, beidenthalben, ordentlich, öffentlich, eigentlich, wizzentlich, ellenthaft* kühn; an *r: ander(t)-halp;* an *s: sust* sonst (§ 74), *bâbest* Papst, *palast, ackes > axt, obez > obst;* an *f:* erst spätmhd. *hüfte < hüffe* (Pl. zu *huf* f. Hüfte), *saft < saf* (= angefügtes oder epithetisches *t*).

Im Nhd. steht *t* nach *n* in meinethalben < mhd. *von minen halben,* meinetwegen < mhd. *von minen wëgen.*

§ 77 mhd. *ȝ, z*

Ahd. mhd. *ȝ, z* ist aus germ. *t* verschoben.

a) Der Reibelaut *ȝ* (nhd. ß) findet sich nach Vokalen;

b) die Affrikata *z,* gesprochen *ts,* steht im Anlaut, nach Kons. *(lz rz nz)* und für die vorahd. Gemination *tt* (vgl. § 52).

In den ahd. und mhd. Hss. wird für beide Laute ein und dasselbe Zeichen gebraucht, in unseren Lehrbüchern und Textausgaben jedoch werden sie häufig unterschieden. und zwar so, daß für den Reibelaut *ȝ,* für die Affrikata *z* geschrieben wird.

Die Superlative *grœȝiste, beȝȝiste, leȝȝiste* letzte werden nach Ausfall des Mittelvokals durch Assimilation von *ȝ (ȝȝ) + s* zu *s: grœste, beste, leste* (§ 21).

Die Gemination *ȝȝ* steht im Inlaut nach kurzem Vokal, das einfache *ȝ* nach langem Vokal und im Auslaut: mhd. *ëȝȝen — âȝen, wiȝȝen — weiȝ; haȝȝes — haȝ, beȝȝer* (Adj.) — *baȝ* besser (Adv.; § 64).

Für *zz* ist *tz* die übliche Schreibung. Die Gemination *tz (= tts)* wird vereinfacht im Auslaut: mhd. *schatzes — schaz, satzes — saz, tratzes — traz,* ebenso im Inlaut vor Kons.: *setzen — sazte* (§ 64).

Affrikata *tz* und Reibelaut *ȝ* wechseln in verwandten Wörtern, je nachdem wgerm. Konsonantendehnung erfolgte oder nicht, vgl. mhd. *sitzen — saʒ, diu witze* das Wissen *wiʒʒen ich weiʒ* (§ 60).

Mhd. *rʒ* wird nhd. zu rsch: *hirʒ* — Hirsch (vgl. die ONN Hirsau — Hirschau; mhd. *rs* gleichfalls > nhd. rsch, vgl. § 78).

Nicht verschoben wird das *t* im Mfr. im Auslaut der einsilbigen neutralen Pronominalformen *dat, wat, dit, it* und in *allet* (Neutrum zu *al*); außerdem noch in *tuschen* für *zwischen, tol* für *zol* Zoll (aus vulgärlat. *toloneum*), *satte gesat* setzte gesetzt. — *dit* und *tuschen* sind auch rhfr. (*dit* z. T. auch omd.), *satte gesat* ging in die mhd. Dichtersprache über.

§ 78 mhd. *s*

Die Aussprache des mhd. *s* stand - zwischen *s* und *sch*. Es war wohl (wie heute, abgesehen vom Hauptteil Süddeutschlands) stimmhaft im Anlaut vor Vokal (in Süddeutschland mhd. auch vor *l m n w*), sonst stimmlos.

Die Verbindung *sc,* die im 12. Jh. in der Schrift noch sehr gewöhnlich ist, geht in *š* über und wird vom Ende des 12. Jh. an meistens *sch* geschrieben; ältere Schreibung: *scaft, scenden, scilt, scône, sculde, scrîen* schreien, jüngere mhd. Schreibung: *schaft, schenden, schilt, schône, schulde, schrîen;* zu *schal, schol — sal, sol* soll vgl. § 163.

Dagegen werden *sl sm sn sw* (*slahen* schlagen, *smac* Geschmack, *snîden* schneiden, *swalwe* Schwalbe) erst im 15. Jh. (im 14. selten) mit *sch* geschrieben: *schl schm schn schw.* — *sp st* sind im Alem. (im Südalem. vom 13. Jh. an) in jeder Stellung zu *šp št* geworden, im Md. im allg. nur im Anlaut (wie in der nhd. Hochlautung); im Bair. im Anlaut und teilweise im Inlaut.

s steht in grammatischem Wechsel mit *r: verliuse — verlurn* (§ 57).

Im Prät. der schwachen Verben, deren Stamm auf *sch* endigt, wird, besonders alem., *sch + t* oft *st* geschrieben: mhd. *leschen* löschen — *laste, wünschen — wunste.*

s ist im Nhd. erhalten: im Anlaut vor Vokal, im Inlaut (außer in der Verbindung *r +* stimmloses *s*) und im Auslaut außer nach *r.*

In der Verbindung *rs* ist nhd. das stimmlose *s > sch* geworden: mhd. *bars* — Barsch, *kirse* — Kirsche, *birsen* — pirschen, *hêrsen* — herrschen (vgl. *rʒ > rsch,* § 77). Dagegen erscheint *r +* stimmhaftes *s* im Nhd. als *rs: hirse* — Hirse, *vërsen* — Ferse, *burse* — Börse. Außerdem wurde im Nhd. *s > sch* in *jëst* — Gischt, *jësen* gischen, *grosse* Groschen (lat. *grossus*), *harnas* (und *harnasch*) Harnisch (afrz. *harnas*).

Labiale

§ **79** mhd. *b*

Ahd. mhd. (ofr.) *b* entspricht germ. weichem (stimmhaftem) Reibelaut *b̃*. Abgesehen vom Bair. und Mfr. erscheint im Mhd. überall *b*, das aber im Wort- und Silbenauslaut und vor Konsonant derselben Silbe zu *p* wird (Auslautsverhärtung, § 65).

Die Verschiebung des *b* zu (unbehauchtem) *p* (§ 53), die im Ahd. für das Alem. (im Anlaut) und Bair. (im Anlaut und Inlaut) bezeichnend ist, die aber seit dem 10. Jh. in der Schreibung zurücktritt, zeigt sich im Bair. des 14. und 15. Jh. anlautend auch in der Schrift wieder: *pach, paum, përeg, prëchen.* Um dieselbe Zeit wird dort, wie der Wandel von *w > b* (§ 69), auch der von *b > b̃* in der Schreibung häufig (als *w*) sichtbar: im Präfix *bewebarn, wedacht*, aber auch *Walthasar, geworn* für *geborn.*

Im Südbair., im Südalem. und im südl. Schwäb. hat sich die *p*-Aussprache des *b* z. T. bis heute erhalten.

Das Mfr. hat die Verhältnisse des Germ. bewahrt, wo *b̃* nur anlautend nach *m* und bei Verdoppelung zu *b* geworden war; dabei tritt *b* im Inlaut als stimmhafter Reibelaut *v*, im Auslaut als stimmloses *f* auf, z. B. *lêves — lêf* lieb, *loves — lof* Lob, *gëven — gaf* geben gab, *blîven — blêf* bleiben blieb, *gelouven* glauben, *af* ab.

b schwindet in der Kontraktion von *gibist* zu *gîst, gibit* zu *gît* (§ 36), *gëbent > gënt* (z. T. schwäb.-alem., § 150); *hân* neben *haben*: § 171.

bb wird obd. zu *pp: sippe, rippe, weppe*, got. **lubja* Gift mhd. *lüppe, über — üppic* (§ 62).

Im Md. wird heute im Anlaut Verschlußlaut, im In- und Auslaut (namentlich zwischenvokalisch) dagegen häufig Reibelaut gesprochen; dies stellt jedoch wohl eine jüngere Entwicklung dar (wie bei *g*, § 83).

§ **80** mhd. *p*

Anlautendes *p* ist im Mhd. selten, da das im Germ. vorhandene, fast nur in Fremdwörtern vorkommende *p* im Ahd. zu *pf* verschoben wurde, germ. *b̃* aber im Ahd. (Ofr.) bei *b* stehen blieb. Darum findet es sich fast nur in Fremdwörtern, die erst im Ahd. oder Mhd. aus dem Lat. oder Frz. eingedrungen sind, vgl. *permint* Pergament, *persône* Person, *pîn(e)* Strafe Pein, *porte* Pforte, *pulver; palas* Palast, *pawelûn* Zelt, *pënsel* Pinsel, *prîs* Preis. Dieses fremde *p* wird oft auch *b* geschrieben, das in einer Anzahl von Wörtern überwiegt, z. B.: *bâbes(t)* Papst, *bëch* Pech, *bilgerîm (-în)* Pilger, *bredigen;* immer in *bir* Birne (mlat.

pira), *bischof* (mlat. *episcopus*), *bunt* schwarz-weiß (mlat. *punctus*).
— *wâpen* (neben *wâfen*) Waffe, Wappen und *dörper* Bauer sind
nfr. Lehnwörter. — Über landschaftliche Lenierung vgl. § 66.

§ 81 mhd. *pf,*

oft auch *ph* geschrieben, ist die hd. Verschiebungsstufe von *p* im An-
laut, nach Kons. (d. i. *lp rp mp*) und bei Verdopplung.

Die Verschiebung von *p* zu *pf* tritt vollständig nur ein im
Alem., Bair., Ofr., Südrhfr. und Südthür. Dabei ist die Ver-
schiebung nach *l* und *r* noch über das *pf* hinaus zum *f* gelangt,
d. h. *lp* wird zu *lpf* $>$ *lf*, *rp* zu *rpf* $>$ *rf:* germ. **helpan* — ahd.
hëlpfan — *hëlfan* mhd. *hëlfen*, germ. **werpan* — ahd. *wërpfan* —
wërfan mhd. *wërfen* (§ 52). *lf rf* gelten auf dem ganzen hd.
Gebiet außer dem Ripuar.; aber daneben bestehen Doppelfor-
men in *gëlf* und *gëlpf* schreiend, *scharf* und *scharpf*, *harfe* und
harpfe (urspr. Wechsel von *p* und *pp*?).

Die md. Dialekte schwanken in dem Maße der Verschiebung. Am wei-
testen vorgeschritten ist das Omd.; hier erscheint *p* im Anlaut unter ofr. Ein-
fluß als *pf* bzw. *f* (das im eigenen System vorhanden war), und im Inlaut
sind *lf*, *rf* durchgedrungen, jedoch sind *mp* und *pp* bewahrt: *pfund/fund,*
hëlfen, *wërfen*, aber *schimpen*, *appel*. Anlautendes *f* in *fund* usw. ist bis heute
ein wichtiges Kennzeichen des Omd.

Das Rhfr. und der südl. Teil des Mfr. (das Moselfr.) haben nur die Ver-
schiebung zu *f* in *lf rf: hëlfen*, *wërfen*, aber *pund, schimpen, appel* (dagegen
südrhfr. schon bei Otfrid z. T. *p* $>$ *pf*, vgl. im 13. Jh. *schimpfen, apfel*).

Der nördl. Teil des Mfr. (das Ripuar.) hat gar keine Verschiebung: *pund,*
schimpen, appel, hëlpen, wërpen, ebenso *up* ($<$ ** uppe*) für südl. *uf, ûf* auf.

§ 82 mhd. *f, v*

Schon im Ahd. sind der Entstehung nach zweierlei *f* zu unter-
scheiden: 1. das germ. *f* und 2. das erst ahd. *f.*

1. Germ. *f* (ideur. *p*) kommt im An-, In- und Auslaut vor.
Im Ahd. wurde im Anlaut und Inlaut dafür auch *v, u* (weicher
Reibelaut) geschrieben, während im Auslaut nur *f* (harter Reibe-
laut) stand. Im Mhd. sind die Verhältnisse so: es wird stimml.
f gesprochen im Auslaut (§ 65) und in den Verbindungen *fs, ft*,
weiches, schwach stimmh. *v* im Anlaut und im Inlaut neben
tönenden Lauten, vor allem zwischen Vokalen; dabei wird aller-

dings vor *u, ü, iu, ou, üe, r, l* oft *f* geschrieben. Im 13. Jh. wird *v* zu stimml. Lenis (wie mhd. *f, v*).

Beispiele: *hof, wolf, zwelf; wefse* Wespe, *kraft, heften; vater varn, vëlt, vihe, vienc* fing, *vor; nëve, oven, zwîvel, dës hoves, dëm wolve, zwelve; fuhs, fiur* Feuer, *füegen, flëhten, frouwe* neben *vuhs, viur, vüegen, vlëhten, vrouwe.* Stets erscheint *f* in *dürfen* durch Angleichung an *darf, dorfte.*

Innervokalisch wird im Wmd., nördl. Thür. und nördl. Obersächs., wenigstens heute, stimmh. Reibelaut gesprochen.

Mfr., besonders ripuar. geht *ft* (wie nfr. - nld.) in *cht* über: mhd. (md.) *graft* — ripuar. *gracht* Graben, mhd. *kraft* — *kracht* Kraft, *luft* — *lucht, stiften* — *stichten, niftel* — *nichte* Nichte, *gerüefte* — *gerücht* Ruf, Gerücht *senfte* — *sachte* sacht (*a < ā* vor mehrfacher Konsonanz *cht*).

Gramm. Wechsel germ. *f* — *b: heffen* heben — *huoben* usw. (§ 57)

2. Das erst ahd. *f* (= germ. *p*), das durch die 2. Lautverschiebung aus germ. *p* entwickelte *ff* bzw. *f*, begegnet (§ 52) nach Vokal (außerdem in *lf rf*, vgl. § 81), also nur im In- und Auslaut. Niemals wird dafür *v* geschrieben.

ff steht im Inlaut nach kurzem Vokal, *f* nach langem Vokal und im Auslaut (vgl. §§ 52, 64): *trëffen* — *trâfen*, Part. Prät, *geschaffen* — *schuofen*, Prät. Pl. *griffen* — *grîfen* greifen; *trëffen* — *traf, schiffes* — *schif, hüffe* (Gen. und Pl.) — *huf* (§ 76) Hüfte.

Die Aussprache von *f* und *v* ist schon (wie heute) labiodental Affrikata *pf* und Reibelaut *ff f* wechseln in verwandten Wörtern, je nachdem Konsonantendehnung erfolgte oder nicht: *schepfen* schöpfen — *dër scheffe* Schöffe *schaffen schuof* (§ 60).

Gutturale
§ 83 mhd. *g*

Ahd. mhd. *g* entspricht germ. stimmhafter Spirans *g.*

Gesprochen wird *g* als Verschlußlaut durchweg in *ng* und bei Verdopplung. Abgesehen vom Mfr. und Nordthür., die in den anderen Stellungen den Reibelaut *(ch)* aufweisen (Schreibung: *g*), galt in den anderen Mundarten wohl allgemein Verschlußaussprache.

Heute spricht man im Md. im Anlaut meist Verschlußlaut, im In- und Auslaut, vor allem zwischenvokalisch, weithin — wohl jüngeren — Reibelaut (ähnlich wie bei *b*, § 79).

Anlautendes *g* in *gegen* ist im Omd. zu *k* geworden: *kegen kein* (*ege* >
ei², vgl. unten) *gegen*.

gg wird obd. zu *ck* (§ 62): *brücke* (< **bruggja*), *mücke* (< **muggja*),
lücke lügenhaft (< **luggja-*, zu *liegen* lügen), *hucken* (*hücken*, got. *hugjan*)
denken; vgl auch *hecke* zu *hac*, *âwicke* Umweg zu *wèc* Weg (*c* für *g* im
Auslaut, § 65).

Ahd. *igi* wird oft zu *î*, *egi* zu *ei²* kontrahiert (§§ 13, 36, 41);
durch Abschwächung der Artikulation nähert sich das *g* einem *j*,
worauf Zusammenziehung eintritt: ahd. *ligist ligit* > mhd. *lîst lît* (zu
ligen liegen), ebenso mhd. *pflist pflit* (zu *pflëgen*); ahd. *legist legit legita
gilegit* > mhd. *leist leit leite geleit* (zu *legen*), ebenso mhd. *seist
seit seite geseit* (zu *sagen*), *treist treit* (zu *tragen*; vgl. § 172), ahd.
gitregidi > mhd. *getreide* (ebenfalls zu *tragen*), ahd. **gajegidi* >
mhd. *gejeide* (zu *jagen*), ahd. Pl. *megidi* > mhd. *meide* (zu *magad*
Magd, § 9), ahd. *tagading* > **tegiding* > mhd. *teidinc* Gerichtsver-
handlung („verteidigen"), ahd. *egidëhsa* > mhd. *eidëhse*, ahd. *gegin* >
mhd. *gein* gegen, hinzu; dazu PNN wie *Meinrât*, *Reinmâr* (zu
ahd. *megin* Kraft, got. *ragin* Rat).

Im Bair. begegnet auch der Übergang von *age* zu *ei* vor *st*, *t*: *jaget
jagete gejaget — jeit jeite gejeit*, ebenso *kleit kleite gekleit* (zu *klagen*), *ver-
deit verdeite verdeit* (zu *verdagen* verschweigen).

Im Wort- und Silbenauslaut wird *g* zu *c* (= *k*; § 65): *tages
— tac, hiengen — hienc, bërgen — barc, fuogen* fügen — *fuocte*.

Im Md. bleibt oft *g*, das als Reibelaut gesprochen wird, weshalb dafür
auch manchmal *ch* geschrieben wird: *tac — dach, wëc — wech*, fest gewor-
den in *manch = manec*.
Zu der bair. Schreibung *ch* für auslautendes *c* < *g* vgl. § 85. — Im
Alem. hat sich z. T. bis heute die altobd. *k*-Aussprache des *g* (§ 53) erhalten.

§ 84 mhd. *k*

Für *k* wird *c* geschrieben im Wort- und Silbenauslaut: *tac,
starker — starc, drücken — dructe*. Für *kk* ist *ck* die übliche
Schreibung.

k (ck), das wohl wie nhd. behaucht gesprochen wurde (§ 52),
entspricht germ. *k* im Anlaut, im Inlaut nach Kons. und in der
Verdopplung, da germ. *k* in diesen Stellungen nur im Südalem.,
Südostschwäb. und Südbair. (vielleicht auch im Mittelbair.) zur
Affrikata *kch* (bzw. daraus Reibelaut *ch*) verschoben ist (geschrie-
ben meist *ch*, spätmhd. auch *kch*; § 52; ahd. hatte wohl auch

das nördl. Obd. *kch*), z. B. *kalt* südalem. geschrieben *chalt*, gesprochen *kchalt* oder *chalt*, *starc* südalem. *starch*, germ. **wakjan* westgerm. **wekkjan* = ahd. mhd. *wecken*, südalem. *wechen (= wekchen)*.

Die Gemination *ck* wird vereinfacht zu *c* im Wort- und Silbenauslaut: *blickes — blic, stockes — stoc, erschrecken — erschrac; blicken — blicte, drücken — dructe* (§ 64). — In *dahte, wahte* neben *dacte, wacte* (zu *decken, wecken*) liegen die älteren Formen vor (vgl. § 153). — Zu *qu = kw* vgl. § 70.

Neben den letztgenannten schwachen Präteritalformen stehen im Mhd., besonders im Alem., auch die Formen mit *ht: blihte, marhte, druhte.*

Zu *ch* für *k* im Bair. und Alem. vgl. § 85, zu *g* für *k* im Nordthür. § 66.

§ 85 mhd. *ch*

Mhd. *ch* (ahd. *hh, ch*) ist vor allem das Ergebnis der Verschiebung von germ. *k* nach Vokalen. *k (ck)* und *ch* entsprechen also beide, je nach der Stellung im Worte, germ. *k*. Sie können darum auch in stammverwandten Wörtern nebeneinander erscheinen, wobei *ck* als Folge der Konsonantendehnung auftritt: mhd. *wecken — wachen, decken — daʒ dach, dër recke — rëchen* (§ 60).

Namentlich im Bair., aber auch im Alem., findet sich die Schreibung *ch* für *k*. Sie deutet auf die Aussprache des *k* als Affrikata *kch* (oder aber als Reibelaut *ch*; § 84). Beispiele: *chalt, chlagen, chriechen; dechen* (auch *decchen, dekhen, dekchen*); *boch (= boc), starch, werch.*

Im Bair. begegnet die Schreibung *ch* (im 15. Jh. auch *kch* u. ä.) für ein aus *g* verhärtetes auslautendes *c*. Ausgesprochen worden ist dieses *ch* bzw. *kch* als Affrikata *kch* (so noch heute im Südbair.). Es steht 1. nach Vokal: *tac — tach, sweic — sweich* schwieg, 2. hinter *r l n: bërc — bërch, burc — burch; mëlchen — mëlken; ursprinc — ursprinch* Ursprung.

Zur Aussprache des *ch* vgl. § 3, 2.

Mhd. *march* Pferd (nhd. „Mähre") hat *ch* < ideur. *k.*

§ 86 mhd. *h*

Im Germ. war *h* stimmloser gutturaler Reibelaut (gesprochen *ch*), es ist aber schon in vorahd. Zeit im Anlaut vor Vokalen, sowie zwischenvokalisch in den Hauchlaut *h* übergegangen: ahd. *haltan, hôhî* mhd. *halten, hœhe.* Das im Germ. vor den Kons. *l r n w* stehende *h (= ch)* ist schon im Ahd. (vom 9. Jh. an) geschwunden: ahd. *(h)ladan — mhd. laden* aufladen, *(h)last — last, (h)lahhên — lachen, (h)loufan — loufen; (h)raban — raben* Rabe, *(h)reini — reine* rein, *(h)ring — rinc, (h)ros — ros; (h)nîgan — nîgen* neigen, *(h)nac — nac nacke* Nacken, *(h)napf — napf (h)nuʒ — nuʒ,* **hniosan — niesen;* ahd. *(h)wër, (h)waʒ, (h)welîch, (h)wë-dar* welcher von beiden, *(h)wâr* wo, *(h)wanne* wann, *(h)wanana* woher, *(h)weo* wie — mhd. *wër,waʒ, welich, wëder, wâ(r), wanne, wannen, wie,* ferner ahd. *(h)wërfan | (h)wërban* werben, *(h)waʒ | (h)was* scharf, dazu *hwazzjan > *wetzan* schärfen *(h)wîʒ* weiß — *wërben, was, wetzen, wîʒ.*

Erhalten hat sich die Reibeaussprache jedoch in den Laut-verbindungen *hs ht* (gespr. *chs cht*) im Auslaut nach *l* und *r.*

In *hs ht* ist die Aussprache von *h* wie *ch* im nhd. *cht (hs* dagegen wird nhd. *chs* geschrieben, aber *ks* gesprochen): *wahsen, maht, vëhten, sëhen — du sihst, er siht.*

In Teilen des Md., später auch im Obd., wird *cht* für *ht* geschrieben. Im Ripuar., Hess. und Ofr. schwindet *h* in der Gruppe *rht: vorhte — vorte.* — Vor allem im Mfr. und Hess., aber auch z. T. im Ofr. und Alem., wird wie im Nd. *hs* zu *ss* assimiliert: *sehs — sess, wahsen — wassen, wëhsel — wës-sel, ohse — osse, fuhs — voss.*

Im Auslaut wird *h* als *ch* gesprochen und geschrieben. Inlaut-endem zwischenvokalischem *h* entspricht darum auslautend *h hôher — hôch, rûher — rûch* rauh, *nâher — nâch* nahe nach, *schuohes — schuoch, ziehen — zôch, sëhen — sach, geschëhen — geschah, jëhen — jach* sprechen sprach.

Nach *l* und *r* wird im Silbenanlaut zwar *h* geschrieben, aber *ch* gesprochen: *befëlhen — befalch* befehlen befahl, *schëlher schil-her* scheel *schilhen* schielen — Nom. Sg. endungslos *schëlch schilch; twërhes — twërch* quer (-zwerch-). Md. schwindet *h ch* nach *l* und *r: befëlen befal, twëres twër (quëres quêr,* § 75).

Ein solcher Wechsel zwischen *h* und *ch* besteht auch bei dem aus germ. *k* verschobenen *ch* in *solher — solch, welher — welch* (got. *swaleiks* spr. *swaliks, hwileiks* spr. *chwiliks* — ahd. *solîh hwelîh;* im Alem., besonders Südalem., schwindet *h: soler weler)* ferner zwischen älterem *dëch-ein* (wo *ch* ursprünglich Silbenauslaut bildete) und *de-hein* (wo *h* nunmehr Silbenanlaut ist); aus *dehéin* wird durch Schwund des schwachen *e* und Teilassimilation des *dh* > *kh khein — kein,* falls nicht die folgende Erklärung zutrifft.

Wenn auslautendes *ch* nachträglich in den Silbenanlaut zu stehen kommt, wird es zu *k: varch* Schwein, *verhel(în)* Ferkel — *verkel(în), durch — dürkel* durchlöchert.

h schwindet zwischen Vokalen, wobei diese kontrahiert

werden, und zwar in einem Teil des Obd. nach langen, md. auch nach kurzen Vokalen (daneben stehen jedoch Formen mit erhaltenem *h*): *bîhel* — *bîl* Beil, *nâhe* — *nâ* nahe, *hôhe* — *hô*, *hôheste* — *hôste*, *vâhen* — *vân* fangen, *hâhen* — *hân* hangen, *ziehen* — *zien*, *fliehen* — *flien*, *flêhen* — *flên*; md. auch *geschëhen* — *geschên*, *geschihet* — *geschiet*, *sëhen* — *sên*, *sihet* — *siet*, *zëhen* — *zên* zehn, *slahen* — *slân* schlagen, *stahel* — *stâl*, *trahen* — *trân* und Pl. *trehene* — *trêne* Träne. Dadurch, daß es verstummte, konnte *h* im Nhd. (nie im Mhd.!) zum Dehnungs-*h* werden.

Im Auslaut fällt *h* (bzw. *ch*) nach langem Vokal zum Teil weg: *nâch* — *nâ* nahe, nach, *gâch* — *gâ* eilig, *hôch* — *hô*, *lôch* — *lô* Wald, *zôch* — *zô*, *flôch* — *flô*, *rûch* — *rû* rauh. Bei Zusammensetzungen mit *kirche* schwindet *ch* ebenfalls: *kirmësse*, *kirtac*, *kirwîhe* Kirchweihe usw. Grammatischer Wechsel mit *g* §§ 56, 57.

In unbetonter Stellung schwindet *h* in *ht*: *ambeht* > *ambet* Amt, *nieweht, niwiht* > *niewet, niwet* und *nieht niht* (neben *niet*) nicht.

Seit dem 13. Jh. ist z. B. in Tirol und in der Schweiz im Wortinnern germ. *h* mit dem Reibelaut *ch* (< ahd. *hh* < germ. *k*) zusammengefallen und wird oft mit [*ch* wiedergegeben: *geschëchen*, *sëchen*, *zëchen* = *zëhen* zehn, *gedichen*, *ziechen*, *büchel* = *bühel* Hügel, *hôcher* = *hôher*, *hæcher næcher*.

§ 86 a mhd. Konsonantenzeichen in phonologischer Sicht

b d g	t	pp/p	tt/t	ck	gg/k
v s h		ff/f	ȝȝ/ȝ	ss	sch ch
		pf	tz/z	ck/k	

Aus J. Fourquet in Zs. f. Mundartf. XXII, 1954, S. 30.

Zweiter Abschnitt

Flexionslehre

I. Deklination

§ 87 Das mhd. Nomen hat zwei Numeri: Sing. und Plur.;
vier Kasus: Nom., Gen., Dat., Akk. (vom Instrumental haben
sich nur Reste erhalten, §§ 91, 121, 125); drei Genera:
Mask., Fem., Neutr.

1. Substantive

Wir unterscheiden nach dem alten Stammauslaut die vokali-
sche Dekl., die von J. Grimm starke Dekl. genannt worden
ist, und eine konsonantische Dekl., deren größte Gruppe, die
mit *n*-Suffix, die *n*-Dekl., seit J. Grimm auch schwache Dekl.
heißt. Endlich gibt es noch Reste einer Dekl. ohne Stammsuffix,
die Wurzelnomina.

A. Vokalische Deklination

§ 88 Entsprechend den Vokalen des Stammauslauts bildet
die germ. vokalische Dekl. vier verschiedene Klassen: *a*-, *ô*-, *i*- und
u-Dekl. Da aber im Mhd. diese Vokale durchweg zu *e* geschwächt
oder aber geschwunden sind, ist hier (wie großenteils schon im Ahd.)
der alte Unterschied zwischen den vier Dekl. verlorengegangen.

Beispiele: *a*-Stämme, themat. Vokal *a:* germ. **daga-z* (*z* =
sth. *s;* Nom.-Suffix) ahd. *tag* mhd. *tac;* die germ. *a*-Dekl. ent-
spricht der griech. von λύκος *(lýkos)* Wolf, der lat. von *lupus*
(älter *lupos*), da germ. *a* aus ideur. *o* entstanden ist (vgl. lat. *octo*
— ahd. mhd. *aht* acht).

ô-Stämme, themat. Vokal *ô:* germ. **gebô* ahd. *gëba* (*gëba*
ist urspr. Akk., der Nom. wäre **gëbu*) mhd. *gëbe;* vgl. griech.
χώρα *(chō'rā)* Land, lat. *terra* (älter *terrā;* ideur. *ā* wird im Germ. zu
ô, vgl. lat. *māter* — asächs. *môdar* ahd. mhd. *muoter*).

i-Stämme, themat. Vokal *i:* germ. **gasti-z* ahd. mhd. *gast;*
vgl. griech. μάντις *(mántis)* Seher, lat. *hostis.*

u-Stämme, themat. Vokal *u:* germ. **sunu-z* ahd. *sun(u)* mhd. *sun;* vgl. griech. πῆχυς *(pē'chys)* Ellenbogen, lat. *frūctus.*

In alten finnischen Entlehnungen aus dem Germ. erscheinen noch die Stammauslaute: finn. *kuninga-s* König, *saippjo* Seife, Adj. *kauni-s* schön, *vantu-s* Handschuh (*-s* wie bei den griech. und lat. Beispielen Nom.-Suffix = germ.-*z*; vgl. auch got. *dag-s* Tag, *gast-s* Gast mit Verschärfung von germ. *z*).

a-Deklination

§ 89 Die *a*-Dekl. umfaßt Maskulina und Neutra.

Man unterscheidet reine *a*-Stämme, *ja*-Stämme und *wa*-Stämme.

a-Stämme.

§ 90 Maskulina: *tac* Tag, *kil* Kiel, *engel* Engel, *nagel* Nagel.

		mhd.	ahd.	mhd.		
Sg.	N.A.	tac	*tag*	kil	engel	nagel
	G.	tages	*tages*	kils	engels	nagel(e)s
	D.	tage	*tage*	kil	engel	nagel(e)
	I.		*tagu*			
Pl.	N.A.	tage	*taga (-â)*	kil	engel	nagel(e)
	G.	tage	*tago*	kil	engel	nagel(e)
	D.	tagen	*tagum*	kiln	engeln	nagel(e)n

Zum *c* des Auslauts (Auslautsverhärtung) vgl. § 65.

Abwerfung des *e* nach Liquiden und Nasalen: §§ 20, 91.

Im Dat. Sg. fällt das *e* bei Wörtern der ersten Reihe (wie *tac*) im Obd., besonders im Bair., leicht ab (*got, rât, bach, win* u. a.). In der nhd. Hochsprache wird das *e* bei den einsilbigen Wörtern auf Liquida und Nasal wieder gesetzt, bei den mehrsilbigen dagegen nicht; andererseits wird es immer häufiger im Dat. und auch im Gen. Sg. unterdrückt. Dies gilt auch für die Neutra (§ 91).

Die *a*-Dekl. der Mask. unterscheidet sich von der *i*-Dekl. der Mask. nur dadurch, daß diese im Plur. Umlaut hat (§ 99).

Einige alte *a*-Stämme haben im Plur. neben den unumgelauteten Formen wie die *i*-Dekl. ebenfalls den Umlaut angenommen; im 14./15. Jh. nimmt diese Erscheinung mehr und mehr zu. Es stehen nebeneinander *gedanc — gedanke* und *gedänke, satel — satele* und *sätele, schalk — schalke* und *schälke, wagen — wagene* und *wägene, walt — walde* und *wälde, boc — bocke* und *böcke, stoc — stocke* und *stöcke*; aber meist *hove, vogele, boume.* So bekommt der Umlaut in der deutschen, besonders dann in der nhd. Dekl. immer mehr die Funktion eines Bildemittels für den Plural.

Selten greift das neutr. Pluralsuffix -er (§ 91) ins Mask.
über, zuerst in *geist* — *geister* (vgl. nhd. Männer; § 104).

Manche Mask. flektieren sowohl stark als schwach: *gebûr*
— *gebûre, genôz* — *genôze, helm* — *helme, mâc* — *mâge* Verwandter
u. a. Im Nhd. hat sich (wie bei den Fem.) eine stark-schwache
Mischdeklination entwickelt (vgl. §§ 98, 101).

§ 91 Neutra: *wort, spër* Speer, *wazzer, lëger* Lager.

		mhd.	ahd.	mhd.		
Sg.	N.A.	wort	*wort*	spër	wazzer	lëger
	G.	wortes	*wortes*	spërs	wazzers	lëger(e)s
	D.	worte	*worte*	spër	wazzer	lëger(e)
	I.	(ihtiu)	*wortu*			
Pl.	N.A.	wort	*wort*	spër	wazzer	lëger
	G.	worte	*worto*	spër	wazzer	lëger(e)
	D.	worten	*wortum*	spërn	wazzern	lëger(e)n

Hierher gehören auch die Diminutive auf *-lîn: vogellîn* usw. Ihr Plu-
ral ist oft endungslos: *dër vogellîn(e), dën vogellîn(en)*.

Im Dat. Sg. fällt wie beim Mask. das *e* zuweilen im Obd. ab: *land, kind*
sehr häufig in *hûs*, hier schon ahd. (alter Lokativ). — Zum Nhd. vgl. § 90.

Ein Instrumentalis hat sich erhalten bei *iht* ein Ding, etwas,
allerdings nur in Verbindungen mit Präpositionen: *mit ihtiu* mit
irgendeinem Dinge, auf irgendeine Weise, auch *an ihtiu*, und
bei dem negierten *iht*, d. i. *niht: von, ûz, ûf, vür, ze nihtiu*. Die
Endung *-iu* statt *-u* ist wohl analog zu *diu, wiu* entstanden.

Das Neutrum hat im Nom. Akk. Pl. gewöhnlich keine
Endung. Eine kleine Gruppe von Neutra (alte ideur. *es-/os-*, germ.
*iz-/az-*Stämme, lat. *genus gen-er-is*) < *gen-es-is) hatte ahd. einen
Plur. auf *-ir* (mit *r* < germ. *z*, vgl. § 57,5 Anm.), dem mhd. *-er* mit
Umlaut des Stammvokals entspricht (Paradigma *lamp* Lamm):

		mhd.	ahd.			mhd.	ahd.
Sg.	N.A.	lamp	*lamb*	Pl.	N.A.	lember	*lembir*
	G.	lambes	*lambes*		G.	lember	*lembiro*
	D.	lambe	*lambe*		D.	lembern	*lembirum*

Ebenso gehen die Bezeichnungen anderer Haustiere *kalp,
rint, huon*, dazu *ei*. Nach dem Muster dieser Gruppe bildeten
dann auch andere neutr. *a*-Stämme neben dem alten endungs-
losen Plur. einen solchen auf *-er* (mit Umlaut): *rat — reder*

Räder, *rîs* — *rîser* Reiser, *blat* — *bleter*. Doch sind die *-er*-Plurale meist erst später in Gebrauch gekommen, so *hûs* Haus — *hiuser*, *kint* — *kınder*, *wîp* — *wîber*, *kleit* — *kleider;* gelegentlich auch bei Mask. (§ 90).

In Analogie zu den neutr. *a*-Stämmen erscheint auch der Pl. *diu rint.*

Im Nhd. (in der Hochsprache und noch stärker in den Mundarten) hat sich der Plur. auf *-er* weit ausgedehnt, vgl. Bänder, Länder, Wörter (= Einzelwörter), aber älter Bande, Lande, Worte (= Sinngruppen); Häupter, aber zu Häupten; Bäder, Felder, Häuser, aber Baden, Rheinfelden, Mülhausen (= alte Dat. Pl.).

Die einsilbigen Mask. und Neutra auf Liquida und Nasal (*l r, m n*) mit kurzem Stammvokal flektieren wie *kil, spër*, d. h. sie werfen das Flexions-*e* ab, desgleichen die mehrsilbigen auf *-el -er -em -en* mit langer Stammsilbe, z. B. *engel, waʒʒer* (auch die Plur. der Neutra auf *-er* wie *lember*); dagegen können die mehrsilbigen auf *-el -er -em -en* mit kurzem Wurzelvokal, z. B. *nagel, lëger* (auch die Plur. auf *-er* wie *reder*) das Flexions-*e* sowohl behalten als abwerfen. Bei den Subst. auf *-en* kann das Flexions-*en* wegfallen: *dër heiden, daʒ zeichen* — Dat. Pl. *dën heiden(en), dën zeichen(en)* (§§ 20, 90).

ja-Stämme.

§ 92 Mask.: *hirte* Hirte, *vischære vischer* Fischer, *jeger(e)* Jäger. Sie unterscheiden sich von den einfachen *a*-Stämmen dadurch, daß sie im Nom. Akk. Sg. als Rest des Stammauslautes *-ja* die Endung *-e* haben, daß sie, sofern dies möglich ist, den Wurzelvokal umlauten (*kæse, rücke, jegere* u. a.) und daß der stammauslautende einfache Kons. verdoppelt ist (westgerm. Konsonantendehnung, § 60; vgl. *rücke, wecke*).

		mhd.	ahd.	mhd.		
Sg. N.A.		hirte	*hirtı*	vischære	vischer	jeger(e)
	G.	hirtes	*hirtes*	vischæres	vischers	jegeı(e)s
	D.	hirte	*hirt(i)e*	vischære	vischer	jeger(e)
	I.		*hirt(i)u*			
Pl. N.A.		hirte	*hirta(-â, -e)*	vischære	vischer	jeger(e)
	G.	hirte	*hirt(i)o*	vischære	vischer	jeger(e)
	D.	hirten	*hirtum(-un);-im,-in*	vischæren	vischern	jeger(e)n

Die Endung -*ære* geht auf ahd. *-âri,* die Form -*ere* -*er* auf ahd. -*ari* -*eri* (Entlehnungen aus lat. -*ârius*) zurück. Zum schwachen *e* der Endung vgl. §§ 20, 91. — In den Formen auf -*er* besteht kein Unterschied mehr zur *a*-Dekl.

§ 93 Neutra: *künne* Geschlecht, *her* Heer, *gewæfen* Bewaffnung, *gesidel(e)* Sitz.

Sie unterscheiden sich von den einfachen *a*-Stämmen wie die mask. *ja*-Stämme (§ 92) durch Umlaut und Konsonantendehnung, vgl. *künne.*

		mhd.	*ahd.*		mhd.	
Sg.	N.A.	künne	*kunni*	her	gewæfen	gesidel(e)
	G.	künnes	*kunnes*	hers	gewæfens	gesidel(e)s
	D.	künne	*kunn(i)e*	her	gewæfen	gesidel(e)
	I.		*kunn(i)u*			
Pl.	N.A.	künne	*kunni*	her	gewæfen	gesidel(e)
	G.	künne	*kunn(i)o*	her	gewæfen	gesidel(e)
	D.	künnen	*kunnim(-in;-um,-un)*	hern	gewæfen(en)	gesidel(e)n

Hierher gehören noch andere Sammelnamen mit *ge- (gelücke* Glück usw.), ebenso die Wörter auf -*nisse,* -*nusse,* die auch Fem. sein können (§ 95).

wa-Stämme

§ 94 Mask.: *sê* See | Neutr.: *knie* Knie | Neutr. *hor* Schmutz

		mhd.	*ahd.*	mhd.	*ahd.*	mhd.	*ahd.*
Sg.	N.A.	sê	*sê o)*	knie	*kneo (knio)*	hor	*horo*
	G.	sêwes	*sêwes*	knie(we)s	*knëwes*	horwes	*hor(a)wes*
	D.	sê(we)	*sêwe*	knie(we)	*knëwe*	horwe	*hor(a)we*
Pl.	N.A.	sêwe	*sêwa(-â)*	knie	*kneo (knio)*	hor	*horo*
	G.	sêwe	*sêwo*	knie(we)	*knëwo*	horwe	*hor(a)wo*
	D	sêwen	*sêwum (-un)*	knie(we)n	*knëwum(-un)*	horwen	*hor(a)wum*

Bei den *wa*-Stämmen ist im Mhd. das *w* des Stammauslauts in der Flexion vor vokal. Endungen erhalten. Über das Verhältnis der Formen mit und ohne *w* vgl. §§ 69, 112. Der Stamm von *knie* ist **knëw-;* im Mhd. ist das *ie* des Nom. auch in die anderen Kasus, an Stelle des *ë*, eingedrungen.

Der *wa*-Dekl. gehören nur wenige Wörter an: Mask. *sê*, *snê* Schnee, *klê*, *lê* Hügel, *rê* (auch N.) Leichnam, *bû* Feldbestellung, Bau, *smër* (auch N.) Fett; Neutra *wê*, *knie*, *tou* (Nom. auch *touwe*) der Tau, *spriu* Spreu, *strô strou* Stroh, *mël* Mehl, *hor* Schmutz. Neben dem Neutr. *wê* das Weh gibt es ein schwaches Mask., starkes und schwaches Fem. *wêwe;* ahd. *scate scatewes* Schatten hat sich gespalten in *schate* Gen. *schates* oder *schaten* (stark und schwach) und *schatewe* Gen. *schatewen* (schwach). — Den Plur. N. auf *-er* bildet nur *spriu: spriuwer.*

Nicht zu den *wa*-Stämmen gehören die Neutra *gou göu göuwe hou höu höuwe;* es sind *ja*-Stämme *(*gaw-ja,* **haw-ja),* aber sie sind hier anzufügen, weil sie ebenso flektieren wie *knie*, *tou*, d. h. *gou gouwes gouwe gou* und *göu göuwes göuwe göu* (§ 43).

§ 95 ô-Deklination

Zu ihr zählen nur Feminina. Entsprechend den *ja*- und *wa*-Stämmen gehören zu ihr auch *jô*- und *wô*-Stämme.

ô-Stämme

gëbe Gabe, *zal* Zahl, *ahsel* Achsel, *vëder(e)* Feder.

		mhd.	ahd.		mhd.	
Sg.	N.A.	gëbe	gëba	zal	ahsel	vëder(e)
	G.	gëbe	gëba	zal	ahsel	vëder(e)
	D.	gëbe	gëbu	zal	ahsel	vëder(e)
Pl.	N.A.	gëbe	gëbâ	zal	ahsel	vëder(e)
	G.	gëben	gëbôno	zaln	ahseln	vëder(e)n
	D.	gëben	gëbôm(-ôn)	zaln	ahseln	vëder(e)n

Zum Abfall des *e* vgl. §§ 20, 91.

Die *ô*-Stämme sind zahlreich vertreten, vgl. auch *bëte* Bitte, *êre*, *sêle*, *sorge*, *spîse* Speise, *vëhte* Kampf; mit Abwerfung des *-e* im Nhd.: *ahte* Art Stand, *huote*, *mâze* Maß, *vorhte* Furcht; Wörter auf *-nisse* (soweit fem. gebraucht; § 93), *-unge*, ahd. *-ida: vancnisse* Gefängnis Gefangenschaft, *ordenunge*, *sælde* Glück (ahd. *sâlida*).

§ 96 *jô*-Stämme: *sünde* Sünde

		mhd.	ahd.				mhd.	ahd.
Sg.	N.A.	sünde	*sunt(i)a*	Pl.	N.A.	sünde	*sunt(i)â*
	G.	sünde	*sunt(i)a*		G.	sünden	*sunt(e)ôno*
	D.	sünde	*sunt(i)u*		D.	sünden	*sunt(e)ôm(-ôn)*

Die *jô*-Stämme zeigen wie die *ja*-Stämme Umlaut des Wurzelvokals und Kons.-Dehnung (vgl. §§ 92 f.): *helle* Hölle, *ünde* Welle, *wünne, minne, ê(we)* Gesetz; ohne Umlaut vor w (§43): *ouwe* Au.

§ 97 *wô*-Stämme: *brâ brâwe* Braue

		mhd.	ahd.				mhd.	ahd.
Sg.	N.	brâ brâwe	*brâwa (brâ)*	Pl.	N.	brâ brâwe	*brâwâ*
	G.	brâ brâwe	*brâwa*		G.	brân brâwen	*brâwôno*
	D.	brâ brâwe	*brâwu*		D.	brân brâwen	*brâwôm(-ôn)*
	A.	brâ brâwe	*brâwa*		A.	brâ brâwe	*brâwâ*

Wie bei den *wa*-Stämmen wird auch bei den *wô*-Stämmen das *w* des Stammauslauts in der Flexion vor vokal. Endungen sichtbar. — Ebenso gehen *klâ klâwe* Klaue, *ê êwe* Gesetz, Ehe, *(wê) wêwe* (s. § 94) Weh, *drô drou drouwe* Drohung (daneben *dröu dröuwe*, der Umlaut stammt aus dem Verbum *dröuwen*), *nar narwe* Narbe; *diu* und *diuwe* (urspr. *jô*-Dekl.) Dienerin, *ströu ströuwe* (*jô*-Dekl.) Streu. *triuwe* Treue, *riuwe* Reue, sowie *varwe* Farbe, *swalwe* Schwalbe haben nur die längeren Formen mit -*w*-.

§ 98 Bemerkungen zur ô-Deklination

1. Die Fem. auf -*en*, *vërsen* (ahd. *fërsana*), *lügen(e)* (ahd. *lugin lugina*) und die Lehnwörter *keten(e)* (ahd. *ketĭna* < lat. *catēna*), *küchen* (ahd. *kuchĭna* < lat. *coquīna*), *metten(e)* (ahd. *mettĭna* < rom. *mattūna* aus *[laudes] mātūtīnae*) haben oft gar keine Flexionsendungen, da auch im Gen. Dat. Pl. das Flexions-*en* nach dem Suffix -*en* wegfallen kann (§ 20); daneben gibt es auch die Formen ohne -*n*: *lüge* (ahd. *lugî*), *küche*.

2. In der ô-Dekl. aufgegangen sind die aus Adj. abgeleiteten urspr. schwachen abstrakten Fem. auf ahd. -*î(n)*: ahd. *hôhî* — mhd. *hœhe*, ahd. *scônî* — mhd. *schœne* Schönheit, ahd. *menegî* — mhd. *menege* Menge, ahd. *festî* — mhd. *veste*, ahd. *tiufî* — mhd.

tiefe (bair. *tiufe*, § 46, 2, das *ie* in *tiefe* stammt aus *tief*), mhd.
diu vinster(e) Finsternis. Vgl. § 101.

Neben den Formen auf *-i* standen im Ahd. solche auf *-in*, besonders im
Plur., z. B. Nom. Plur. *hôhin(â)*; im Alem. ist das *-i* lange bewahrt worden,
z. B. *finstri*, oder mit *n*: *finstrîn*, ebenso der Plur. mit *-in* (auch Nom. und
Akk.): *vestinen* statt gewöhnlichem *vesten*.

3. Die Endung *-e* < ahd. *-a* des N. Sg. der *ô*-Dekl. war aus
dem Akk. eingedrungen, nachdem die lang- und mehrsilbigen
Wörter schon vorahd. die Endung des Nom. verloren hatten.
Eine Anzahl Substantive haben alte Formen ohne *-e* bis ins
Mhd. bewahrt, jedoch nur in formelhaften und adverbialen Ver-
bindungen (endungslose Formen; die Bezeichnung „unflektiert"
ist irreführend): *aht, buoʒ, halp, sît, stunt, wîs; aht* (dieses im
Ahd. jedoch immer *ahta*) Achtung, Art und Weise: *in tugentlîcher
aht; buoʒ* Besserung: *mir wirt (ist) buoʒ* mir wird Abhilfe, *ich
tuon einem buoʒ eines dinges; halp* Seite: *ander(t)halp, beidenthalp,
dewëderhalp, vierdehalp, mînhalp, oberhalp, vaterhalp; sît* Seite:
jensît, (in) beider sît, (in) eine sît, ze einer sît, einsît auf der
einen Seite; *stunt* (zu Stunde) Augenblick, Mal: *ein stunt, drî
stunt, tûsent stunt* ein-, drei-, tausendmal, *lange stunt, kurze stunt,
in kurzer stunt, an dër(sëlben) stunt; wîs* Weise: *deheine wîs, glîcher
wîs, (in) alle wîs, in engel wîs, knëhtes wîs*, auch mask. *einen wîs,
(in) allen wîs, in mangen wîs.*

4. Den alten Nom. ohne *-e* (ahd. *-a*) haben im Ahd. auch
die persönl. Fem. wie ahd. *kuningin* bewahrt: ahd. Nom. *kuningin*
Gen. *kuninginna* (germ. *-injô-*, wgerm. *-innjô-*). Im Mhd. entstanden
daraus zwei Paradigmata, indem sowohl *künigin*, mit Dehnung
des Suffixvokals *künigîn*, als auch *küniginne* durch alle Kasus
durchflektiert wurden. Wie *künigin künigîn — küniginne* gehen
eine große Zahl „movierter" (von Mask. abgeleiteter) Fem. auf
-in -în -inne wie *wirtin, effin* Äffin, *eselîn, herzoginne, fürstinne,
botinne, tiufelinne, wülpinne* Wölfin (vgl. auch § 106).

5. Im Gen. Pl. haben die Endung *-e* die Lehnwörter *âventiure,
mîle* Meile, *rotte, krône*, ferner die heimischen Subst. *raste* (als Weg-
maß), *strâle* Pfeil, *ünde* Woge (wie die fem. *i*-Stämme, § 99).

6. Wenn abstrakte Begriffe personifiziert werden, werden sie
schwach dekliniert (§ 101), so *Êre (frou Êre), Minne, Sælde*
Glück, *Schande.*

7. Viele Fem. schwanken zwischen starker und schwacher Dekl. (vgl. § 101):

a) urspr. starke *ô*-Stämme weisen daneben schwache Flexion auf: *bâre, brücke, ërde, mâʒe, minne, sêle, sorge, strâʒe* (besonders im Md. ist die schwache Dekl. beliebt, hier auch bei den Subst. auf *-inne, -unge*); *lëfse* Lippe ist F. *ô* -und *n*- wie auch M. *a*-Klasse.

b) umgekehrt nehmen ursprünglich schwache Fem. starke Formen an: *galle, glocke, kël(e)* Kehle, *nase, sunne, vrouwe.*

Dieses Schwanken erklärt sich auch daraus, daß schon im Ahd. Gen. und Dat. Pl. übereinstimmten. In der nhd. Hochsprache hat sich (wie bei den Mask.) eine die meisten Fem. umfassende Mischklasse gebildet, die im Sing. stark, im Plur. schwach flektiert (Sg. Gabe, Pl. Gaben, ebenso wie für die urspr. *n*-Stämme Sg. Zunge, Pl. Zungen).

8. Im Nhd. ist bei vielen *ô*-Stämmen das *-e* geschwunden: *huote* die Hut, *pîne* Pein, *vorhte* Furcht, *mûre* Mauer, *schiure* Scheuer usw.

§ 99   *i*-Deklination

Sie umfaßt nur Mask. und Fem. — Paradigmen: *gast* Gast, *kraft* Kraft.

		Mask.		**Fem.**	
		mhd.	*ahd.*	mhd.	*ahd.*
Sg.	N.A.	gast	*gast*	kraft	*kraft*
	G.	gastes	*gastes*	krefte kraft	*krefti*
	D.	gaste	*gaste*	krefte kraft	*krefti*
	I.		*gast(i)u*		
Pl.	N.A.	geste	*gesti*	krefte	*krefti*
	G.	geste	*gest(i)o*	krefte	*kreft(i)o*
	D.	gesten	*gestim(-in)*	kreften	*kreftim(-in)*

Das Merkmal ist bei umlautbarem Stammvokal der Umlaut des Plur. Die Maskulina unterscheiden sich im Mhd. nur durch diesen von der *a*-Dekl. Die Fem. dagegen zeigen auch im Gen. und Dat. Sg. alten Umlaut *(krefte);* daneben stehen aber im Mhd. die jüngeren endungslosen, unumgelauteten Formen; Beispiele: Gen. Dat. Sg. *stete* oder *stat, verte — vart, ente — ant* Ente.

gesellechefte — geselleschaft, wæte — wât Kleidung, *gebürte — geburt,*
künfte — kunft das Kommen, *blüete — bluot* Blüte, *nœte — nôt,*
zîte — zît, geschihte — geschiht Geschichte, *wîsheite — wîsheit, eiche*
— eich Eiche, *arbeite — arbeit, tugende — tugent, jugende — jugent,*
wërlde — wërlt. In zwei in Flexion und Bedeutung verschiedene
Wörter gespalten haben sich *stete — stat* in nhd. Stätte — Stadt
(Statt) und *verte — vart* in Fährte — Fahrt.

Die fem. *i*-Stämme endigen zumeist auf *t;* auch die großen
Gruppen der Abstrakta auf *-heit, -keit, -schaft* gehören dazu. Die
fem. *i*- Stämme haben im Plur. vielfach keinen Umlaut.

Man beachte die Endungen im Gen. Pl. der *ô*- und der fem.
i-Dekl.: dort *-en,* hier *-e: dër gëben,* aber *dër krefte.*

kuo Kuh hat im Gen. Dat. Sg. *kuo,* selten *küeje,* im Plur.
küeje; sû Sau Gen. Dat. Sg. *sû* und *siuwe,* Plur. *siuwe.*

§ 100 *u*-Deklination

Die germ. *u*-Dekl., die Mask.. Fem. und Neutra umfaßte, ist
schon im Ahd. großenteils, im Mhd. ganz verschwunden.

Von den Mask. ist *sun* Sohn schon ahd. fast ganz in die
i-Dekl. übergetreten, *site* (mhd. *dër site!*) Sitte, *sige* Sieg, *fride, mëte*
Met, *wite* (auch N.) Holz gehen wie der *ja*-Stamm *hirte* (*fride* auch
schwach), also: Sg. Nom. *site* Gen. *sites* Dat. *site* Akk. *site,* Pl.
Nom. *site* Gen. *site* Dat. *siten* Akk. *site.*

Das einzige Neutr. *vihe vëhe* Vieh, Tier geht wie der *ja*
Stamm *künne:* Sg. Nom. *vihe* Gen. *vihes* Dat. *vihe* Akk. *vihe*
Pl. Nom. *vihe* Gen. *vihe* Dat. *vihen* Akk. *vihe.*

Das Fem. *hant* folgt ganz der Beugung des *i*-Stammes
kraft, jedoch bestehen neben den umgelauteten Gen. Dat. Pl. *hende*
henden alte unumgelautete *hande handen* (ahd. *hanto, hantum*), beson-
ders in adverbialen Redensarten: *drîer hande, maneger hande, aller*
hande (Art, Sorte), *zen handen, ze sînen handen, bî handen,* wie
noch im Nhd. in allerhand, abhanden, vorhanden, zuhanden.

B. Konsonantische Deklination

§ 101 *n*-Deklination (schwache Deklination)

Der Stamm geht aus auf *-n,* das — schon im Ahd. —
mit Ausnahme des Nom. Sg. aller Geschlechter und des Akk-
Sg. des Neutr. in allen Kasus erscheint, wodurch diese Dekl.

5*

sehr einförmig geworden ist (Endung mhd. *-en*). Die *n*-Dekl. entspricht der griechischen von *ἡγεμών (hēgemố/n)* Führer Gen. *ἡγεμόν-ος, (hēgemón-os)*, der lat. von *homo* Gen. *homin-is* (ebenso *regiō region-is* F., *nōmen nōmin-is* N.). Sie hat drei Geschlechter.

Mhd. Paradigmen: *bote* Bote, *zunge* Zunge, *hёrze* Herz.

	Mask.		Fem.		Neutr.	
	mhd.	*ahd.*	mhd.	*ahd.*	mhd.	*ahd.*
Sg. N.	bote	*boto*	zunge	*zunga*	hёrze	*hёrza*
G.D.	boten	*boten, -in*	zungen	*zungûn*	hёrzen	*hёrzen, -in*
A.	boten	*boton, -un*	zungen	*zungûn*	hёrze	*hёrza*
Pl. N.A.	boten	*boton, -un*	zungen	*zungûn*	hёrzen	*hёrzun(-on)*
G.	boten	*botôno*	zungen	*zungôno*	hёrzen	*hёrzôno*
			zungen	*zungôm,*		
D.	boten	*botôm, -ôn*		*-ôn*	hёrzen	*hёrzôm,-ôn*

Die kurzsilbigen schwachen Subst. mit auslautendem *l* und *r* werfen das schwache *-e* der Endung wie die starken Subst. nach § 20 ab (dazu §§ 90, 91, 98), also Nom. *dёr ar* Gen. *dёs arn* Aar, *diu dol* Gen. *dёr doln* Dole (Abzugsgraben). Oft fehlt das *e* auch nach auslautendem *m* und *n* sowie bei den mit *-el -er -em -en* abgeleiteten Subst. Bei denen auf *-n* bleibt jedoch das *e* in der Endung *-en*, vgl. *dёr han(e) dёs hanen* Hahn, *van(e) vanen* Fahne, bei denen auf *-m* auch leicht im Nom.: *dёr ham(e) dёs hamen* Hamen (Fangnetz). Dazu Nom. *diu gabel(e)* Gen. *dёr gabel(e)n*, Nom. *diu vackel* Gen. *dёr vackeln, dёr bёsem(e) dёs bёsemen* Besen, *dёr gevangen dёs gevangen(en)* der Gefangene.

Alte *jan-* bzw. *jôn-*Stämme mit Umlaut und Gemination: *geselle, scherge, verge, bürge, schütze, wille; märhe, mücke; frouwe.* — *în*-Stämme: *hœhe, tiefe/tiufe;* zur *ô* - Dekl. übergetreten, s. § 98, 2).

In der nhd. Hochsprache sind viele Mask. im Nom. Sg. endungslos gewor-den, vgl. *hёrre, mensche, stёrne/stёrre, tôre,* bei anderen ist das *n* auch in den Nom. Sing. eingedrungen, vgl. *balke, brunne, kuoche* Kuchen, *stёcke, zapfe.*

Die Gruppe der Neutra besteht nur aus vier Subst., die Körperteile bezeichnen: *hёrze, ouge, ôre, wange.* Bei *hёrze* finden sich manchmal im Nom. Akk. Pl. *n*-lose Formen: *hёrze.* Wange ist nhd. fem. geworden aus dem Plur. *diu wangen.*

Schwanken zwischen st. und sw. Dekl.: §§ 90, 98.

§ 102   Die -*r*-Stämme

sind mask. und fem. Verwandtschaftsnamen: *vater, bruoder, muoter, tohter, swester* (griech. πχτήρ *(patē'r)* usw., lat. *pater* usw.).

		mhd		*ahd.*
Sg.	N.A.	vater		*fater*
	G.	vater	vater(e)s	*fater, -teres*
	D.	vater(e)		*fater, -tere*
Pl.	N.A.	vater(e)	veter(e)	*fatera, -â (fater)*
	G.	vater(e)	veter(e)	*fatero*
	D.	vater(e)n	veter(e)n	*faterum, -un*

		mhd.		*ahd.*
Sg.	N.A.	muoter		*muoter*
	G.	muoter		*muoter*
	D.	muoter		*muoter*
Pl.	N.A.	muoter(e)	müeter(e)	*muoter (-â)*
	G.	muoter(e)	müeter(e)	*muotero*
	D.	muoter(e)n	müeter(e)n	*muoterum, -un*

Das Mhd. zeigt z. T. noch die wgerm. Verhältnisse: Gen. Dat. Sg. (also ganzer Sing.) und Nom. Akk. Pl. waren endungslos; dies gilt auch für die *nt*-Stämme und die sog. Wurzelnomina (§§ 103, 104). Danach sind die endungslosen Formen des Sing. und des Nom. Akk. Pl. die ursprünglicheren.

bruoder geht nach *vater*. Die nach Analogie der *i*-Dekl. umgelauteten Formen des Plur. sind häufiger *(veter, brüeder);* das Flexions-*e* steht besonders im Md.

muoter, tohter, swester sind im Sing. unverändert, im Plur. gehen sie wie *vater:* ohne und mit Umlaut *muoter müeter, tohter töhter, swester.*

§ 103   -*nt*-Stämme (Partizipialstämme)

Das substantivierte Part. Präs. *friunt* Freund (§ 18) hat im Nom. Akk. Pl. entweder noch seine alte Form *friunt* beibehalten, oder es folgt dem Muster der *a*- bzw. *i*-Dekl.: *friunde.*

Die übrigen substantivierten Part. Präs. *vîant* Feind *(vîent vînt), heilant, wîgant* Kämpfer (im Nhd. als Eigenname Wiegand Weigand erhalten) flektieren regelmäßig wie *a*-Stämme.

In dem zum nomen sacrum gewordenen Wort Heiland hat sich bis ins Nhd. ein ahd. voller Endungsvokal erhalten (sonst mhd. *heilende*, nhd. heilend).

C. Wurzelnomina

§ 104 Das Subst. *man* flektiert entweder wie ein Wurzelnomen, d. h. der Sing. sowie Nom. Akk. Pl. sind endungslos, wobei auch die ursprünglich Endungen zeigenden Gen. und Dat. Pl. im Mhd. ohne solche erscheinen können, oder nach der *a*-Dekl., also:

		mhd.		*ahd.*	
		(kons.)	(a-Dekl.)	*(kons.)*	*(a-Dekl.)*
Sg.	N.A.	man		*man*	
	G.	man	mannes	*man*	*mannes*
	D.	man	manne	*man*	*manne*
Pl.	N.A.	man	(manne)	*man*	
	G.	manne/man		*manno*	
	D.	mannen/man		*mannum (-un)*	

Die Kurzform *man* des Gen. Dat. Pl. und die nicht häufige Form *manne* des Nom. Akk. Pl. sind erst im Mhd. aufgekommen, erstere in Analogie zu N. A. Pl.

Der Pl. Männer ist erst nhd. (§§ 90, 91); der endungslose Plur. ist in Mengenbezeichnungen erhalten (zwei Mann, alle Mann usw.). Obd. ist der schwache Plur. Mannen (vgl. Lehensmannen).

§ 105 Die Feminina *naht* und *brust,* welche urspr. Wurzelflexion hatten, sind, wie eine Reihe anderer urspr. wurzelflektierender Fem., in die *i*-Dekl. übergetreten, haben jedoch Reste der urspr. Flexion bewahrt.

		mhd.			*ahd.*
		(kons.)	(i-Dekl.)		*(kons.)*
Sg.	N.A.	naht			*naht*
	G.	naht	nähte	nahte	*naht*
	D.	naht	nähte	nahte	*naht*
Pl.	N.A.	naht	nähte	nahte	*naht*
	G.	nahte	nähte	nahte	*nahto*
	D.	nahten	nähten	nahten	*nahtum (-un)*

Der kons. Dat. Pl. ist umlautslos in der Festbezeichnung *ze dën wîhen nahten* (in den heiligen Nächten) noch in nhd. Weihnachten erhalten. Ein adverbialer Gen. *nahtes* nachts ist eine Analogiebildung zu *tages* tags; er ist als mask. Form aufgefaßt worden, daher der mask. Artikel in *dës nahtes, eines nahtes.*

Von *brust* kommen als Überreste der konsonant. Flexion vor die unumgelauteten Formen im Nom. Dat. Akk. Pl.: Nom. Akk. *brust,* Dat. *brusten;* für gewöhnlich wird das Wort jedoch ganz nach der *i*-Dekl. abgewandelt.

D. Deklination der Eigennamen

§ 106 Die deutschen Personennamen werden stark oder schwach dekliniert, die zusammengesetzten, zweigliedrigen in der Regel stark, die nicht zusammengesetzten schwach.

1. Zweigliedrige Namen   2. Einfache Namen

Mask.

N.	Sîfrit			Otte
G.	Sîfrides	Sîfriden	Sîfrit	Otten
D.	Sîfride	Sîfriden	Sîfrit	Otten
A.	Sîfriden	Sîfride	Sîfrit	Otten

Fem.

N.	Kriemhilt			Uote
G.	Kriemhilde	Kriemhilden	Kriemhilt	Uoten
D.	Kriemhilde	Kriemhilden	Kriemhilt	Uoten
A.	Kriemhilde	Kriemhilden	Kriemhilt	Uoten

Die Akk.-Endung beim starken Mask. auf *-en* ist pronominal (§§ 109, 119, 121); sie entspricht ahd. *-an* und ist schon im Ahd. ein eigentümliches Zeichen der Flexion der mask. PNN. Das *-en* ist dann auch in den Gen. und Dat. eingedrungen, die aber auch endungslos sein können, so daß eine große Mannigfaltigkeit von Formen besteht; ebenso ist es beim Fem.

Der Nom. Sg. der starken fem. PNN ist immer endungslos und ist zu beurteilen wie *buoz* usw. und *künigîn* (vgl. § 98).

Die schwach flekt. PNN nehmen auch starke Kasusformen an, z. B. Gen. *Heteles,* Akk. *Hagene, Uote.*

§ 107 Die fremden Personennamen werden verschieden behandelt: 1. wie in der Fremdsprache, z. B. *Darius, Philippus Moyses, Polidamas, Agamemnon, Ecuba,* Akk. *Antilochum, Achillem Eneam, Elenam,* Gen. *Diomedis, Hectoris,* Dat. *Tarquinio;*

2. die fremde Endung wird zu *e* abgeschwächt, das auch ausfallen kann, wodurch der Name ein heimischeres Gepräge erhält z. B. Nom. *Philippes, Gêôries* (zu Georg), *Jôhans;*

3. die fremde Endung wird ganz in deutschen Lautstand umgesetzt, z. B. Nom. *Gêôrie Georige* Georg, *Gregorie Gregorige, Philippe, Gilge Ilge* Ägidius, *Lucie, Anne, Dyane;*

4. die Endung wird ganz abgestoßen: *Jôhan, Mertîn Mertin, Kristîn, Elsebê, Priam.*

Die deutsche Flexion (in den Fällen 2., 3., 4.) ist, je nach der angenommenen Stammform, stark oder schwach.

Mask.	stark	schwach
G.	Salomônes, Philippes, Darîeses, Artûses	Gêôrien, Philipp(es)en, Darîen
D.	Parîse, Artûse, Philippe	Bonifacien, Dâvîden
A.	Parîsen, Tristânen, Erëcken	Bonifacien, Dâvîden

(*-en* = ahd. *-an*, § 106)

Fem.	stark	schwach		
N.	Blancheflûr	Blancheflûre	Marîe	Enîte
G.	Blancheflûre	Blancheflûren	Marîen	Enîten
D.	Blancheflûre	Blancheflûren	Marîen	Enîten
A.	Blancheflûr Blancheflûre	Blancheflûren	Marîen	Enîten

§ 108 Synchronische Gliederung der mhd. Substantivdeklination

Ausgangspunkt ist die Segmentierung in „Stamm" („Kern") und Flexiv (jeweils in synchronem Sinn, und zwar die Verteilung der als Varianten zu betrachtenden Flexive des Typs des Gen.Sg. *-es/-s:*)

1. Die *e*-lose Variante erscheint,

    a) wenn der Stamm auf *-e* endet: G.Sg. *hirte-s;*

    b) wenn der Stamm einsilbig und kurz ist und auf *-l* oder *-r* endet: G.Sg. *stil-s, sper-s;*

c) wenn der Stamm mehrsilbig und in der Tonsilbe lang ist und auf *-el, -er, -em, -en* endet: G.Sg. *engel-s, vischer-s, buosem-s.*

2. Beide Varianten sind möglich,

a) wenn der Stamm mehrsilbig und in der Tonsilbe kurz ist und auf *-el, -er, -em, -en* endet: G.Sg. *nagel-(e)s, jeger-(e)s, vadem-(e)s, wagen- (e)s;*

b) wenn der Stamm auf Langvokal endet: G.D.Pl. *brâ-(e)n.*

3. Die *e*-Variante ist obligatorisch in den übrigen Fällen: G. Sg. *tag-es*—usw.

Vgl. H. Stopp und H. Moser, Flexionsklassen der mhd. Substantive in synchronischer Sicht. In: ZfdPh. 86 (1967) S. 70-101 (vgl. G. Bech, Zur Morphologie der [nhd.] Substantive. In: Lingua 12, 1963, S. 177-189).

Überblick
A. Starke Deklinationsklassen I—III

Die beiden ersten Klassen enthalten Substantive aller Genera; Maskulina und Neutra haben für diese beiden Klassen ein einziges gemeinsames Singularschema, Maskulina und Feminina h aben für jede dieser beiden Klassen ein gemeinsames Pluralschema.

Die dritte Klasse enthält nur Feminina.

In der folgenden Tabelle bezeichnet + Umlaut des Tonvokals, (+) soweit dieser umlautfähig ist.

I. starke Deklination
Maskulina

Sg. N. A.	tag-, dienest-, sêw-; stil-, engel-, hirte-; nagel-	0
G.		(e)s
D.		(e)
Pl. N. G. A.		(e)
D.		(e)n

Neutra

Sg. N. A.	wort-, kniew-; spil-, venster-, künne-; weter-	0
G.		(e)s
D.		(e)
Pl. N. A.		0
G.		(e)
D.		(e)n

Feminina

Sg. N. A.	zît-; tür-, krône-	0
G.D.		(e), 0
Pl. N. G. A.		(e)
D.		(en)

II. starke Deklination

Maskulina

Sg. N. A.	gast- ; apfel-; zaher	0
G.		(e)s
D.		(e)
Pl. N. G. A.		(e)+
D.		(e)n +

Neutra

Sg. N. A.	lamb-, blat, rind,- lid-; tal-	0
G.		(e)s
D.		(e)
Pl. N. A.		er(+)-0
G.		er(+)-(e)
D.		er(+)-(e)n

Feminina

Sg. N. A.	kraft-	0
G. D.		(e)+,0
Pl. N G. A.		(e)+
D.		e)n+

III. starke Deklination

Sg. N. G. D. A.	künegîn-; gebe-, zal-, nâdel-, gabel(e)-; brâ-	0
Pl. N. A.		0
G. D.		(e)n

B. Schwache Deklinationsklasse

In dieser Klasse sind alle drei Genera vertreten. Zwischen der Flexion von Maskulina und Feminina besteht kein Unterschied. Der Plural ist für Maskulina, Feminina und Neutra derselbe.

Maskulina und Feminina

Sg. N.	m.: van-; ar-, bote-; haber(e)-; pfâ-	0
	f.: bir-, zunge-, videl(e)-; krâ-	
G. D. A.		(e)n
Pl. N. G. D. A.		(e)n

Neutra

Sg. N. A.	herze-	0
G. D.		(e)n
Pl. N. G. D. A.		(e)n

2. Adjektive

§ 109 Jedes Adjektiv hat beide Flexionsarten, die **starke** und die **schwache**; letztere ist erst im Germ. nach Analogie der schwachen subst. Dekl. entstanden. Die **starke** Adjektivdekl.

hat substantivische (nominale) und pronominale Formen; es empfiehlt sich daher aus methodischen Gründen, die pronom. Dekl. vor der adj. zu behandeln (§§ 117 ff.). Die schwache Adjektivdekl. folgt ganz der schwachen Substantivdekl. (§ 101). Die Partizipien werden wie die Adj. flektiert, stark oder schwach; das Part. Präs. (vgl. §§ 146. 155) folgt der *ja-jô*-Dekl. (§ 111).

Starkes Adjektiv

§ 110 *a- ô-* **Stämme:** *blint* blind, *hol* hohl, *michel* groß.

	Mask.		Fem.	
	mhd.	*ahd.*	mhd.	*ahd.*
Sg. N. 1.	blint[1])	*blint*	blint[2])	*blint*
2.	blinder[4])	*blintêr*	blindiu	*blintiu*
G.	blindes	*blintes*	blinder(e)	*blintera*
D.	blindem(e)	*blintemo*	blinder(e)	*blinteru*
A.	blinden	*blintan*	blinde	*blinta*
Pl. N. A.	blinde	*blinte*	blinde	*blinto*
G.	blinder(e)	*blintero*	blinder(e)	*blintero*
D.	blinden	*blintêm (-ên)*	blinden	*blintêm(-ên)*

Neutr.

	mhd.	*ahd.*
Sg. N. A. 1.	blint[3])	*blint*
2	blindeʒ	*blintaʒ*
G.	blindes	*blintes*
D.	blindem(e)	*blintemo*
Pl. N. A.	blindiu	*blintiu*
G.	blinder(e)	*blintero*
D.	blinden	*blintêm(-ên)*

---

[1]) Vgl. *tac,* § 90. — [2]) Vgl. *buoʒ* § 98, 3. — [3]) Vgl. *wort* § 91. —
[4]) Die gesperrten Formen haben pronom. Flexion, auch die, welche im Mhd. den substantivischen Formen gleich geworden sind (so der Dat. Pl.).

mhd.

	Mask.	Fem.	Neutr.
Sg. N.	hol[1) — holer[4)	hol[2) — holiu	hol[3) — hol(e)ʒ
G.	hol(e)s	holer holre	hol(e)s
D.	hol(e)m holme	holer holre	hol(e)m holme
A.	hol(e)n	hol(e)	hol — hol(e)ʒ
Pl. N. A.	hol(e)	hol(e)	holiu
G.	holer holre	holer holre	holer holre
D.	hol(e)n	hol(e)n	hol(e)n

mhd.

	Mask.	Fem.	Neutr.
Sg. N.	michel[1) — micheler[4)	michel[2) — micheliu	michel[3) — miche)ʒ
G.	michel(e)s	micheler michelre	michel(e)s
D.	michel(e)m michelme	micheler michelre	michel(e)m michelme
A.	michel(e)n	michel(e)	michel michel(e)ʒ
Pl. N.A.	michel(e)	michel(e)	micheliu
G.	micheler michelre	micheler michelre	micheler michelre
D.	michel(e)n	michel(e)n	michel(e)n

Wie *hol* gehen die kurzsilbigen, auf *l r m n* endigenden Adj.
wie *michel* die mit Suffix *-el -er -em -en* gebildeten; die auf *-en*
endigenden Adj., zu denen die starken Part. Prät. gehören, können
im Akk. Sg. M. und im Dat. Pl. die Flexionssilbe *-en* ganz verlieren:
gevangenen > *gevangen* (vgl. § 20).

§ 111   *ja- jô-*Stämme. *wa- wô-*Stämme

Die *ja- jô-*Stämme haben wie die Substantive Endungs-*e* im
substantiv. starken Nom. Sg. (ahd. *-i*), Umlaut des Wurzelvokals
sofern dieser umlautfähig ist, und Verdopplung des stammaus-
lautenden Konsonanten (vgl. §§ 92 f, 96), z. B. *gæbe* angenehm,
træge, wæhe glänzend, *zæhe, lære* leer, *mære* berühmt, *swære* schwer,
genæme angenehm, *gemæʒe, enge, veste, fremde, ellende* fremd,

---

[1) Vgl. *tac*, § 90. — [2) Vgl. *buoʒ* § 98, 3. — [3) Vgl. *wort* § 91. — [4) Die
gesperrten Formen haben pronom. Flexion, auch die, welche im Mhd. den
substantivischen Formen gleich geworden sind (so der Dat. Pl.).

biderbe tüchtig (bieder), *œde, schœne, dürre, nütze* nützlich, *kiüsche* rein, keusch, *trüebe, müede, küene, süeʒe; stille, milte* freundlich, freigebig, *irre* verirrt, *lihte; gemeine, ziere* prächtig.

Einige dieser Adj. gehen nach der *ja- jô-* wie nach der *a- ô-* Dekl.: *scharpf — scherpfe, hart — herte, lanc — lenge, gâch — gæhe, wâr — wære* (dieses besonders in Zusammensetzungen *alwære* albern, *gewære* wahr, tüchtig), *hêr — hêre, dic — dicke, rîch — rîche, wîs — wîse, grîs — grîse*. Die meisten dieser doppelformigen Adj. sind alte *i-* oder *u-*Stämme; die Reste der *i-* und *u-*Dekl. des Adj., welche das Got. noch hatte, sind schon im Ahd. ganz geschwunden.

Auch die urspr. konsonant. flektierenden Part. Präs. sind hierher übergetreten (§ 103).

Bei den *wa- wô-*Stämmen kommt die §§ 69 und 94 besprochene Behandlung des *w* in Betracht: *blâwer — endungslos blâ, grâwer — grâ, frôwer — frô, kalwer — kal* kahl, *valwer — val* fahl, *garwer — gar, varwer — var* farbig, *zêswer — zêse* recht (= lat. *dexter*).

§ 112 Bemerkungen zur Deklination der Adjektive

Der Nom. Sg. (beim Neutr. auch der Akk. Sg.) hat für alle Geschlechter zwei Formen, eine pronominale: *blinder, blindiu, blindeʒ* (vgl. zu den Endungen *-er -iu -eʒ* die Flexion des Demonstr. -Pron. Nom. Sg. *dër diu daʒ*, § 121) und eine substantivische (auch nominal genannte) endungslose Form *blint* für alle drei Geschlechter; diese ist nichts anderes als der Nom. nach der substantiv. Dekl. wie M. *tac* (§ 90), F. *buoʒ* (§ 98, 3), N. *wort* (§ 91).

Das *iu* des Nom. Sg. F. bewirkt jüngeren Umlaut oft in *älliu* zu *al* und selten in *ändriu* zu *ander* (§ 26 *d*).

Statt der Endung *-iu* im Nom. Sg. F. und Nom. Akk. Pl. N. hat das Md. größtenteils *e* (<ahd. *u*): *guotiu* — md. *guote*. Das Ripuar., Moselfr. (und zum Teil das Hess.) bilden den starken Dat. Sg. M. und N. auf *-en(e)*, den schwachen Gen. Dat. Sg. F. und Gen. Pl. auf *-er*, das Ripuar. außerdem den starken Nom. Sg. M. auf *-e*, und im Nom. Akk. Sg. N. fehlt ihm die Form auf *-eʒ* nur *allet, andert, selft* treten substantiv. auf; vgl. zu *t* § 77).

Die vollen Endungen *-eme* im Dat. Sg. M. N. und *-ere* im Gen. Dat. Sg. F. und Gen. Pl. aller Geschlechter gehören der Übergangszeit vom Ahd. zum Mhd. an. (Später begegnen sie vor allem im Md.: *guoteme guotere;* auch mit Ausstoßung des *e*, vgl. *grôʒme*.) Nach stammschließenden *l r n* wird das *e* oft ausgestoßen (§§ 72, 73): *michelme michelre; einme eime einre, mînme mîme mînre, dînme dîme dînre, sînme sîme sînre* (der Unterschied zwischen *mînem* und *mînme* beruht auf der Betonung: *mínème* gibt *mînem, mínemè* gibt *mînme, § 21*); *-re* besonders auch nach stammschließendem *-er: irre, unserre, iuwerre, anderre, wёderre, bitterre, wârre, swærre, tiurre.*

Über die Verwendung der adj. Flexionsarten unterrichtet § 175.

§ 113 Übersicht über die synchronische Gliederung der Adjektivflexion Vgl. Substantivdeklination § 108.

	Erste (starke) Deklination				Zweite (schwache) Deklination		
	Mask.	Neutr.	Fem.		Mask.	Neutr.	Fem.
Sg. N.	-Ø, -er	-Ø, -(e)ʒ	-Ø, -iu	Sg. N.		-(e)	
G.		-(e)s	-er(e)	G.		-(e)n	
D.	-em(e), -(e)me		-er(e), -(e)re	D.		-(e)n	
A.	-(e)n	-Ø, -(e)ʒ	-(e)	A.	-(e)n	-(e)	-(e)n
Pl. N. A.	-(e)	-iu	-(e)	Pl. N. A.		-(e)n	
G.	er(e), -(e)re			G.		-(e)n	
D.		-(e)n		D.		-(e)n	

§ 114   Steigerung der Adjektive

Das Ahd. besaß für die Steigerung der Adj. zwei Suffixreihen: *-iro -isto* mit Umlautung des Wurzelvokals und *-ôro -ôsto* ohne solche. Im Mhd. sind diese zwei ahd. Bildungsweisen in eine zusammengefallen: *-er(e)* für den Komparativ, *-este* für den Superlativ. Der Wurzelvokal wird in der Regel umgelautet, doch finden sich fast für jedes Adj. auch unumgelautete Formen; hier wirken die ahd. Suffixreihen mit *-i-* und *-ô-* nach.

Beispiele: *hôch — hœher — hœhest, grôʒ — grœʒer — grœst, lanc — lenger / langer — lengest / langest,* ebenso mit Doppelformen *alt, arm, swach* u. a.

Im Superl. haben sich die vollen Suffixvokale manchmal erhalten: *oberist* (besonders bair.), *oberôst* (besonders alem.); vgl. § 18.

Die Stämme auf *-r* synkopieren gern den Mittelvokal: *hêrre (<hêrere) hêrste, êrre (<êrere) êrste* der frühere, erste (s. u.), *tiurre (<tiurere) tiurste* (zu *tiure* teuer; § 21).

Bei den Adjektivstämmen auf *-ʒ* tritt vor dem *st* des Superl. Assimilation des *ʒ (ʒʒ)* an *s* ein (§ 77): *grôʒ — grœʒeste grœste, beʒʒer — beʒʒeste beste, laʒ* träge *— leʒʒeste leste* letzte.

Einige Adj. bilden Komp. und Superl. aus einem anderen
Stamm (besondere oder kompletive, zweistämmige Steigerung):

guot	(gut)	bezzer	bezzeste beste
übel	(schlecht)	wirser	wirseste wirste
michel	(groß)	mêre mêrer mêrre	meiste
lützel	(klein)	minner minre	minneste minste

Zu *wirser* usw. vgl. engl. *worse worst.* — *mêre* geht auf ahd. *mêro* zu-
rück, *mêrer mêrre* auf die ahd. nochmals gesteigerten Formen *mêriro mêrôro.*
— Aus *minner minre* entstand nhd. minder (mit Gleitlaut; § 75).

Folgende Komp. und Superl. sind von Adv. oder Präposi-
tionen abgeleitet: (êr > ê = Komp.-Adv., vorher) *êrre* ..prior" *êrste*
„primus", *(vor) vorder vorderste, (hinder) hinder hinderste, (inn*
innen) *inner innerste, (obe* oben) *ober oberste, (under) under under-
ste, (ûz* aus, außen) *ûzer* äußere *ûzerste* äußerste.

Im Gegensatz zur ahd. fast durchweg schwachen Dekl. von
Komp. und Superl. werden diese im Mhd. stark und schwach
flektiert.

Adjektivadverbien

§ 115 Bildungsweise

Die Adjektivadverbien bildet das Mhd. mit Hilfe der Endung
-e. Sie kommt von ahd. -o und hat darum keinen Umlaut des
Stammvokals bewirkt. So unterscheidet sich im Mhd. das Adv.
von den umgelauteten *ja- jô*-Adj. dadurch, daß der Stammvokal
nicht umgelautet ist. Zu den Adj. *enge, senfte* sanft, *herte* hart,
veste, dræte schnell, *træge, spæte, schœne, grüene, küene, süeze, wüe-
ste, vrüeje* lauten die Adv.: *ange, sanfte, harte, vaste, drâte, trâge,
spâte, schône, gruone, kuone, suoze, wuoste, vruo* (vgl. ahd. *engi —
ango, festi — fasto).*

Manche Adj., besonders die mit -*ic* -*ec* gebildeten, haben nur
ein Adv. auf -*lîche* bzw. -*lîchen* (= Dat. Pl.), z. B. *grimmec —
grimmeclîche(n), heilec — heileclîche, vlîzec — vlîzeclîche.* Danach ist
-*eclîche* als einheitliches Suffix aufgefaßt worden und an Adj.
angetreten, die nicht mit -*ic* abgeleitet sind: *arm — ärmeclîche,
snël — snëlleclîche, veste — vesteclîche, herte — herteclîche* u. a.

Das Adv. zu *guot* ist stets *wol* (ahd. *wola*).

Adverbial gebrauchte neutr. Akk. Sg. sind: *vil* (got. ahd.
filu), lützel (daneben kommt *wênec* auf); *genuoc, al* (verstärkend,
z. B. *al sô, al sus, al eine* allein, § 130), *allez* immer (auch in
Verbindung mit Partikeln: *allez an, allez hin), wan niwan niuwan*

außer, nur (zu *wan* mangelnd, leer), *gar* (< ahd. *garo* gar = neutr. Adj.; dagegen mhd. *garwe* gar < ahd. *garawo* = Adv. auf *-o* zu ahd. *garawêr*).

Adverbiale Genitive von Adj.: *alles* (Gen. zu *al*) ganz und gar, *nalles* keineswegs (wie *alles* im Schwinden; dagegen erscheint in *alleswâ* anderswo der Gen. *alles* zu got. *aljis*, lat. *alius*), *sëlbes* (> nhd. selbst), *anders, eines eins* einmal einst, *strackes* (zu *strac* gerade) stracks, *gâhes gâhens* plötzlich, *niuwes niuwens* neulich, *vergëbenes.*

Mit Präpositionen gebildete Adjektivadverbien: *inwërtes* einwärts, *ûʒwërtes, ûfwërtes, niderwërtes; (en)twërhes, entwërh* verkehrt überzwerch, *überal* durchaus, *überlût* vernehmlich, *zewâre zwâre* fürwahr (nhd. zwar) u. a.

§ 116   Steigerung der Adverbien

Die Adjektivadverbien bilden den Komp. und den Superl. mit dem Suffix *-er -est*, d. i. urspr. die substantiv. stark flektierte Form des neutr. Akk. in adverbialem Gebrauch. Wie der Positiv, so haben auch Komp. und Superl. der Adjektivadverbien keinen Umlaut (ahd. Steigerung mit *-ôr -ôst*).

Beispiele. Steigerung des Adj.: *lanc — lenger — lengest*, Steigerung des Adv.: *lange — langer — langest*, ebenso Adj.: *hôch — hœher — hœhest*, Adv.: *hôhe — hôher — hôhest*, Adj.: *schœne — schœner — schœnest*, Adv.: *schône — schôner — schônest*.

Bei der besonderen Steigerung lauten die Adv. zu *beʒʒer: baʒ* (vgl. nhd. fürbaß „besser fort, weiter"), zu *wirser: wirs*, zu *mêre: mêr > mê mêre* (§ 72), zu *minner: min* neben *minner minre*, zu *êrre: ê* (< *êr*; daneben *êr êre*) früher.

3. Pronomina

1. Persönliche Pronomina

§ 117   Ungeschlechtige Pronomina

		1. Person		2. Person	
		mhd.	ahd.	mhd.	ahd.
Sg.	N.	ich	*ih*	du dû	*du dû*
	G.	mîn	*mîn*	dîn	*dîn*
	D.	mir	*mir*	dir	*dir*
	A.	mich	*mih*	dich	*dih*

	1. Person			2. Person	
	mhd.	ahd.		mhd.	ahd.
Pl. N.	wir	*wir*		ir	*ir*
G.	unser	*unsêr*		iuwer	*iuwêr*
D.	uns	*uns*		iu (iuch)	*iu*
A.	(unsich)uns	*unsih*		iuch	*iuwih*

Der alte Akk. Pl. *unsich* stirbt ab, er wird durch den Dat. *uns* verdrängt (ahd. Dat. *uns* — Akk. *unsih*). Umgekehrt beginnt langsam der Akk. Pl. *iuch* den Dat. *iu* zu verdrängen (am frühesten im Md.), vgl. nhd. Dat. Akk. euch, Dat. Akk. uns.

du ist die unakzentuierte, *dû* die betonte Form (die nhd. Form geht auf mhd. *du* zurück).

Für den Gen. Sg. *mîn, dîn, sîn* tritt, besonders md., *mînes, dînes, sînes* ein vor dem Gen. *sëlbes* (lat. *ipsius*) oder eines Subst.: *mînes sëlbes, dînes heldes* („dein des Helden").

Im Nhd. ist *mîn, dîn* nur archaisch erhalten (gedenke mein u. ä.), *mîn* auch erstarrt in Vergißmeinnicht.

In md. Mundarten, besonders mfr. und thür., erscheinen die (auch nd.) Formen ohne *r*: Dat. Sg. *mî dî*, Nom. Pl. *wî* wir, *gî* und *î* ihr.

In bayer.-österr. Denkmälern erscheinen seit Ende des 13. Jh. für die 2. Pers. alte Dualformen Nom. *ëȥ* und Dat. Akk. *ënk* (dazu Poss.-Pron. *ënker*, § 120); vorher gehörten sie offenbar nur der gesprochenen Mundart an. Seit dem 12. Jh. haben sie Pluralbedeutung.

§ 118   Reflexivpronomen

Das Reflexivum bildet aus dem alten Stamme *si-* nur den Gen. Sg. M. und N. und den Akk. Sg. und Pl. aller drei Geschlechter. Die übrigen Formen werden durch die entsprechenden des Pron. *ër si ëȥ* ersetzt.

		Mask.	Fem.	Neutr.			Mask.	Fem.	Neutr.
Sg.	G.	sîn	ir	sîn	Pl.	G.	ir(e)	ir(e)	ir(e)
	D.	im(e)	ir(e)	im(e)		D.	in	in	in
	A.	sich	sich	sich		A.	sich	sich	sich

§ 119 Geschlechtiges Pronomen der 3. Person

		Mask.		Fem.		Neutr.	
		mhd.	ahd.	mhd.	ahd.	mhd.	ahd.
Sg.	N.	ër	*ër*	si sî siu sie	*siu si*	ëȥ	*iȥ*
	G.	(ës) sîn	*(sîn)*	ire ir	*ira*	ës (sîn)	*ës*
	D.	ime im	*imo*	ire ir	*iru*	ime im	*imo*
	A.	(inen) in	*inan*	sie si sî	*sia*	ëȥ	*iȥ*
			in		*(sie)*		
Pl.	N.A.	sie sî si	*sie*	sie sî si	*sio*	siu sie sî si	*siu*
	G.	ire ir	*iro*	ire ir	*iro*	ire ir	*iro*
	D.	in	*im*	in	*im*	in	*im*

Die Form des Nom. Sg. F. ist urspr. *siu*, die des Akk. *sie* im Nom. Akk. Pl. galt urspr. für M. F. *sie*, für N. *siu* (durch Sperrung angezeigt). Später ist Ausgleich eingetreten (die älteren Verhältnisse zeigt noch das einfache Dem.-Pron., von dem man am besten ausgeht; § 121).

Im Gen. Sg. M. ist *ës* selten und wird meist durch den Gen. des Reflexivs *sîn* ersetzt; im Neutr. jedoch ist die alte Form *ës* die normale, für die dann ihrerseits *sîn* eintreten kann.

Gen. Sg. N. *ës* ist nhd. nur bewahrt in Wendungen wie ich bin es satt, leid, überdrüssig, zufrieden; es gewahr werden; es ist mir leid.

Im Akk. Sg. M. begegnet man zuweilen noch (bis zum Anfang des 13. Jh.) der älteren Form *inen* (< ahd. *inan*).

Im Mfr., Hess., Omd. sind im Nom. Sg. M. neben *ër* auch (nd.) Formen mit *h* verbreitet: *hê hie he*, dazu die Mischform *hër*; sie gehören zu dem Pronominalstamme germ. *hi-* (got. Dem.-Pron. *himma hina hita*; auch in ahd.* *hiu tagu* > *hiutu* > mhd. *hiute* heute, in ahd. mhd. *hînaht* diese Nacht, heint und in ahd. *hiu jâru* > *hiuru* > mhd. *hiure* heuer).

Im Nom. Sg. N. ist mfr. das *t* nicht verschoben: *it* es (§ 77).

Die Formen mit erhaltenem *e, ime ire*, im Dat. Sg. M. N., Gen. Dat. Sg. F. und Gen. Pl. aller drei Geschlechter sind altertümlich und haben vor allem im Md. Bestand.

Daneben stehen md. *em(e) om(e) um(e)*, *er(e) or(e) ur(e)*, ebenso für den Akk. Sg. *en on un*.

Zur Enklise des pers. Pron. der 3. Pers. (*baten = bat in hetem = het im, nams = nam si* usw.) vgl. § 22.

§ 120   2. Possessivpronomina

Die Possessivpronomina sind *mîn dîn sîn unser iuwer;* sie werden gewöhnlich nur stark flektiert (auch nach dem best. Artikel: *dër mîn, daȥ sîn, diu mîniu hant,* Nom. Pl. *die mîne),* doch vgl. § 178,2.

Für das Poss. der 3. Pers. Sg. F. und der 3. Pers. Pl. aller drei Geschlechter stehen die betreffenden Gen. der Pers.-Pron. (ahd. *ira* bzw. *iro),* die im Mhd. (über *ire*) zu *ir* geworden sind. Dieses *ir* nimmt dann, besonders seit dem 14. Jh. (zuerst fränk., 12. Jh.), Flexion an, so daß ein durchflektiertes Poss. Pron. entsteht: Nom. *ir iriu ir,* Gen. *ires irer ires,* Dat. *irem irer irem* usw.

Im Bair. entspricht den Dualformen *ëȥ, ënk* ein Possessivum *ënker,* das aber, wie jene, Pluralbedeutung hat (vgl. § 117).

Im Md. begegnen manchmal statt *unser iuwer* Kurzformen ohne *r* (< *uns-, iuw-*): *unse ûwe,* z. B. *unse heilant, unse spîse, unse lant,* Dat. Sg. M. *ûweme râde,* Akk. Sg. M. *ûwen mût.*

3. Demonstrativpronomina

§ 121   Einfaches Demonstrativpronomen

		Mask.			Fem.			Neutr.	
		mhd.	ahd.		mhd.	ahd.		mhd.	ahd.
Sg.	N.	dër	*dër*		diu	*diu*		daȥ	*daȥ*
	G.	dës	*dës*		dër(e)	*dëra*		dës	*dës*
	D.	dëm(e)	*dëmo*		dër(e)	*dëru*		dëm(e)	*dëmo*
	A.	dën	*dën*		die	*dia*		daȥ	*daȥ*
	I.							diu	*diu*
Pl.	N.A.	die	*dê dia*		die	*dio*		diu	*diu*
	G.	dër(e)	*dëro*		dër(e)	*dëro*		dër(e)	*dëro*
	D.	dën	*dëm dên*		dën	*dëm dên*		dën	*dëm dên*

dër diu daȥ ist 1. Dem.-Pron., 2. bestimmter Artikel, 3. Relativpron.

Nhd. ist der demonstr. Charakter nur bei Betonung oder bei nachgestelltem da, dort, hier erhalten (der Mann; der Mann da usw.). Altes *des* statt dessen erscheint in deshalb, deswegen; wes Brot ich ess', des Lied ich sing'.

Zum Neutr. gibt es einen Instrumental *diu,* der fast nur nach Präpositionen vorkommt: *von diu, ze diu, after diu* u. a.; dazu *diu gelîche* desgleichen. Er ist auch in abgeschwächter Form enthalten in mhd. *dëste* (< ahd. *dës diu*) desto: *dëste lîhter, baʒ,* und unter Annahme des Komparativsuffixes *-er* in *dëster: dëster lîhter, baʒ.*

Das *o* in nhd. desto stammt (wie in dero, ihro) kaum aus Notkers altalem. Form *desto,* sondern wohl (wie in hinfüro) aus der Kanzleisprache um 1500 (jetzo ist das obd. *iezô* des 12. Jh.).

Im Nom. Sg. M. hat das Md. (wie das Nd.) z. T. wieder *r*-lose Formen: *dê die de di,* im Fem. frühzeitig *die.* — Mfr. ist das Neutr. *dat,* ohne Verschiebung des auslautenden *t* (§ 77). — Das Alem. hat zu dem Dat. Pl. *dën* die Nebenform *dien* (ahd. *dêm deam diem dien*).

Zu den Anlehnungen wie *dërde = diu ërde, smorgens = dës morgens, ame = an dëme, ûfen = ûf dën* vgl. § 22.

§ 122　Zusammengesetztes Demonstrativpronomen

Mask.

		mhd.			ahd.	
Sg.	N.	dirre diser dise			*dësêr*	*(disêr)*
	G.	dises disse disses			*dësse(s)*	*(disses)*
	D.	disem(e), disme			*dësemo*	*(disemo)*
	A.	disen			*dësan*	*(disen)*
Pl.	N.A.	dise			*dëse*	*(dise)*
	G.	dirre diser(e)			*dësero*	*(dirro)*
	D.	disen			*dësêm*	*(disên)*

Fem.

		mhd.			ahd.	
Sg.	N.	disiu			*dësiu*	*disiu*
	G.	dirre diser(e)			*dësera*	*(dirro)*
	D.	dirre diser(e)			*dëseru*	*(dirro)*
	A.	dise			*dësa*	*(disa)*
Pl.	N.A.	dise			*dëso*	*(dise)*
	G.	dirre diser(e)			*dësero*	*(dirro)*
	D.	disen			*dësêm*	*(disên)*

Neutr.

		mhd.	ahd.	
Sg.	N.A.	ditze diz diʒ	diz	(dize)
	G.	dises disse disses	dësses	(disses)
	D.	disem(e) disme	dësemo	(disemo)
	I.		dës(i)u	dis(i)u
Pl.	N.A.	disiu	dësiu	disiu
	G.	dirre diser(e)	dësero	(dirro)
	D.	disen	dësêm	(disên)

Das zusammengesetzte Dem.-Pron. ist so entstanden, daß an das einfache Dem.-Pron. *dër diu daʒ* die Partikel *se* (zu ahd. *sê* siehe?) trat. Schon ahd. wurden beide eng verschmolzen und hat sich starke Flexion am Wortende ausgebildet; die in Klammern gesetzten Formen Notkers sind schon stark den mhd. angenähert.

Das Pron. hat mhd. einige von der Adjektivdekl. abweichende Formen: 1. *dirre*, das statt *diser* die herrschende Form ist (*s* ist an *r* assimiliert), kommt vor im Nom. Sg. M., Gen. Dat. Sg. F., Gen. Pl. aller Geschlechter; selten ist das alte *dise* im Nom. Sg. M. — 2. Gen. Sg. *disses* und *disse* (letzteres zeigt wie der Nom. Sg. *dise* noch die Form der Partikel *-se*) sind alte Formen mit doppeltem *s*, neben gewöhnlichem *dises* mit einfachem *s*. — 3. Nom. Akk. Sg. N. mit Affrikata *ditze* und apokopiert *diz*, daneben *diʒ* mit Reibelaut.

Im Mfr. und Rhfr., z. T. auch im Omd., lautet der Nom. Akk. Sg. N. mit unverschobenem *t dit* (§ 77).

§ 123 Sonstige Demonstrativformen

jener jeniu jeneʒ wird immer stark flektiert. Im Obd., besonders im Alem., gilt eine Form ohne anlautendes *j*: *ëner ëniu ëneʒ* (§ 68).

sëlp wird nach dem persönl. Pron. und nach einem Subst. sowohl stark als schwach flektiert: *ich, du, ër, got sëlber* oder *sëlbe* (im Gen. ist die starke Dekl. Regel: *mîn, dîn, sîn sëlbes*); nach dem best. Artikel *dër* nur schwach: *dër diu daʒ sëlbe.* Seit dem

13. Jh. können der erstarrte Gen. *sëlbes* (besonders md.) und der
Nom. Sg. M. *sëlber* (besonders obd.) unverändert für jeden Kasus
gesetzt werden: *dich sëlbes, im sëlber*. (Aus *sëlbes* entstand nhd.
selbst; zum angetretenen *t* vgl. § 76.)

§ 124　　　　4. Relativpronomina

Die Relativsätze waren urspr., im parataktischen (nebengeord-
neten) Satzbau (Hauptsatz + Hauptsatz), Hauptsätze, die vom Dem.-
Pron. *dër* eingeleitet waren (Typus: der Mann, der hat das
gesagt); im hypotaktischen (untergeordneten) Satzverhältnis (Haupt-
satz + Nebensatz) ist das Dem.-Pron. *dër* zum Relativpron. ge-
worden (der Mann, der das gesagt hat). Daneben bestanden ver-
allgemeinernde Relativa (§ 129).

§ 125　　　5. Fragepronomina (Interrogativa)

		Mask.	Fem.		Neutr.	
		mhd.	*ahd.*	mhd.	*ahd.*	
Sg.	N.	wër	*(h)wër*	waʒ	*(h)waʒ*	
	G.	wës	*(h)wës*	wës	*(h)wës*	
	D.	wëm(e)	*(h)wëmu wëmo*	wëm(e)	*(h)wëmu wëmo*	
	A.	wën	*(h)wënan wën*	waʒ	*(h)waʒ*	
	I.			wiu	*(h)wiu*	

Die mask. Form *wër* usw. gilt zugleich für das Fem.; ein Pl.
wird nicht gebildet.

Im Mfr. ist das Neutr. *wat* (§ 77).

Wie das Neutr. des Dem.-Pron. den Instr. *diu* hat, so hat
das des Fragepron. den Instr. *wiu*. Er kommt (ähnlich wie *diu*)
nur bei Präpositionen vor: *von wiu, ze wiu, after wiu* u. a.

Nhd. lebt der Gen. M. F. N. *wës* nur noch erstarrt und dichterisch weiter:
weshalb, weswegen; wes Geistes Kind; wes Brot ich ess', des Lied ich sing' usw.

Pronominaladjektive aus dem Stamme des Fragepron. sind:
wëder welcher von beiden? flektiert *wëderer (wëderre) wëderiu
wëder(e)ʒ;* doch ist der Nom. oft unflektiert.

welich welich welch wie beschaffen? welcher? (= got. **hwa-leiks*
spr. *chwaliks* welche Gestalt habend? Md. *wilch*).

wielich wie beschaffen?, dessen erster Bestandteil das Fragewort *wie?*
ist, ist veraltet und im Mhd. selten.

Die Entsprechung zu *welîch (wielîch)* ist *solîch solich solch (sölich sölch)* so beschaffen. solch (got. *swaleiks* spr. *swalîks).*

6. Unbestimmte Pronomina (Indefinita)
§ 126   Allgemeines

Es gibt nur ein germ. nicht zusammengesetztes unbestimmtes Pron.: ahd. mhd. *sum* (got. *sums)* irgendeiner (vgl. engl. *some)* — Die übrigen sind:

1. Nichtzusammengesetzte Wörter, die aber urspr. nicht indefinite Bedeutung hatten: das Zahlwort *ein* wird, verallgemeinert, zum Begriff „irgendeiner" und das Subst. *man* „Mensch", schon im Ahd. zum unbest. Pron. *man* (zur gleichen Zeit entsteht frz. *on < homo);* mhd. *manec* manch (got. *manags* ahd. *manag)* ist ursprünglich = viel (vgl. engl. *many).*

2. Zusammensetzungen mit verallgemeinernden Präfixen: *dëch-, ete- / etes-, ie-, ge-.* Die Grundwörter sind dabei die unbest. Pron. *ein* und *man,* die Fragepron. *wër wëder welch,* das Subst. *wiht* Ding, das Adj. *gelîch* gleich, das Suffix *-lîch -lich* (urspr. Subst. „Gestalt"); vgl. § 127.

§ 127   Irgendeiner, keiner; etwas, nichts usw.

Für den Begriff **irgendeiner** gibt es die Bezeichnungen *sum,* das nicht mehr häufig ist, und *ein,* das noch die besondere Bedeutung „ein gewisser" hat („auszeichnendes ein", § 177,2). Dazu kommen Zusammensetzungen: 1. mit *ete- etes-* und *a)* dem Fragepron. *wër: etewër etewaz, eteswër eteswaz, b)* dem Suffix *-lîch -lich: etelîch, eteslich* — *etzlich* (dieses wieder zusammengesetzt mit *ie: ie-etelich > ietlich, ie-eteslich > ieteslich ieslich);* — 2. mit *dëch-* und *a)* dem unbest. Pron. *ein: dëchein dehein kein* irgendeiner (md. auch *dichein dihein* und *sichein), b)* mit dem Fragepron. *wëder: dewëder* aus *dëchwëder* irgendeiner von beiden; dieses wird wiederum zusammengesetzt mit *ein: eindewëder eintwëder entwëder* (nhd. adverbial in „entweder — oder"); zur Zusammensetzung mit *ie, iedewëder,* vgl. § 128.

Der Begriff **keiner** wird ausgedrückt durch die negierten Bezeichnungen für „irgendeiner": 1. *nechein nekein nehein* (ahd. *nichein* und *nochein)* und umgestellt *enkein enhein;* 2. *dëchein dehein kein* im negierten Satze, z. B. *sine tuont dir dehein leit;* das

negative Wort (*ne nie niemer* usw.) kann auch fehlen, dann hat
dëchein dehein kein schon an sich allein die negative Bedeutung
„kein", z. B. *deheiner slahte leit* keinerlei Leid; — *newëder enwëder*
keiner von beiden.

Das Subst. *man* Mensch, Mann wird im Ahd. zum unbest.
Pron. verallgemeinert, sei es, daß der Begriff der Einheit fest-
gehalten wird = einer, jemand, oder zu dem einer Vielheit aus-
gedehnt wird = die Menschen, die Menschheit, die Leute. —
Zusammensetzungen: *ieman* jemand, verneint *nieman* niemand
(angetretenes *t*, nhd. *d*, vgl. § 76).

Das unbest. neutrale Pron. mit der Bedeutung etwas ist
iewiht, zusammengezogen zu *ieht iht* „irgendein Ding"; es besteht
aus dem Subst. *wiht* Ding und dem unbest. Adv. *ie* (immer,
irgendeinmal, jemals). Verneint mit der Negation *ni* oder dem
unbest. Adv. *nie* nie, durchaus nicht, wird es zu *niwiht* bzw. *nie-
wiht nieweht*, zusammengezogen zu *nieht niht* nichts (auch um-
gestellt *enwiht*). Der adverbial gebrauchte Akk. Sing. *niht* ergibt
die Negationspartikel *niht*. Das nhd. Subst. „nichts" ist urspr. Gen.
des mhd. Subst. *niht*.

§ 128　　　　　　Jeder

Der Begriff jeder wird ausgedrückt 1. durch *gelîch a)* mit
vorgesetztem Gen. Pl. von *man* (ahd. *manno*): mhd. *mannegelîch,
maneclich, mennegelîch, menneclich,* nhd. männiglich = der Menschen
jeglicher, auch mit ausgefallenem *ge-: mannelîch menlich; b)* ver-
bunden mit *ie: iegelîch ieglich* jeglich und *iegeslîch (s* analog zu
ieteslîch eingedrungen); 2. durch das Fragepron. *welch,* verbunden
mit *ie: iewelch;* 3. durch das Fragepron. *wëder,* verbunden mit *ie*
oder mit dem Präfix *ge-* oder mit beidem, mit der Bedeutung „jeder
von zweien": *iewëder* (zusammengezogen zu *ieder* > nhd. jeder),
gewëder, iegewëder; dazu das schon zusammengesetzte *dewëder*
(§ 127) verbunden mit *ie: iedewëder ietwëder.*

Zur Bedeutung von nhd. jeder = *quisque* mochte auch die syntaktische
Formel *ie dër man,* zusammengesetzt *ieder man* jedermann, beigetragen haben.

§ 129　Ein verallgemeinerndes Relativpronomen

entsteht im Ahd. aus den Fragepron. mit vor- und urspr. auch nach-
gesetztem *sô:* ahd. *sô hwër (sô), sô hwëdar (sô), sô hwelîch (sô);*
daraus mhd. mit Zusammenziehung: *swër, swëder, swelch* jeder
der, wer auch immer.

4. Zahlwörter

§ 130   1. Die Kardinalzahlen

Die Zahlwörter für 1—3 sind im Mhd. dreigeschlechtig (im Nhd. nur noch 1) und deklinabel, für 4—12 eingeschlechtig und deklinabel, für die höheren Zahlwerte eingeschlechtig und indeklinabel. Der Einschnitt nach 12 (wie urspr. auch nach 60 und 120) erklärt sich wohl durch Einwirkung des babylonischen Duodezimalsystems; die einfachen Zahlwörter für 10, 100 und 1000 entsprechen dem ideur. Dezimalsystem.

1: *ein* flektiert wie ein starkes Adj., also *einer einiu eineʒ* — Es ist *a)* Zahlwort; *b)* unbest. Artikel, als solcher kann es auch im Plur. stehen: *z'einen pfingesten, z'einen stunden; c)* unbest. Pron. (§ 127). — Schwach flektiert, *eine,* bedeutet es „allein" (auch *al eine,* § 115).

	Mask.	Fem.	Neutr.
2: N.A.	zwêne	zwô (zwuo) zwâ	zwei
G.		zweier (zweijer, zweiger, § 68)	
D.		zwein	
3: N.A.	drî drîe	drî drîe	driu
G.		drîer (drîjer, drîger, § 68)	
D.		drin drîn drîen	

Im Dat. ist die Form mit kurzem *i, drin,* die ursprüngliche (= got. þrim ahd. *drim),* das lange *î* in *drîn* entstand unter dem Einfluß der übrigen Kasus. *drîe* im Nom. Akk. M. F. und *drîen* im Dat., die Nebenformen zu älterem *drî* und *drin drîn,* beruhen auf Übergang in die Adjektivdekl. *(drî-e = guot-e, drî-en = guot-en).*

In deutschen Mundarten sind 2 und 3 z. T. noch mehrgeschlechtig.

Die Zahlwörter von vier bis zwölf sind entweder endungslos oder sie haben starke adj. Flexion: 4 *vier.* flektiert Nom. Akk. M. F. *viere,* N. *vieriu,* Gen. *vierer vierre viere,* Dat. *vieren.* — 5 *fünf fümf,* älter *finf,* flekt. *fünfe.* — 6 *sehs,* flekt. *sehse.* — 7 *siben,* flekt. *sibene.* — 8 *aht,* flekt. *ahte ähte.* — 9 *niun,* flekt. *niune.* — 10 *zëhen,* flekt. *zëhene.*

11 und 12 sind mit *-lif* gebildet: 11 *einlif einleʒ eilif eilf elf;* 12 *zwelif zwelf.*

Im Md. begegnen auch die Formen 6 *sess,* 7 *suben,* 9 *nûn,* 10 *zên,* 12 *zwolf zwulf.* — Alem.: 8 flekt. *ahtowe ähtewe.*

Die folgenden Zahlwörter sind endungslos, auch *hundert* und *tûsent,* die urspr. neutrale Subst. sind:

13 *drîzëhen driuzëhen.* — 14 *vierzëhen.* — 15 *fünfzëhen.* — 16 *sëhzëhen.* — 17 *sibenzëhen.* — 18 *ahtzëhen.* — 19 *niunzëhen.* 20 *zweinzec,* seltener *zwênzec (zwanzig* erst seit etwa 1400). — 21 *einez unde zweinzec.* — 22 *zwei unde zweinzec* usw. — 30 *drîzec.* — 40 *vierzec.* — 50 *fünfzec.* — 60 *sëhzec.* — 70 *sibenzec.* — 80 *ahtzec.* — 90 *niunzec.*

drizec hat Reibelaut ʒ (voraus geht Vokal), während alle anderen Zehner Affrikata z haben (voraus geht Kons.; § 52).

100 *zëhenzec,* die ältere Form, stirbt im 13. Jh. aus:; selten ist auch das alte *hunt,* das gewöhnliche ist *hundert,* ein neutr. Subst. (im 12. Jh. entlehnt aus asächs. *hunderod*).

150 *fünfzec unde hundert, hundert unde fünfzec.*

200 *zweihundert,* 300 *driuhundert* usw.

1000 *zëhenhunt zëhenhundert;* das gewöhnliche aber ist *tûsent,* in neutr. Subst.

2000 *zwei tûsent·* seltener *zweinzec hundert.*

100000 *hundert tûsent;* seltener *zëhenzec tûsent*

Beispiele für Bruchzahlen: *ander(t)halp* (= der zweite halb; § 131), *drittehalp drithalp, vierdehalbeʒ und drîʒec.*

§ 131   2. Die Ordinalzahlen

werden in der Regel schwach flektiert.

1. *êrste,* Superl. zum Adv. *êr.* — 2. *ander; zweite* kommt erst im 15. Jh. auf. — 3. *dritte.* — 4. *vierde.* — 5. *fünfte fümfte* älter *finfte.* — 6. *sehste.* — 7. *sibente sibende.* — 8. *ahtode ahtede* gewöhnlich *ahte.* — 9. *niunte niunde.* — 10. *zëhente zëhende.* — 11. *einlifte eilifte eilfte elfte.* — 12. *zwelifte zwelfte.* 13. *drîzëhende driuzëhende.* — 14. *vierzëhende* usw. — 20. *zwein-zegeste zwênzegste.* — 21. *einez unde zweinzegeste, êrste unde zwein-zegeste.* — 30. *drîʒegeste.* — 40. *vierzegeste* usw. 100. *zëhenzegeste, hunderteste.* — 1000. *tûsendeste, tûsentste.*

Im Md. finden sich die Formen 3. *dirte* (§ 72), 6. *seste,* 8. *echte,* 9. *nûnde,* 10. *zênde.* — Obd. ist 20. *zweinzigiste zweinzigôste.*

§ 132   3. Zahladverbien

Einfache Zahladv. sind *eines* einmal und *zwir* zweimal
md. *zwis*).

Zusammengesetzte Zahladv. werden gebildet

a) mit *stunt* Augenblick: *drîstunt* dreimal (md. z. T. *drîs*)
sibenstunt tûsentstunt; anderstunt zum zweiten Male (§ 98);

b) mit *wërbe warbe warp* (md. auch *warf*) Drehung (zu *wër-*
ben sich drehen, wozu *wirbel*): *drî wërbe* dreimal, *tûsent warbe*
tûsent warp tausendmal, *anderwërbe anderwarbe* zum zweiten Male;

c) mit *weide: ander, dritte weide* zum zweiten, dritten Male;

Die unter b) und c) aufgeführten Formen sind verhältnis-
mäßig selten.

d) mâl Zeitpunkt wird mit Kardinalzahlen verbunden, im
13. Jh. noch selten für Zahladv. gebraucht, vgl. *drîʒec mâl.* Älte
sind die adverb. Formeln *ze einem mâle / zweimâl, ze drin mâlen.*
— Mit Ordnungszahlen: *zem andern mâle, ze dem dritten mâle.*

§ 133   4. Zahladjektive

1) Einfache Zahladj.: *einec* einzig, *zwisc* zwiefach (Dat. Pl.
mit *in: in zwischen enzwischen* inzwischen, ohne *in: zwischen*).

2) Zusammensetzungen *a)* mit *-lich: einlich* in eins gefloch-
ten, *zwilich* zweifädig, zweifach, *drilich* (vgl. nhd. Zwillich / Zwilch,
Drillich); *b)* mit *-vach*, erst seit dem 14. Jh.: *zwivach, viervach; c)* mit
-valt: einvalt, zwivalt, drivalt, viervalt, zëhenvalt, hundertvalt; einval-
tec, zwivaltec usw.; *d)* dazu *zwispilde* zweifach, *zwispaltec.*

3) Genitivische Umschreibungen *a)* mit *hant: einerhant; zweier*
vier, zëhen hande; b) mit *leie* (< afr. *-ley* < lat. *legem*): *einer leie,*
drîer leie, vierleie, ahtleie.

II. Konjugation
Allgemeines

§ 134   Genera, Tempora, Modi, Numeri, Verbalnomina

1. Genera des Verbs: Das Mhd. besitzt wie das Ahd. nur
das Aktiv in selbständigen, synthetischen Formen. Das Passiv
wird durch Umschreibung (analytisch) gebildet, vgl.: Präs. und
Fut. sowie II. Fut. *ich wirde gegëben,* Imperf. *ich wart gegë-*
ben, Perf. *ich bin gegëben,* erst seit dem 12. Jh. (selten): *ich bin*

worden gegëben, Plusqpf. *ich was gegëben,* erst später *ich was worden gegëben.*

2. Tempora: Das mhd. Verb wie das ahd. hat nur zwei einfache Tempusformen: 1. das Präs. *(ich gibe),* das zugleich das Fut. vertreten kann; 2. das Prät. *(ich gap)* als allgemeines Tempus für die Vergangenheit, für lat. Imperf., Perf. und Plusqpf. Zur genauen Bezeichnung der Zukunft sowie zur Unterscheidung der verschiedenen Grade der Vergangenheit dienen Umschreibungen. Das Fut. wird entweder *a)* ersetzt durch das Präs. oder *b)* umschrieben durch *sol, wil* oder auch *muoჳ;* das II. Fut. wird ersetzt durch das Präs. oder Perf.

Die Umschreibung des Fut. und des Konditionalis durch ich werde, ich würde mit dem Inf., z. B. ich werde geben, ich würde geben, ist erst frühnhd. Die Umschreibung mit dem Part. Präs., aus dem sich dieser scheinbare Infinitiv entwickelt hat, *ich wërde gëbende, ich würde gëbende,* kommt langsam seit dem 13. Jh. auf.

Bei näherer Bestimmung der Vergangenheit werden ausgedrückt

a) das Imperf. durch das Prät.: *ich gap;*

b) das Perf. durch Umschreibung mit dem Präs. von *hân* bei den transit., reflex. und den intransit. Verben mit durativer Aktionsart (die einen Vorgang in seiner Dauer bezeichnen), mit dem Präs. von *sîn* bei den intransit. Verben mit perfektiver Aktionsart (die den Eintritt oder Abschluß eines Vorgangs feststellen): *ich hân gegëben, ich hân gesëჳჳen* (habe gesessen) — *ich bin gesëჳჳen* (habe mich gesetzt, sitze);

c) das Plusqpf. häufig durch Zusammensetzung mit dem Präfix *ge-: ër gesach =* er hatte gesehen, seltener durch Umschreibung mit dem Imperf. von *haben* oder *sîn: ich hâte gegëben, ich was gesëჳჳen* (oder durch das Prät., vgl. § 134, 2).

3. Modi: Die Modi sind Ind. und Konj. (Optativ) im Präs. und Prät., außerdem Imper. im Präs.

Der Konj. wird seltener mit Hilfsverben umschrieben als im Nhd., vor allem mit *müeჳen* müssen, weniger oft mit *suln* sollen, *kunnen* können, *mugen* können, *wellen* wollen; vgl. den Wunschsatz *übel müeჳe mir geschëhen* es ergehe mir schlecht, es möge mir schlecht ergehen (Walther v. d. Vogelweide 56, 32; vgl. § 183).

4. **Numeri**: Das mhd. Verb hat zwei Numeri, Sing. und Plur.

5. **Verbalnomina**: Durch Nominalsuffixe werden vom Verbalstamm abgeleitet:

a) der Inf. Praes., zu dem auch (aber mit anderem Suffix) ein Gen. und Dat. gebildet werden *(gëben; gëbennes, gëbenne);* den Gen. und Dat. des Inf. (flekt. Inf.) nennt man Gerundium. Inf. und Gerundium sind Substantivbildungen (Verbalsubstantive);

b) das Part. Praes. und das Part. Praet., die Adjektivbildungen darstellen (Verbaladjektive).

§ 135   Verbalklassen

Die germ. Verben gliedern sich nach der Bildung des Prät. in zwei Hauptklassen: in starke und in schwache Verben.

A. Die starken Verben (§§ 136 ff.) bilden ihre Präteritalformen durch den Wechsel des Stammvokals. Man unterscheidet:

1. die **ablautenden** Verben: der Wechsel des Wurzelvokals beruht auf der schon vorgerm. Erscheinung des Ablauts (§ 5);

2. die urspr. **reduplizierenden** Verben: sie bildeten urspr. ihre Präteritalformen wie noch das Got. durch Reduplikation. Im Ahd. sind aber mit dem Schwunde der Reduplikationssilbe neue Wurzelvokale für das Prät. aufgekommen, die sich von den Wurzelvokalen des Präs. unterscheiden; darum bilden im Ahd. und Mhd. auch diese Verben ihr Prät. wie die ablautenden.

Das starke Part. Praet. endigt mhd. auf *-en.*

B. Die **schwachen** Verben (§§ 152 ff.) bilden ihr Prät. durch ein Dentalsuffix, mhd. *-te* (wohl zum Stamm „tun" und z. T. zu einem ideur. *t-* bzw. *th-*Suffix).

Das schwache Part. Praet. wird auf mhd. *-(e)t* gebildet.

Beim starken wie schwachen Part. Praet. steht die Vorsilbe *ge-,* falls das Verb nicht schon eine vortonige und untrennbare Vorsilbe bei sich hat: *geriten, gelobet — vergraben;* jedoch zuweilen noch ohne *ge-: funden* usw., *brâht* (§§ 151, 154).

Die Benennungen **stark** und **schwach** stammen wieder von J. Grimm. Sie deuten bildhaft an, daß die **starken** Verben in sich, durch einen inneren Vorgang (Ablaut), die Kraft haben, die Formen des Prät. zu erzeugen, während die **schwachen** Verben dazu eines äußeren Hilfsmittels (Dentalsuffix) bedürfen.

C. Die besonderen Verben stellen Reste anderer Verbalklassen dar (§§ 157 ff.).

A. Starke Verben
I. Tempusbildung

§ 136 Die Stammformen oder Tempusstämme (Ablautstufen) der verbalen Ablautreihen sind: 1) das Präs.; 2) die 1. und 3. Pers. Sg. Ind. des Prät.; 3) die 2. Pers. Sg. sowie der Plur. Ind. und der ganze Konj. des Prät.; 4) das Part. Prät. Vgl.:

1) *ich rîte* ich reite, 2) *reit* ritt, 3) *riten* ritten, 4) *geriten* geritten.

Nach den **Ablautreihen**, die auf die Abtönung und die Abstufung zurückgehen (§ 5), sind **sechs Klassen** der ablautenden Verben zu unterscheiden, deren Schema sich vom germ. Standpunkt aus so darstellt:

	1. Stufe	2. Stufe	3. Stufe	4. Stufe
Kl. I:	G: î	Ga: ai	S: i	S: i
Kl. II:	G: eu	Ga: au	S: u	S: u
Kl. III:	G: e oder i	Ga: a	S: u	S: u
Kl. IV:	G: e oder i	Ga: a	D: œ	S: u
Kl. V:	G: e oder i	Ga: a	D: œ	G: e
Kl. VI:	G: a	D: ô	D: ô	G: a

Abkürzungen (§ 5): G = Grundstufe, S = Schwundstufe, D = Dehnstufe, a = Abtönung

§ 137
Klasse I

Kl. Ia (mit *ei* im Sg. Prät.), die Hauptgruppe der Reihe.

germ. î — ai — i — i

ahd. mhd. î — ei — i — i

mhd. rîte — reit — riten — geriten

ahd. rîtu — reit — ritum — giritan

Ebenso gehen: *berînen* berühren, *schînen*; *glîten, schrîten, sprîten, strîten*; *bîzen, flîzen, rîzen* reißen, *slîzen* schleißen spalten, *smîzen* schmeißen, *splîzen* spalten, *wîzen* strafen; *brîsen* schnüren; *blîben, klîben* kleben, *rîben, schîben* rollen (vgl. Kegel schieben), *schrîben, trîben*; *grîfen, pfîfen, slîfen* schleifen, gleiten, *swîfen* sich bewegen, *wîfen* winden; *nîgen, sîgen* sinken, *swîgen* schweigen; *blîchen* glänzen, *gelîchen, slîchen, strîchen, swîchen* betrügen, *wîchen*.

Grammat. Wechsel haben:

1. zwischen *d* und *t: lîde — leit* (<ahd. *leid*) — *liten — geliten*; ebenso *brîden* flechten, *mîden, nîden, rîden* drehen, *snîden* schneiden;

2. zwischen *s* und *r: rîse* steige, falle — *reis — rîsen* und *rirn — gerirn*.

Kl. Ib (mit *ê* im Sg. Prät.): Die Verben, deren Wurzel auf *w* oder germ. *h* endigt, haben im Prät. Sg. *ê*, da im Vorahd. germ. *ai* vor *r w* und germ. *h* zu *ê* wurde (§ 10):

> mhd. *lîhe — lêch — lihen — gelihen*
>
> ahd. *lîhu — lêh — liwum — giliwan*

Grammatischen Wechsel zwischen *h* und *g* haben: *dîhen* gedeihen, *rîhen* verbinden, *sîhen, zîhen* zeihen; *lîhen* hat zumeist keinen grammat. Wechsel (im Ahd. noch zwischen *h* und *w*), z. T. im Part. Prät. *g (geligen;* auch *geliuwen,* md. *gelûwen).*

schrîen (urspr. Kl. I a) und *spîen (spîwen,* urspr. Kl. I b) haben verschiedene Ablautformen, die z. T. durch gegenseitige Beeinflussung entstanden sind: Prät. Sg. *schrei* und *schrê, spei* und *spê* (letzteres ist die regelrechte Entwicklung bei *spîwen:* ahd. **spaiw > *spêw > *spêo > spê);* Prät. Pl. *schriuwen schrûwen* (das *w* stammt aus *spîwen) schrirn, spiuwen spûwen spirn* (das *r* stammt aus *schrirn);* Part. Prät. *geschriuwen geschrûwen geschrirn, gespiuwen gespûwen gespirn.* Beide Verben haben auch schwache Prät.: *schrî(e)te (schriuwete) geschrîet, spîwete (spî[e]te) gespîwet (gespî[e]t).*

§ 138   Klasse II

Kl. IIa (mit *ou* im Prät.):

> germ. eu   — au — u — u (>*o;* § 7)
>
> ahd. iu/io — ou — u — o
>
> mhd. iu/ie — ou — u — o

mhd. ich biuge/Inf. biegen — bouc — bugen — gebogen

ahd.   *biugu/Inf. biogan — boug — bugum — gibogan*

Der Wechsel von mhd. *iu — ie* im Präs. erklärt sich aus den ahd. Verhältnissen (vgl. §§ 8, 147).

Wie *biegen* gehen: *klieben* spalten, *schieben, stieben; sliefen* schlüpfen, *triefen; fliegen, liegen* lügen, *triegen* trügen, *smiegen* schmiegen: *kriechen, riechen* rauchen riechen.

Im Präs. haben drei Verben *û* statt *iu / ie: sûfen, sûgen, lûchen* schließen.

Die Verben mit stammschließendem *w* haben im Präs. keine Brechung: *ich bliuwe — wir bliuwen,* im Prät. Pl. und im Part. Prät. ist das *û* lang

(= *blu-uwen*, da *w = uw* ist, vgl. § 69), also ergibt sich die Abwandlung: *bliuwe blou blûwen (blouwen) geblûwen (geblouwen)*; ebenso gehen *briuwen, kiuwen* kauen käuen, *niuwen* stoßen, *riuwen* schmerzen, reuen.

Kl. IIb (mit *ô* im Prät.): Die Verben, deren Wurzel auf Dentale *(d t ʒ s)* oder germ. *h* endigt, haben im Prät. Sg. *ô*, da im Frühahd. germ. *au* vor Dentalen und vor germ. *h* zu *ô* wurde (§ 10):

> mhd. ich biute/Inf. bieten — bôt — buten — geboten
> ahd.   *biutu/Inf. biotan — bôt — butum — gibotan*

Hierher gehören auch: *dieʒen* rauschen, *verdrieʒen, flieʒen, gieʒen, (ge)nieʒen, rieʒen* weinen, *schieʒen, sprieʒen; fliehen.*

Grammat. Wechsel haben:
1. zwischen *d* und *t: siude / sieden — sôt — suten — gesoten;*
2. zwischen *h* und *g: ziuhe / ziehen — zôch — zugen — gezogen* (aber nicht *fliehen*);

3. zwischen *s* und *r: kiuse / kiesen — kôs — kurn — gekorn* wählen (erkiesen), *friesen* frieren, *verliesen* verlieren, *niesen* niesen.

§ 139 Die Verben der III., IV. und V. Ablautreihe haben den gleichen Präsensvokal *ë/i;* sie unterscheiden sich durch den wurzelschließenden Kons.

Klasse III
umfaßt diejenigen Verben, deren Wurzel auf Nasal oder Liquida + Kons. endigt. In der Schwundstufe stand ursprünglich ein silbischer Nasal oder eine silbische Liquida *(m̥, n̥, l̥, r̥)*, vor denen im Germ. ein *u* entwickelt worden ist *(um un ur ul)*. Die Klasse III bildet zwei Gruppen:

> Kl. IIIa auf Nasal + Kons. (*mm, nn, m* + Kons., *n* + Kons.)
>   germ. *i — a — u — u (i < e;* § 6 α 2)
> ahd. mhd. i — a — u — u
>   mhd. binde — bant — bunden — gebunden
>   ahd. *bintu — bant — buntum — gibuntan*

Hierher gehören: *brimmen* brummen, *glimmen, grimmen* wüten, *krimmen* kratzen, *klimmen, limmen* heulen, *swimmen; dimpfen* dampfen, *klimpfen* zusammendrücken, *krimpfen* zusammenziehen, *rimpfen* rümpfen; *brinnen* brennen, *beginnen* (vgl. § 160) *rinnen, sinnen, spinnen, winnen* streiten; *drinden* schwellen, *schrinden* bersten, reißen, *slinden* schlingen, *swinden* schwinden, *vinden ,winden*; *dringen, klingen, gelingen, singen, springen, twingen* zwingen; *hinken, sinken, stinken, trinken, winken.*

Zu *u* des Part. Prät. (gegenüber *o* der Kl. IIIb) vgl. § 7.

Kl. IIIb auf Liquida + Kons. (*ll, rr, l* + Kons., *r* + Kons.):

germ. *e/i — a — u — u* (Wechsel *e/i* nach § 6 α 1, β)
ahd. mhd. *i/ë — a — u — o* (< u; § 7)
mhd. ich hilfe/Inf. hëlfen — half — hulfen — geholfen
ahd.　　　 *hilfu/Inf. hëlfan — half — hulfum — giholfan*

Der Wechsel von *i/ë* im Präs. wird aus den ahd. Formen verständlich (vgl. §§ 6, 146).

Ebenso gehen *bëllen, gëllen, hëllen* hallen, *knëllen* knallen, *quëllen, schëllen, swëllen* schwellen, *wëllen* wälzen, *gëlten, schëlten, smëlzen, tëlben* graben, *bëlgen* zürnen, *mëlken, bevëlhen* befehlen, *empfëlhen; kërren* schreien, *schërren* scharren, *wërren* wirren (Nebenform des Part. Prät. nach der VI. Kl. *verwarren); wërden, stërzen* emporragen, herumschweifen, *stërben.*

Grammat. Wechsel erscheint schon im Präs.: 1) *(h — g)* bei *swëlgen (— swëlhen)* verschlucken, 2) *(f — b) wërben* werben, sich bewegen, *swërben* wirbeln *(— wërven).* Von *wërden* findet sich in frühen Texten noch Prät. Pl. *wurten* mit grammat. Wechsel.

Im Md. steht wie im Nhd. in der 1. Pers. Sg. Präs. Ind. *ë* statt *i: ich hëlfe.*

§ 140 Die IV. und V. Klasse haben in der 3. Ablautstufe die Dehnstufe statt der Schwundstufe (§§ 5, 136 f.).

Klasse IV

vereinigt diejenigen Verben, welche einfachen Nasal oder einfache Liquida *(m, n; l, r)* nach bzw. vor dem Wurzelvokal haben:

germ. *e/i — a — æ — u*
ahd. mhd. *i/ë — a — â — o* (â < germ. ê[1] [æ], § 33; o < u, §§ 7, 139)

mhd. ich nime/Inf. nëmen — nam — nâmen — genomen
ahd.　　　 *nimu/Inf. nëman — nam — nâmum — ginoman*

Der Wechsel von *i/ë* im Präs. wird wieder von den ahd. Formen aus verständlich (vgl. §§ 6, 146).

Hieher gehören: *quëmen* kommen, *zëmen* ziemen; *quëln* Qual leiden, *stëln, twëln* kraftlos werden; *bërn* tragen, *schërn* scheren, *swërn* schwären; *dreschen, leschen* erlöschen (zu *e* statt *ë* vgl. § 27), *vlëhten; trëffen, brëchen, brësten* bersten, *rëchen, sprëchen, trëchen* ziehen, *schrëcken* erschrecken. — Dazu kommen noch *dëhsen* (Flachs) schwingen, *stëchen, vëhten* mit *h (ch)* nach dem Stammvokal.

Im Md. hat wieder die 1. Pers. Sg. Präs. Ind. wie im Nhd. *ë* statt *i*: *ich hële, ich sprëche, ich vëchte* (vgl. Kl. IIIb, § 139).

vëhten und *vlëhten* gehen im Md. meist nach der III. Kl., vgl. Prät. Pl. *vuchten vochten, vluchten vlochten.*

Bei *quëmen* kommen ist der Anlaut *qu* hauptsächlich im Md. erhalten geblieben, im Obd. dagegen herrschen die Formen mit *k* (§ 70). Obd. Abwandlung: Präs. *ich kom kum, du kumst kümst, ër kumt kümt, wir komen,* Prät. *kam – kâmen* (besonders alem., ofr., thür.) bzw. *kom – kômen* (besonders bair.), Part. *komen.*

§ 141 Klasse V

umschließt solche Verben, deren Wurzel mit einem anderen Kons. als Nasal oder Liquida schließt. In der 4. Ablautstufe erscheint im Germ. der Vokal der Grundstufe (§§ 136 f.).

germ. *e/i* — *a* — *æ* — *e*

ahd. mhd. *i/ë* — *a* — *â* — *ë* (*â* < germ. *ê*[1] [æ], vgl. § 140)

mhd. *ich gibe/Inf. gëben* — *gap* — *gâben* — *gegëben*

ahd.   *gibu/Inf. gëban* — *gab* — *gâbum* — *gigëban*

Der Wechsel von *i/ë* im Präs. erklärt sich wieder aus den ahd. Verhältnissen (vgl. §§ 6, 146).

Ebenso gehen *wëben, quëden* sagen, *pflëgen, wëgen* wägen wiegen bewegen, *jëhen* sagen, *geschëhen, sëhen, jëten* jäten, *knëten, trëten, wëten* binden, *ëȝȝen, vergëȝȝen, krësen* kriechen.

Grammat. Wechsel kommt vor zwischen *s* und *r* bei *wësen* sein *(was — wâren — gewësen), jësen* gären, *lësen, genësen*: im Prät. Pl. immer *wâren, jâren,* seltener *lâren, genâren* (neben *lâsen, genâsen*); aber Part. Prät. *gewësen, gejësen, gelësen* (selten *gelërn*), *genësen* (selten *genërn*).

Grammat. Wechsel von *g* zu *h* auch in md. *geschâgen* zu *geschâhen, sâgen* zu *sâhen.*

Bei *jëhen, jësen, jëten* geht das anlautende *j* vor *i* in *g* über, vgl. 1., 2. und 3. Pers. Sg. Präs. Ind. *gihe gihest giht* (§ 68).

Über die Zusammenziehung von *quidit* zu *quit, pfligit* zu *pflit, gibit* zu *git* vgl. §§ 36, 83, 172.

pflëgen hat im Part. Prät. md. neben *gepflëgen* auch *gepflogen* (nach Kl. IV); selten wird es (österr.) schwach flektiert: *pflëgete gepflëget.*

ëȥȥen und *vrëȥȥen* (= got. *fra-itan*) haben auch im Prät. Sing. langes *â: âȥ vrâȥ* (daneben auch, besonders fränk., *aȥ vraȥ*); vgl. lat. *edo - ēdi.* In der 1. Pers. Sg. Präs. Ind. tritt im Md. wie im Nhd. ë für i ein: *ich gëbe, ich lëse* (vgl. Klasse IIIb und IV, §§ 139, 140).

Zu *geschëhen* erscheint mfr. das sw. Prät. und Part. *geschiede geschiet.* Drei Verben mit *j*-Präsentien zeigen im ganzen Präs. *i* und die Folgen der westgerm. Konsonantendehnung (§ 60): *bitten* (= got. *bidjan*), *ligen* (selten *licken, ck < gg* § 62; kontrahierte Formen §§ 36, 83, 172), *sitzen;* die übrigen Formen werden regelmäßig abgewandelt: *bat bâten gebëten, lac lâgen gelëgen, saȥ sâȥen gesëȥȥen.* (Vgl. auch. § 150).

§ 142 Klasse VI

Der qualitative Ablaut ist germ. *a — ô,* ahd. mhd. *a — uo* (§ 47), der quantitative Ablaut: Grundstufe *(a)* — Dehnstufe *(ô > uo)* — Dehnstufe *(ô > uo)* — Grundstufe *(a):*

germ. *a — ô — ô — a*
ahd. mhd. a — uo — uo — a
mhd. trage — truoc — truogen — getragen
ahd. *tragu — truog — truogum — gitragan*

Ebenso gehen *maln* mahlen, *varn* fahren, *spanen* locken, *laden* beladen, *waten, waschen, graben, schaffen, laffen* lecken, *nagen, tragen, slahen* schlagen, *twahen* waschen, *wahsen.*

Die 2. 3. Pers. Sg. Präs. Ind. haben Umlaut (§ 148): *tregest* (< ahd. *tregist*), *treget* (< ahd. *tregit*). Über die Kontraktion von *tregist > treist, tregit > treit* vgl. §§ 83, 172.

Hierher gehören auch von *stân* stehen (Wurzelverb; mhd. **standen* < ahd. *stantan* ist verloren): *stuont stuonden gestanden* (§ 170).

Grammat. Wechsel begegnet zwischen *h* und *g: slahe sluoc sluogen geslagen,* ebenso bei *twahen* waschen; das *g* ist aus dem Plur. des Prät. in den Sing. eingedrungen *(sluog > sluoc),* da die Übereinstimmung des Wurzelvokals *uo* auch die Angleichung der wurzelschließenden Kons. begünstigte (§ 57).

Drei Verben mit *j*-Präsentien haben im Präs. Umlaut des Wurzelvokals: mit grammat. Wechsel *(f — b) heven* (got. *hafjan* = ahd. *heffen < *haffjan*), gewöhnlich *heben,* und *entseben* (ahd.

7*

intseffen) wahrnehmen (meist md.), dazu *swern* schwören. Weiter regelmäßig: *huop huoben erhaben, entsuop entsuoben entsaben, swuor swuoren geswarn* (meist nach Kl. IV — *geborn — gesworn*). In *heven* stammt *v* statt *ff* von ahd. 2. 3. Pers. Sg. Ind. *hevis hevit* und 2. Pers. Sg. Imp. *hevi*, denen keine Verdopplung zukam. Es ist ein letzter Rest des alten Lautstandes mit stimmloser Spirans; *b* in *heben huob* (> *huop*) *huoben gehaben* ist grammat. Wechsel zu *f* (§§ 57, 82) und drang ahd. aus dem Prät. Pl. *(huobum)* in das Prät. Sg. und z. T. schon in das Präs. ein. Nhd. *gehoben* nach Kl. IV (aber Adj. *erhaben*).— Bei *swern* fehlt die Verdopplung des *r* nach § 63.

     gewähen(en) erwähnen mit jüngerem Umlaut des Wurzelvokals (§ 26) ist eine alte *-n + j*-Bildung: *gewuoc gewuogen gewagen* (grammat. Wechsel *h — g*) Urspr. *n*-Präs. hat *backen* (*kk* wohl < *kkn* < *kn* nach § 60): *buoch buochen gebachen*. Das *ch* ist mhd. auch in den Inf. eingedrungen: *bachen* (so noch z. T. mundartlich); im Nhd. hat sich umgekehrt in der Hochsprache das *ck* durchgesetzt.

Klasse VII: Die ursprünglich reduplizierenden Verben
§ 143 Allgemeines

     Die Reduplikation des anlautenden Kons. der Wurzel ist das alte Kennzeichen des ideur. Perf., vgl. griech. λείπω — λέλοιπα *(leípō — léloipa)* verlasse, habe verlassen, lat. *pendeo — pependi* hänge, hing. Die Verben dieser Klasse bildeten noch im Got. ihr Prät. teils durch einfache Reduplikation, z. B. *haitan* nennen, *haíhait* (spr. *hẹhẹt*) ich nannte, teils durch Reduplikation und Ablaut, vgl. *lêtan* lassen, *laílôt* (spr. *lẹlōt*) ich ließ. Schon im Ahd. war die Reduplikation verloren und hatten sich die Verben der ablautenden Bildungsweise angeschlossen (§ 135). Im Mhd. sind sie zu erkennen an dem Wurzelvokal *ie* des Prät. Sg. und Pl., vgl. *râte riet rieten gerâten*. Die Wurzelvokale des Präs., mit welchen die des Part. Prät. übereinstimmen, sind mannigfaltig.

     Im Ahd. unterscheidet man nach den Wurzelvokalen des Prät. zwei Klassen: die erste (mhd. Kl. VIIa) hat als Vokal des Prät. germ. *ê*, das sich weiterhin zu *ea ia ie* (§ 11) entwickelte: *râtan — rêt reat riat riet — rêtum* usw. — *girâtan;* die zweite (mhd. Kl. VIIb) hat *eo io*, das ebenfalls zu *ie* wurde (§ 8): *loufan — leof liof* (daneben *liuf*) *lief — leofum* usw. — *giloufan.* Beide Klassen fielen also zusammen.

§ 144 Klasse VIIa

     Die hierhergehörigen Verben haben als Wurzelvokal des Präs. einen hellen Vokal: *a, â, ei* (nhd. vielfach schwach flektiert).

1. Stammvokal *a* vor *ll, nn, l* + Kons., *n* + Kons.: *halte hielt hielten gehalten.*

Hieher gehören auch *vallen, wallen* sieden, *valten, schalten* schieben, *spalten, walten, salzen, walzen, halsen* umhalsen, *walken, bannen, spannen, blanden* mischen.

Umlaut in der 2, 3. Pers. Sg. Präs. Ind. ist selten: *haltet, bannet* (neben *heltet, bennet*).

Ein *j*- Präs. hat *erren ern* (got. *arjan*) pflügen: Prät. *ier ieren gearn (garn)*, auch schwach *erte* Part. Prät. *gert.*

Die Verben *vâhen* fangen und *hâhen* hangen gehen zurück auf **vanhan *hanhan* (§ 59; dagegen *slahen* schlagen mit kurzem *a!* § 142). Die genannten Verben haben grammatischen Wechsel (§ 57): *vâhe, vienc* und *vie viengen gevangen, hâhe hienc* und *hie hiengen gehangen; vie hie* sind Kurzformen (§ 171).

Dazu kommt das Wurzelverb *gân* gehen mit *gienc gie* zu verlorenem **gangen* < ahd. *gangan* (§ 170 f.).

2. Stammvokal *â:* *râte riet rieten gerâten.*

Ebenso: *brâten, lâzen, blâsen, slâfen, bâgen* zanken.

In der 2. und 3. Pers. Sg. Präs. Ind. tritt manchmal Umlaut. ein: *rætest rætet (ræt), slæfest slæfet.*

Kontrahierte Formen zu *lâzen liez: lân lie* (vgl. § 171).

3. Stammvokal *ei: heize hiez hiezen geheizen.*

Ebenso gehen *scheiden, meizen* schneiden, *zeisen* zupfen, *sweifen* schweifen.

eischen erforschen, fragen, heischen (auch mhd. schon *heischen*, dessen *h* durch Anlehnung an *heizen* aufkam) und *freischen* erfahren (= *ver-eischen*) sind ursprünglich schwach (ahd. *eiscôn*); mhd. schwach und stark: *eische eischete vereischet* und *eische iesch ieschen geeischen.*

§ 145 Klasse VIIb

Die Verben dieser Klasse haben im Präs. dunklen Wurzelvokal: *ou, ô, uo.*

1. Stammvokal *ou: loufe lief liefen geloufen.*

Ebenso geht *houwen hie hiewen gehouwen* hauen. — Die 2. und 3. Pers. Sg. Präs. Ind. hat meist keinen Umlaut, doch begegnet auch *löufet.*

Obd. (§ 46) finden sich auch (wie schon ahd.) mit *iu liuf liufen* — *hiu hiuwen*. — Obd. Analogiebildungen nach der II. Kl.: Prät. Pl. *luffen loffen*, Part. Prät. *geluffen geloffen*. — Neben dem starken gibt es ein schwaches Verb *houwen* (ahd. *houwôn*) *houte gehout*.

    2. **Stammvokal ô:** *stôȝe stieȝ stieȝen gestôȝen*.

Außerdem noch *schrôten* schneiden. — Die 2. und 3. Pers. Sg. Präs. Ind. hat zuweilen Umlaut: *stœȝest stœȝet* (vgl. § 148).

    3. **Stammvokal uo:** *ruofe rief riefen geruofen*.

Dazu kommt noch *wuofen* wehklagen.

Daneben stehen die schwachen Verben *rüefen ruofte, wüefen wuofte*. — Das urspr. reduplizierende Verb *bûwen* bauen ist schon ahd. schwach geworden mhd. *bûte gebûwet*, nur das Part. Prät. ist daneben noch stark: *gebûwen*.

II. Flexion

§ 146 Paradigmen für die starke Konjugation

Eine vergleichende Gegenüberstellung ahd. und mhd. Paradigmen läßt die Lautwandlungen sowohl der Wurzelvokale als auch der Endungen leichter erkennen.

mhd.	*ahd.*	mhd.	*ahd.*

Präsens

Indikativ

		mhd.	ahd.	mhd.	ahd.
Sg.	1.	gibe	*gibu* [1])	biuge	*biugu* [4])
	2.	gibest	*gibis(t)* [2])	biugest	*biugis(t)* [4])
	3.	gibet	*gibit* [2])	biuget	*biugit* [4])
Pl.	1.	gëben	*gëbamês (-emês, -êm)*	biegen	*biogamês* [5])
	2.	gëbet	*gëbet*	bieget	*bioget* [5])
	3.	gëbent	*gëbant*	biegent	*biogant* [5])

Konjunktiv

		mhd.	ahd.	mhd.	ahd.
Sg.	1.3.	gëbe	*gëbe*	biege	*bioge* [5])
	2.	gëbest	*gëbês*	biegest	*biogês*
Pl.	1.	gëben	*gëbên (-êm)*	biegen	*biogên (-êm)*
	2.	gëbet	*gëbêt*	bieget	*biogêt*
	3.	gëben	*gëbên*	biegen	*biogên*

---

[1]) Wurzelvokal *i* aus germ. *e* wegen des *u* der folg. Silbe (§ 6 β).

[2]) Wurzelvokal *i* aus germ. *e* wegen des *i* der folg. Silbe (§ 6 α 1).

[3]) *i* aus altem *e*, nach Analogie des Präs. Ind. oder aus Formen mit enklit. Pers.-Pron.

[4]) *iu* wegen des *u, i* der folg. Silbe (§ 8).

[5]) *eu > io* durch Brechung (*a*-Umlaut; § 8).

	mhd.	*ahd.*	mhd.	*ahd.*

Imperativ

	mhd.	*ahd.*	mhd.	*ahd.*
Sg. 2.	gip	*gib* [3])	biuc	*biug* [4])
Pl. 1.	gëben	*gëbamês, -emês*	biegen	*biogamês, -emês* [5])
2.	gëbet	*gëbet (-at)*	bieget	*bioget (-at)* [5])

Infinitiv

	gëben	*gëban*	biegen	*biogan* [5])

Gerundium

G.	gëbennes	*gëbannes*	biegennes	*biogannes*
D.	gëbenne	*gëbanne*	biegenne	*bioganne*

Partizip

	gëbende	*gëbanti*	biegende	*bioganti* [5])

Präteritum

Indikativ

	mhd.	*ahd.*	mhd.	*ahd.*
Sg. 1.3.	gap	*gab*	bouc	*boug*
2.	gæbe [6])	*gâbi*	büge	*bugi*
Pl. 1.	gâben	*gâbum*	bugen	*bugum*
2.	gâbet	*gâbet*	buget	*bugut*
3.	gâben	*gâbun*	bugen	*bugun*

Umlaut **Konjunktiv**

	mhd.	*ahd.*	mhd.	*ahd.*
Sg. 1.3.	gæbe [6])	*gâbi*	büge	*bugi*
2.	gæbest	*gâbîs*	bügest	*bugîs*
Pl. 1.	gæben	*gâbîm*	bügen	*bugîm*
2.	gæbet	*gâbît*	büget	*bugît*
3.	gæben	*gâbîn*	bügen	*bugîn*

Partizip

	gegëben	*gigëban*	gebogen	*gibogan* [7])

---

[5]) *eu* > *io* durch Brechung (*a*-Umlaut; § 8).

[6]) **æ** ist *i* -Umlaut.

[7]) *u* > *o* durch Brechung (*a*-Umlaut; § 7).

Vokalwechsel

§ 147 Wechsel zwischen ë — i, iu — ie

Im Präs. haben Wechsel zwischen *ë* und *i* die Klassen IIIb (*hëlfen*), IV (*nëmen*) und V (*gëben*); in Kl. IIIa (*binden*) findet kein Wechsel statt, Wechsel zwischen *iu* und *ie* die II. Klasse; vgl. die obige Zusammenstellung (§ 146).

§ 148 Umlaut

Umlaut kann eintreten:

1) in der 2. und 3. Pers. Sg. Präs. Ind. der II. und VI. Klasse:

		mhd.	*ahd.*	mhd.	*ahd.*
Sg.	1.	fliuge	*fliugu*	var	*faru*
	2.	fliugest (iü)	*fliugis*	verst	*feris(t)*
	3.	fliuget (iü)	*fliugit*	vert	*ferit;*

ebenso kann Umlaut stattfinden bei Kl. VIIa (1.) *banne bennest bennet,* Kl. VIIa (2.) *slâfe slæfest slæfet,* Kl. VIIb (1.) *loufe löufest löufet,* Kl. VIIb (2.) *stôʒe stœʒest stœʒet* (endlich bei *kum kümst kümt,* Kl. IV; §§ 70, 140);

2) in der 2. Pers. Sg. Prät. Ind. und im ganzen Konj. Prät. der II., III., IV., V., VI. Klasse; vgl. 2. Pers. Sg. Prät.:

Klasse:	IIa	IIb	IIIa	IIIb	IV	V	VI
mhd.	flüge	kür	bünde	hülfe	næme	gæbe	trüege
ahd.	*flugi*	*kuri*	*bundi*	*hulfi*	*nâmi*	*gâbi*	*truogi*
nhd.	flogst	erkorst	bandest	halfst	nahmst	gabst	trugst

Umlauthinderung in der II. und III. Kl.: §§ 32, 45.

Bemerkungen zu den Endungen

§ 149 Unbetontes e

Das schwache *e* der Flexionssilben kann nach § 20 fortfallen bei kurzem Wurzelvokal + *l, n, r: hil hilst hilt hëln hëlt hëlnt,* Konj. *hël* usw., Inf. *hëln,* Part. Präs. *hëlnde,* Part. Prät. *geholn* hehlen; *var verst vert varn vart varnt,* Konj. *var* usw., Inf. *varn,* Part. Präs. *varnde,* Part. Prät. *gevarn.* — Auch nach *h* schwindet *e* in der Silbe *-et* leicht: 3. Sg. *siht giht geschiht,* 2. Pl. *sëht.* — In der 3. Pers. Sg. Präs. Ind. fällt *e* gern nach stammschließendem Dental: *vindet — vint, wirdet — wirt, ladet — lat, giltet — gilt, rætet — ræt.*

§ 150 Endungen des Präsens

In der 1. Pers. Sg. Präs. Ind. ist die Endung *-en* md. (besonders mfr.) und westalem. häufig: *ich gëben, ich lësen, ich dragen.* Sie ist aus der II. und III. Kl. der schwachen Konjug. eingedrungen (§ 156, vgl. ferner § 167).

Die 2. Pers. Sg. Präs. Ind. und Konj. hat im Ahd. zunächst die Endung *-is* bzw. *-ês: gibis,* Konj. *gëbês;* im 9. Jh. trat *-t* an: *gibist,* welches Kürzung ist aus enklitischem *du (gibis du > gibistu > gibist).* Im Mhd. kann dann *du* aufs neue enklitisch an das Verb antreten: *gibistu.*

Md. hat sich die Form auf *-s* erhalten: *gibes.*

In der 1. Pers. Pl. kann das *-n* der Endung bei Nachstellung des pers. Pron. *wir* (Inversion) wegfallen: *gëbe wir, gâbe wir, var wir vuore wir.*

Die 2. Pers. Pl. Präs. Ind. hat namentlich im Alem. (dort schon bei Notker allgemein), aber auch Südrhfr. die Nebenform *-ent;* sie ist wohl wie bei den schwachen Verben (§ 156) aus der 3. Pers. Pl. Ind. eingedrungen.

Diese wird im Schwäb. und Südalem. später auch auf die 1. Pers. ausgedehnt, so daß dann hier alle drei Personen des Plur. aller Tempora und Modi auf *-ent* ausgehen; im Md. erscheint auch *-en* (d. i. die 1. 3. Pl. Konj.). Im Spätalem. wird der Pl. Präs. *gëbent* zu *gënt* kontrahiert (vgl. §§ 163, 166, 172).

Die 3. Pers. Pl. Präs. des Ind. unterscheidet sich durch die Endung *-ent* von der 3. Pers. Pl. des Konj. *-en.* Im Md. erscheint *-en* schon im 12. Jh. im Ind., sonst erst spätmhd. (wie im Nhd.).

Die 2. Pers. Sg. Imper. nimmt zuweilen nach dem Muster der schwachen Verben ein *e* an; *vermîde, wîche, versinne* u. a. sind jedoch nur vereinzelte Ausnahmen gegen *vermît, wîch, versin.* — Die j-Präsentien der st. Verben (§ 141) haben hier lautgerecht *-e (< -i);* zuweilen finden sich jedoch Formen wie *bit* bitte.

Im Ofr., Thür. und Hess., gelegentlich auch im Obd., wirft der Inf. das *n* ab (§ 74): *brëche = brëchen, var = varn, lërn = lërnen, si = sîn, gê = gên;* das Gerundium hat aber natürlich das *n*.

Im Gerundium kann *nn > n* vereinfacht werden: *gëbennes — gëbenes, gëbenne — gëbene.* Daneben findet sich, besonders später, als Endung *-endes -ende: gëbendes gëbende* (aus dem Part. Präs. eingedrungen).

Das Part. Präs. hat besonders im Bair. eine nebentonige Form mit vollem Vokal *-unde: snîdunde.*

Ausstoßung des *n* in *sen(e)de, brinnede:* § 74.

§ 151   Endungen des Präteritums

Spätmhd. tritt in der 1. und 3. Pers. Sg. Ind. des Prät.
gern ein *-e* an (Angleichung an die schwachen Verben): *ich, ër
sahe — ich, ër schuofe — ich, ër hienge.*
Die 2. Pers. Sg. Prät. Ind. wird wgerm. mit einer alten
Aoristendung gebildet (ahd. *-i,* das Umlaut des Wurzelvokals
bewirkt, mhd. *-e*), während das Got. und Nord. die ideur. Perfekt-
endung *-t* benützen (vgl. § 157).

> Sie nimmt zuweilen später, besonders md., nach Analogie des Konj. und
> des Präs. die Endung *-es, -est* an: *du gæbe > du gæbest,* worauf dann der Wur-
> zelvokal dem der übrigen Formen des Ind. *a* bzw. *â* angeglichen wurde: *du
> gâbest* (wie nhd.); oder auch nach Analogie der Präteritopräsentia (§ 157) die
> Endung *-t: du wært* du warst nach *du darft* du darfst usw.

Das Part. Prät. erscheint ohne das Präfix *ge-* in *funden
komen, troffen, worden* (vgl. § 179), zuweilen auch in *gëben, nomen,*
oft in *lâȥen,* manchmal bei *heiȥen* (und bei dem sw. Part. Prät.
brâht, § 154).

> Das *e* von *ge-* fehlt vor Vokalen und vor manchen Kons.: *garn* (neben
> *gearn;* zu *erren* pflügen, § 144), *gëȥȥen* (nhd. gegessen mit neu angetretenem
> *ge-*); *gangen gnomen.*
> Vor allem im Moselfr. fällt im Part. Prät. das *n* ab (§ 74).

B. Schwache Verben

I. Tempusbildung

§ 152   Gliederung der schwachen Verben

Die schwachen Verben gliedern sich im Ahd. nach ihrer
Infinitivendung in drei Konjugationen: die *-jan-, -ôn-* und
ên- Konjug., vgl. *sezzen (< * sattjan)* setzen, *salbôn* salben,
habên haben. Bei den *jan*-Verben hat das *j* unter den bekannten
Bedingungen (§§ 60 ff. 9) Konsonantendehnung und Umlaut des
Wurzelvokals bewirkt. Die Konsonantendehnung ist mitunter
schon im Ahd. rückgängig gemacht worden (§§ 60, 61).
Die ahd. I. *(-jan-)* Konjug. teilt sich nach der Bildung
ihres Prät. wieder in zwei Klassen:
Kl. Ia umfaßt Verben, die im Prät. den Mittelvokal *i*
(das alte Kennzeichen der Klasse) haben, d. h. die ursprünglich
kurzsilbigen Verben, vgl. *nerita* rettete (nährte), *legita* legte;

Kl. Ib umschließt Verben ohne den Mittelvokal *i*, der so früh geschwunden ist, daß Umlaut nicht mehr eintreten konnte, d. h. die germ. lang- und mehrsilbigen: *teilen — teilta; brennen — branta, stellen — stalta, gar(a)wen — garota* (vgl. dazu § 154).

Zu den Verben, die das *i* ausstoßen, zählen im Ahd. auch die urspr. kurzsilbigen auf *pf, tz, ck* (germ. *p, t, k), tt* (germ. *d*) und teilw. *ll* (germ. *l*), vgl. ahd. *stepfen — stafta* schreiten, *decken — dahta dacta, setzen — sazta, retten — ratta, zellen — zalta* (aber auch *zelita*; § 154, 1).

Das Fehlen des Umlautes nannte J. Grimm in der falschen Annahme, ein urspr. eingetretener Umlaut sei rückgängig gemacht worden, Rückumlaut; man vermeidet diesen Ausdruck besser.

Im Mhd. sind die kennzeichnenden Vokale der drei Konjug. *(i ô ê)* zu *e* abgeschwächt, und darum sind die Klassenunterschiede verwischt. Geblieben ist nur der Unterschied zwischen umgelautetem und nicht umgelautetem Wurzelvokal. Die mhd. schwachen Verben verhalten sich zu den drei ahd. Konjug. so:

1) Der ahd. I. Kl. entsprechen alle Verben mit umgelautetem Wurzelvokal (dabei hat die ahd. Kl. Ia auch im Prät. Umlaut, Ib dagegen nicht), außerdem eine Reihe solcher, deren Wurzelvokal nicht umlautbar ist (Kl. Ic);

2) der ahd. II. und III. Kl. zusammen entsprechen die meisten nicht umgelauteten Verben.

Das Part. Prät. schließt sich im Mhd. wie im Ahd. hinsichtlich seiner Bildung an das Prät. an, vgl. Kl. Ia: ahd. *ginerit gineritêr*, II: ahd. *gisalbôt gisalbôtêr*, III: ahd. *gihabêt gihabêtêr*. Die Verben der ahd. Kl. Ib haben zwei Formen: eine mit *i* beim unflekt. Part., vgl. ahd. *gibrennit*, und eine ohne *i* und ohne Umlaut beim flekt. Part., vgl. ahd. *gibrantêr*.

Von der ahd. II. Kl. kommen im Mhd., besonders alem., noch Formen auf -*ôt*, -*ot* vor: *gewarnôt*, -*ot* usw. (selten im Prät., etwa *schouwôte*); vgl. § 18.

Es ergibt sich also folgende Übersicht:

	mhd.			ahd.		
Kl. Ia	nerjen, nern	ner(e)te	gener(e)t	*nerien*	*nerita*	*ginerit*
Ib	brennen	brante	gebrennet gebranter	*brennen*	*branta*	*gibrennit gibrantêr*
Ic	teilen	teilte	geteilet	*teilen*	*teilta*	*giteilit*
II	salben	salbete	gesalb(e)t	*salbôn*	*salbôta*	*gisalbôt*
III	haben	habete	gehab(e)t	*habên*	*habêta*	*gihabêt*

§ 153   Beispiele

Klasse Ia (kurzsilbige, ahd. *-jan*): *legen* (neben *leggen*) *legete geleget* (kontrahierte Formen vgl. §§ 41, 83, 172), *regen;* nach Liquiden und Nasalen *l r (m) n* fällt das *e* aus, vgl. z. B. *queln* (neben *quellen*) *quelte gequelt* quälen, *denen* (neben *dennen*) *dente gedent*. Die einfachen Stammkons. erklären sich durch Ausgleich mit Formen ohne *j* (vgl. ahd. *legis, legit* usw.); anders bei *nern nerte genert* (§ 63).

Klasse Ib (lang- oder mehrsilbige, ahd. *-jan*) ist viel umfangreicher als Kl. Ia:

e — a: vellen valte gevalter fällen, *brennen brante gebranter, kennen, senden sante (sande), sprengen sprancte, schenken schancte, derren darte* dörren, *sperren, verderben verdarbte, sterken starcte, setzen sazte, ergetzen ergazte, leschen laschte, heften hafte, decken dahte/dacte gedecket* und *gedaht/gedact,* ebenso *recken, strecken, wecken,* dazu *schrecken schrahte/schracte* erschrecken (trans.), *schricken schrihte/schricte* erschrecken (intrans.), *merken marhte/marcte,* ebenso *sterken;*

ü — u: füllen fulte, zünden zunte, ebenso *wünschen, zürnen, gürten, kürzen, nützen, schüpfen* stoßen, *bücken;*

æ — â: beswæren beswârte, wænen wânte, blæjen blâte, und so auch *dræjen* drehen, *mæjen, sæjen, wæjen* wehen;

œ — ô: hœren hôrte, ebenso *hœnen, krœnen, lœsen;*

üe — uo: füeren fuorte, ebenso *küelen, süenen, hüeten huot(t)e, grüezen, genüegen, blüejen bluote, brüejen, lüejen* brüllen, *müejen;*

iu — û: liuten lûte läuten, und so auch *triuten* lieben (zu *trût* lieb, nhd. traut), *briunen* braun machen, schmücken.

Klasse Ic: Zu den Gruppen Ia und Ib kommt eine dritte Gruppe alter *jan*-Verben, nämlich solche, welche im Präs. keinen Umlaut des Wurzelvokals haben können: *spitzen spizte, blicken blicte, îlen îlte* eilen, *teilen teilte, kêren kêrte, zieren zierte, leiten leit(t)e* u. a. Diese lassen sich im Mhd. nur schwer von den Verben der II. und III. Kl. trennen, weil das Merkmal des Umlauts bei ihnen wegfällt. Somit würde als Unterscheidungszeichen für diese dritte Gruppe der I. Kl. gegen die II. und III. nur bleiben, daß bei ihr im Gegensatz zu diesen beiden der Mittelvokal *e* im Prät. fehlt: I. Kl. *neigen (-jan) neicte,* gegen II. III.

Kl. *zeigen (-ôn) zeigete (<* ahd. *zeigôta), lëben (-ên) lëbete (<* ahd.
lëbêta). Aber dieser Mittelvokal fällt in der II. und III. Kl.
leicht aus, vor allem immer nach *l (m) n r* (vgl. *spiln spilte,
manen mante, sparn sparte*), und wird umgekehrt in der I. Kl.,
besonders später, gern zugesetzt; darum fällt diese dritte, umlauts-
unfähige Gruppe der I. Kl. nahezu ganz mit der II. und III. Kl.
zusammen.

Klasse II (ahd. *-ôn*): *salben salb(e)te, zeigen zeigete zeicte,
machen mach(e)te, lônen lôn(e)te, manen mante, vaʒʒen vaʒʒete vagte
fassen, schouwen schou(we)te, mâlen mâlte, ahten ahte, laden ladete
latte* laden (auffordern), *schaden schadete schatte.*

Klasse III (ahd. *-ên*): *haben hab(e)te, lëben lëb(e)te, vrâgen
vrâg(e)te vrâcte, wachen wach(e)te, erbarmen erbarm(e)te, wonen wonte.*

Im Mhd. gibt es also zwei Gruppen schwacher
Verben:

a) solche mit Mittelvokal *e* im Prät.: ahd. Kl. Ia (kurzsil-
bige), II und III;

b) solche ohne *e* und ggf. mit umlautslosem Prät. (gegenüber
umgelautetem Präs.): ahd. Kl. Ib (lang- und mehrsilbige).

Vernachlässigt man den Mittelvokal in Kl. II und III, so
ergeben sich formal diese zwei Klassen schwacher Verben:
a) solche mit und *b)* solche ohne Vokalwechsel im Prät.

Im Nhd. endigt das Prät. auf *-te*, das Part. auf *-t*; auf *-ete* bzw. *-et* nur
bei den Verben auf Dental und auf Kons. + Nasal, vgl. *leitete, rechnete* (mhd.
leit(t)e, rechente).

§ 154 Besonderheiten der Präteritalbildung

1) Die Verben auf *l* können als kurzsilbige und als lang-
silbige behandelt werden. Sie haben darum im Präs. und im
Prät. Doppelformen (vgl. § 152): *zeln — zellen, zelte — zalte* (schon
ahd. *zelita/zalta) gezelt — gezellet gezalter* (erjzählen; *weln — wellen*
(selten) — *welte walte* (selten) wählen; *queln — quellen, quelte —
qualte* quälen; *tweln — twellen, twelte — twalte* verzögern; *seln —
sellen, selte — salte* übergeben, verkaufen (engl. *to sell*).

2) Die Verben *bringen* (starkes Präs), *denken, dunken* dün-
ken, *fürhten* und *würken* wirken bildeten ihr Prät. schon germ.
ohne Mittelvokal *i*: *bringen — brâhte, denken — dâhte, dunken —
dûhte, fürhten — vorhte, würken — worhte* (zum Schwund des *n*

vor *h* im Prät. vgl. § 59); zu *k g* vor *t* vgl. § 58. Im Part. Prät. hat *bringen* kein Präfix: *brâht* (§ 151).

3) Zur Erweichung des *t* > *d* nach Nasalen und Liquiden, besonders *l* (vgl. § 76): *sûmde, sande; holde* (selten *kêrde*). In der 2. Pers. Sg. Ind. Prät. begegnet bair. bisweilen *bræhte* wie beim starken Verb, vgl. *gæbe.*

kêren und *lêren* haben im Prät. md. neben *kêrte lêrte* auch *kârte lârte* daraus Part. *gekârt gelârt)*, vielleicht nach Analogie von *bewæren* (md. be-*wêren*, mit md. *ê* für *æ*, vgl. § 34) — *bewârte;* nhd. (veraltet) gelahrt.

liuhten, das umgelautetes *iu* hat, also im Prät. unumgelautetes *iu* haben sollte, folgt der Analogie von *liuten* — *lûte* usw. und bildet ein Prät. mit *û lûhte* (nhd. Durchlaucht). — *sæjen* usw., *müejen* usw. (§§ 68, 153) haben *sâte sæte sæjete, muote müete müejete* (*sæjete* und *müejete* sind unmittelbar aus dem Inf. *sæjen, müejen* neu gebildet).

Die Verben mit wurzelschließendem *w fröuwen* freuen, *dröuwen* dräuen, *ströuwen* streuen haben im Prät. gewöhnlich Umlaut: *fröute, dröute, ströute* — *gärwen* bereiten, gerben, *värwen* färben und *sâlwen* beschmutzen haben Doppelformen: *garte, varte, salte,* daneben *gärwete, värwete, sälwete* (letztere sind aus dem Inf. neu gebildet).

Die mit Suffix *-el* und *-er* abgeleiteten Verben mit Umlaut behalten diesen Umlaut im Prät.: *negelte* zu *negeln* nageln, *vüeterte* zu *vüetern* füttern.

Md. hat lautgerecht der Konj. Prät. der Kl. I b Umlaut: *brante* — Konj. *brente, stalte* — Konj. *stelte* und sogar *mechte* zu *machen* von Kl. II.

II. Flexion

§ 155   Paradigmen der schwachen Klassen

Kl. I *(-jan)*   Kl. II *(-ôn)*

Kl. I a   Kl. I b

Präsens

Indikativ

	mhd.	*ahd.*	mhd.	mhd.	mhd.	*ahd.*
Sg. 1.	lege	*legu*	ner	brenne	salbe	*salbôm, -ôn*
2.	legest	*legis(t)*	nerst	brennest	salbest	*salbôs(t)*
3.	leget	*legit*	nert	brennet	salbet	*salbôt*
Pl. 1.	legen	*legamês (-âmês, -êm)*	nern	brennen	salben	*salbômês, -ôn*
2.	leget	*leget*	nert	brennet	salbet	*salbôt*
3.	legent	*legent*	nernt	brennent	salbent	*salbônt*

Konjunktiv

Sg.	1.3.	lege	*lege*	ner	brenne	salbe	*salbo*
	2.	legest	*legês(t)*	nerst	brennest	salbest	*salbôs(t)*
Pl.	1.	legen	*legêm, -ên*	nern	brennen	salben	*salbôm, -ôn*
	2.	leget	*legêt*	nert	brennet	salbet	*salbôt*
	3.	legen	*legên*	nern	brennen	salben	*salbôn*

Imperativ

Sg.	2.	lege	*legi*	ner	brenne	salbe	*salbo*
Pl.	1.	legen	*legemês*	nern	brennen	salben	*salbômês*
	2.	leget	*leget*	nert	brennet	salbet	*salbôt*

Kl. I *(-jan)*　　　　　　　　Kl. II *(-ôn)*

Kl. I a　　　　　Kl. Ib

mhd.　*ahd.*　　mhd.　　mhd.　　　mhd.　　*ahd.*

Infinitiv

legen　*legen*　nern　│brennen　│ salben　*salbôn*

Gerundium

G.	legennes	*legannes*	nerennes	brennennes	salbennes	*salbônnes*
D.	legenne	*leganne*	nerenne	brennenne	salbenne	*salbônne*

Partizip

legende　*legenti*　nernde　│brennende　│ salbende　*salbônti*

Präteritum
Indikativ

Sg.	1.3.	legete	*legita*	nerte	brante	salb(e)te	*salbôta*
	2.	legetest	*legitôs(t)*	nertest	brantest	salb(e)test	*salbôtôs(t)*
Pl.	1.	legeten	*legitum, -un*	nerten	branten	salb(e)ten	*salbôtum, -un*
	2.	legetet	*legitut*	nertet	brantet	salb(e)tet	*salbôtut*
	3.	legeten	*legitun*	nerten	branten	salb(e)ten	*salbôtun*

Partizip

gelegt　*gilegit*　genert　│gebranter　│ gesalb(e)t　*gisalbôt*
　　　　　　　　　　　│gebrennet　│

Der Konj. Prät. lautet normalmhd. wie der Ind. (vgl. § 154a).
Kontrahierte Formen von *legen:* mhd. 2. 3. Pers. Präs. Ind.
leist leit, Prät. *leite* usw., Part. Prät. *geleit* (vgl. §§ 83, 172).

§ 156 Endungen

Die Endungen des schwachen Verbs weichen nur wenig von
denen des starken ab: 2. Pers. Sg. Imper. auf *-e: lege,* gegen stark
gip; 1., 2. und 3. Pers. Sg. Ind. und Konj. Prät. *legete legetest
legete* gegen st. Ind. *gap gæbe gap,* Konj. *gæbe gæbest gæbe.*
Dazu kommen noch einige Sonderfälle:

Die 1. Pers. Sg. Ind. Präs. der II. und III. Kl. hatte im Ahd.
die Endung *-m,* seit dem 9. Jh. *-n: salbôm, -ôn* ich salbe, *habêm, -ên*
ich habe. Dieses *-n* findet sich im Md. und Alem. auch mhd. noch
neben den Formen auf *-e : ich sagen, ich lëben, ich loben;* es wurde
hier auch auf die I. Kl. übertragen: *ich kennen* (vgl. § 150).

Die 2. Pers. Pl. Ind. Präs. wird wie bei den starken Ver-
ben (§ 150) vor allem im Alem., aber auch im Südrhfr. (wohl
in Analogie zur 3. Pers.) auf *-ent* gebildet.

Später dringt *-ent* alem. auch in die 1. Pers. Plur. ein (vgl. § 150).

Im Alem. bilden die Verben der II. und III. Kl. den Konj. Präs. auch mit
Erweiterung auf *-eje, -ege, -ei,* vgl. *macheie, machege, ahtei* achte.

Das *ô* der II. Kl. ist nebentonig, vor allem obd., manchmal noch erhal-
ten, hauptsächlich im Part. Prät.: *zwîvelôn, ermorderôt* (vgl. § 18).

Im Alem. begegnen im Prät. auch sonst noch alte volle Endungsvokale,
vgl. 2. Pers. Sg. *hôrtost,* Pl. *hôrton hôrtot* neben *hôrtust* usw., Konj. *hôrti
hôrtist,* Pl. *hôrtin hôrtit.*

In der Endung des Prät. der II. und III. Kl. *-ete* fiel, wenn
eines der beiden *e* getilgt wurde, gewöhnlich das erste, der Mittel-
vokal, aus: *machte, vaʒte, ahte* achtete, *koste* kostete, doch konnte
auch das schließende *e* apokopiert werden: *machet, vaʒʒet, ahtet,
kostet.* Die Endung *-et* wurde, besonders im Bayer.-Österr. auch
auf Kl. Ib übertragen: *kündet* kündete, *genüeget, suochet.*

C. Besondere Verben
I. Präteritopräsentia

§ 157 Allgemeines

Die Präteritopräsentia sind starke Verben, deren Prät. Prä-
sensbedeutung angenommen hat, während das eigentliche Präs.
verlorengegangen ist. So ist *ich weiʒ* der Form nach ein Prät.
der I. starken Kl. wie *ich reit,* der Bedeutung nach aber ein Präs.,

vgl. griech. $oi\delta\alpha$ *[oída]*, altind. *véda;* vgl. auch lat. *nōvi* ich
weiß = ich habe kennen gelernt. Mit der Stammform des Plur.
ist ein neues, schwaches Prät. ohne Zwischenvokal gebildet worden,
dazu bei einigen (zum Teil erst spät) ein Inf. und ein Part. Prät.
Diese Verben sind aus dem ideur. Perfekt entstanden, das
eine vollendete Handlung bezeichnete und darum leicht in die Prä-
sensbedeutung übergehen konnte.

Eigentümlich ist den Präteritopräsentien die 2. Pers. Sg. Ind.
auf *-t,* d. i. eine alte ideur. Perfektendung, die noch im Got. bei
den starken Verben herrscht (got. *namt* du nahmst gegen ahd.
nâmi mhd. *næme;* griech. *-ϑα (tha),* vgl. $oi\sigma$-*ϑα (oistha)* — got.
waist ahd. mhd. *weist* du weißt (vgl. § 151). In mhd. *darft solt
maht tarst* ist *t* bewahrt, in *weist* und *muost* restituiert (eigentlich
-ss, § 58); in Analogie dazu heißt es auch *ganst, kanst* (s. u.).

Die umgelauteten Formen des Ind. Präs. und des Inf. erklä-
ren sich wohl durch den Einfluß des Konj.

§ 158 I. Ablautreihe: mhd. (ahd.) *ich weiʒ* weiß

Präs. Ind. Sg. 1.3. *weiʒ*   2. *weist*   — Pl. 1.3. *wiʒʒen*   2. *wiʒʒet*
Konj. Sg. 1.3. *wiʒʒe* 2. *wiʒʒest* — Pl. 1.3. *wiʒʒen*   2. *wiʒʒet*

Imp. *wiʒʒe* — Inf. *wiʒʒen* — Part. *wiʒʒende*
Prät. Ind. und Konj. *wisse wësse;* jünger *wiste wëste*
Part. Prät. *gewiʒʒen, gewist gewëst.*

Im Prät. sind *wisse wësse* die älteren, lautgerechten Formen
(§ 58); md. ist *woste wuste* (§ 28).

Das Part. Prät. *gewiʒʒen* hat adjektiv. Bedeutung.

Zu got. *áih* ich habe: es tritt (wie im Ahd.) mhd. nur noch der Plur. *eigen,*
der Konj. *eije* und das ˙ (als Adj. gebrauchte) Part. Prät. *eigen* eigen auf. Das
Verb. weist gegenüber der I. Ablautreihe Vokalausgleich auf.

§ 159 II. Ablautreihe: *ich touc* (ahd. *toug*) tauge

Präs. Ind. Sg. 1.3. *touc*   2. nicht belegt   — Pl. *tugen/tügen* usw.
Konj. Sg. 1.3. *tüge*   2. *tügest*   — Pl. *tügen* usw.
Inf. *tugen/tügen.* Prät. Ind. *tohte;* Konj. *töhte.*

Daneben entwickelte sich aus dem Präs. Ind. Sg. ein schwach es
Verbum *tougen tougete.* — Zu *ht:* § 58.

§ 160 III. Ablautreihe: mhd. (ahd.) *ich gan* gönne, *kan* kann
(weiß, kenne, verstehe), *tar* wage, *darf* darf (brauche, bedarf)
Präs. Ind. Sg. 1.3. *gan* 2. *ganst* — Pl. *gunnen/günnen*
Konj. Sg. *gunne/günne* — Imp. *gunne* — Inf. *gunnen/günnen*
Prät. Ind. *gunde (gonde)*; Konj. *gunde/günde (gonde/gönde)*
Part. Prät. *gegunnen, (ge)gunnet gegunst.*

gan ist entstanden durch die Verschmelzung des Präfixes
ge- mit *an* (§ 20; ahd. *an* ich gönne, mhd. *anst* und *gunst*
(Gunst); daneben bestehen die doppelten Zusammensetzungen
er-b-an ver-b-an en-b-an mißgönne.

<small>Spätmhd. tritt im Präs., wie schon früher im Md. (§ 31), auch obd. *o*
statt *u* ein (§§ 31 f.): *gonnen*, dann auch im Ind. mit Umlaut: *gönnen*.</small>

<small>Das regelmäßige starke Verb' der III. Kl. *beginnen begann begunnen* hat
nach Analogie von *gan* ein Prät. *begunde (begonde [begonste)* angenommen.</small>

Wie *gan* flektiert *kan:*
Präs. Ind. Sg. 1.3. *kan* 2. *kanst* — Pl. *kunnen/künnen*
Konj. Sg. *kunne/künne*
Inf. *kunnen/künnen*
Prät. Ind. *kunde (konde konste)*; Konj. *kunde/künde (konde/könde)*
Part. Prät. *(er)kunnen, (er)kunnet.*

<small>Das *d* des Prät. entspricht germ. *þ* (got. *kunþa*, ahd. *gonda, konda*).
Prät. Ind. *konde*, Konj. *könde*, ist, wie *gonde gönde*, abgesehen vom Md.,
auch schwäb. (14. Jh.; § 31), *konste* (ahd. *konsta*) mfr.</small>

§ 161 mhd. (ahd.) *ich darf* (be)darf, kann
Präs. Ind. Sg. 1.3. *darf* 2. *darft* — Pl. *durfen/dürfen*
Konj. Sg. *durfe/dürfe*
Inf. *(be)durfen/(be)dürfen.* — Part. *bedurfende*
Prät. Ind. *dorfte;* Konj. *dörfte*
Part. Prät. *bedorft bedörft bedurft bedürft bedorfen.*

§ 162 *ich tar* (ahd. *gitar*) wage
Präs. Ind. Sg. 1.3. *tar* 2. *tarst* — Pl. *turren/türren*
Konj. Sg. *turre/türre*
Inf. *turren/türren*
Prät. Ind. *torste;* Konj. *törste.*

Der Wechsel *rs — rr* ist gramm. Wechsel (*s — r*, § 57)
tars-t tors-te — turren; tar (< **tarr*), got. *gadars*, ist erst im Ahd.

an den Pl. ahd. *giturrum* (got. *gadaúrsum* spr. *gadorsum* < germ.
*gaðurzum) angeglichen worden.

§ 163 IV. Ablautreihe: *ich sol* (ahd. *scal*) soll, muß
Präs. Ind. Sg. 1.3. *sol* 2. *solt* — Pl. *suln/süln*
Konj. Sg. *sul/sül*, Pl. *suln/süln*
Inf. *suln/süln*
Prät. Ind. *solte solde*; Konj. *solte solde/sölte sölde*.

Zu *lt, ld* vgl. § 76. — Präs. Plur. *u* nach der III. Ablautreihe.

l wird seit Ende des 13. Jhs. oft verdoppelt: Pl. Ind. *sullen süllen*, Konj.
sulle sülle, Pl. *sullen süllen*. Im Spätalem. wird der Pl. Präs. *süln* zu *sün*, *sülnt*
zu *sünt* zusammengezogen (vgl. §§ 150, 166, 172).

Der Anlaut war urspr. *sk*, der Wurzelvokal im Sg. Präs. Ind. *a*: got. ahd.
skal; *sk* hat sich als *sch* in bair. *schol*, thür.-obersächs. *schal* erhalten, *a*
in md. *sal* (thür.-obersächs. *schal*). — *sk* > *sch*: vgl. § 78. — Das Schwinden
des *k* und das Auftreten von *o* statt *a* infolge unbetonter Stellung.

§ 164 V. (?) Ablautreihe: *ich mac* (ahd. *mag*) kann (ver)mag
Präs. Ind. Sg. 1.3. *mac* 2. *maht* — Pl. *magen/megen, mugen/mügen*
Konj. Sg. *mege, müge* — Inf. *mugen/mügen* — Part. *megende/
mugende*
Prät. Ind. *mahte, mohte*; Konj. *mahte/mähte, mohte/möhte*.

Die Formen mit *u* und Brechungs-*o* sind häufiger; die mit
a und Umlauts-*e* sind zwar im Ahd. am frühesten belegt, sind
aber im Mhd., neben den *u*- *o*-Formen, fast nur obd. gebräuchlich.
— Zu *ht* vgl. § 58. Der Vokal des Präs. Plur. stimmt nicht
zur V. Ablautreihe (*u* ist wieder Angleichung an die III. Ablaut-
reihe; *a* Ausgleich nach dem Sing.?).

§ 165 VI. Ablautreihe: mhd. (ahd.) *ich muoʒ* muß, darf
Präs. Ind. Sg 1.3. *muoʒ* 2. *muost* — Pl. *müeʒen*
Konj. Sg. *müeʒe*
Prät. Ind. *muose/muoste*; Konj. *müese/müeste, muose/muoste*.

muose ist wie *wisse wësse* die ältere, lautgerechte Form (§ 58;
vgl. ferner §§ 14, 48).

§ 166 II. Das Verb „wollen"
Ursprünglich ist dieses Verb wie im Got. kein Ind., son-
dern ein Konj. (Optativ), der indikativ. Bedeutung hatte (got.
Optativ *wiljau* ich will). Ein Konj. wurde neu gebildet. Das **Prät.**
hat die Bildungsweise eines schwachen Verbs.

Präs. Ind. Sg. 1.3. wil   2. wil wilt

Pl. { 1.   wellen   2. wellet   3. wellen(t)
        wollen   wollet   wollen(t)

Konj. Sg. 1. *welle wolle* — Inf. *wellen wollen*
Prät. Ind. *wolte wolde*; Konj. *wolte wolde, wölte wölde.*

Nur der Sg. Präs. Ind. hat den alten Optativstamm *wel-*
bewahrt (lat. *velim velīs velit* — ahd. *wil wil wil;* das stamm-
hafte *i* in *wil* ist nach § 6 α 1 aus ideur. *e* entstanden), die übri-
gen Formen des Präs. gehören zu einem schwachen Verb *wa l-jan
(das *e* ist also Umlauts-*e* und darum ein geschlossenes), von
dem auch mhd. *wel(l)en weln* wählen kommt.

Die Formen mit *e* (später auch *ö*, § 25), *welten (wöllen)*
usw., sind obd., die mit *o, wollen* usw., md., doch seit dem 14. Jh.
auch in obd. schriftlichen Quellen.

Im Spätalem. wird der Pl. Präs. *wellent* zu *went* zusammengezogen, vgl.
§§ 150, 163, 172. Im Al. schwindet in der 2. P. Sg. Ind. Präs. oft *l: wit < wilt*.

Im Ripuar. hat sich ein regelmäßig flekt. schwaches Verb *willen* ausge-
bildet: Präs. Ind. Sg. *wille willes willet*, Pl. *willen*, Konj. *wille*, Prät. *wilde*
(selten).

II. Reste der indoeuropäischen
Verben auf -*mi*

§ 167 *bin, tuon, gân, stân*

Während bei den meisten Verben die Flexionsendungen im
Präs. an eine zwei- oder (seltener) dreisilbige Basis antreten,
z. B. ahd. *gibı-t, habê-mês* (dreisilbig: *zwîvalô-mês* wir zweifeln), fügen
sie sich bei den Verben *bin, tuon, gân, stân* unmittelbar an eine einsil-
bige Wurzel: *ıs-t, tuo-t, gá-mês* wir gehen, *stâ-n* stehen. Damit ent-
sprechen diese Verben den griech. Verben auf -μι (-*mi*). Die mit
zweisilbiger Basis dagegen sind denjenigen auf -ω (*ō*), lat. -*o* zur
Seite zu stellen, z. B. griech. φέρο-μεν *(féromen)*, lat. *feri-mus*,
ahd. *gëba-mês;* sie zeigen den sog. Thema- oder Bindevokal, ahd.
i oder *a*, mhd. *e* (vgl. ahd. *bind-i-t*, mhd. *bind-e-t*) und werden
darum thematische oder bindevokalische Verben genannt. Die
athematischen oder bindevokallosen *mi*-Verben haben auch noch
das diesen eigene Zeichen bewahrt, nämlich das -*m* (ahd. seit
dem 9. Jh. -*n*) in der 1. Pers. Sg. Präs. Ind.: ahd. *ich bi-m, tuo-m*,

gâ-m, stâ-m; vgl. griech. εἰ-μί *(eimí)* <*es-mí* bin, τί-ϑη-μι *(títhēmi)*
ich setze, lat. *-m* in *su-m, inqua-m.* Dasselbe *-m (n)* haben außer diesen
vier Verben nur noch die der ahd. II. und III. schwachen Kl.
(§ 155 f.): ahd. *salbô-m* ich salbe, *habê-m* > mhd. *hân* ich habe;
mhd. *lân* lasse ist nach *hân* gebildet (§ 171; vgl. *ich salben* § 156,
ich gëben § 150). — Im Nhd. hat sich die alte *mi*-Form nur noch
in *ich bin* erhalten.

§ 168 Das Verb *sîn*

bildet seine Formen aus drei Wurzeln. Es gehören
1) die mit *b* anlautenden (1., 2. Pers. Sg. und 1., 2. Pers. Pl.
Präs. Ind., 2. Pers. Imper. *bis*) zur ideur. Wurzel *bhŭ-/bheu̯* (griech.
φύ-ω *[fýō]* erzeuge, lat. *fu-i, fu-turus*), gekreuzt mit der
Wurzel *es-,*
2) die mit Vokal (3. Sg. *ist*) und mit *s* anlautenden (3. Pers.
Pl. Präs. Ind. *sint,* der Konj. *sî* usw.) zur Wurzel *es-,* schwund-
stufig *s-* (griech. εἰ-μί *[eimí]* < **esmí* bin, lat. *s-um, s-unt, s-īm*).
3) die mit *w* anlautenden (Imper., Inf., Part. und Prät.)
vom starken Verb der V. Kl. *wise/wësen — was — wâren — gewësen*
(§ 141).

Präsens

		Indikativ		Konjunktiv	
Sg.	1.	bin		sî (sîe)	wëse
	2.	bist	(md. *bis*)	sîst (sîest)	wësest
	3.	ist	(md. *is*)	sî (sîe)	wëse
Pl.	1.	birn	sîn sint	sîn (sîen)	wësen
	2.	birt	sît	sît (sîet)	wëset
	3.	sint	(md. *sîn*)	sîn (sîen)	wësen

Imper. Sg. 2. Pers. *bis, wis* (von *wësen*), Pl. 2. Pers. *sît, wëset*
Inf. *sîn, wësen* — Part. *sînde, wësende.*

Präteritum

Ind. *was;* Konj. *wære* — Part. *gewësen (gewëst), gesîn.*

Die 1. und 2. Pers. Pl. Präs. Ind. *birn birt* sind die aus
dem Ahd. überkommenen Formen (ahd. *birum birut*); sie begeg-
nen im 12. und 13. Jh. noch im Bayerisch-Österr. — Neben-
formen ohne *r (bin bint)* sind alem. und seltener.

Die 3. Pers. Pl. Präs. Ind. *sint* dringt auch in die 1. Pl. (*wir sint* alem. und md.) und in die 2. Pl. (*ir sint*, vor allem alem.) ein. Für die 3. Pers. Pl. Ind. tritt md. auch die 3. Pl. Konj. ein *(sie sîn)*, vgl. § 150.

Der Konj. Präs. *sî sîs sî* usw. nimmt, besonders obd., auch die Endungen mit *e* der starken und schwachen Verben an: *sie sîest* usw. (alem. *sîge sîgest* usw.; vgl. schwache II. und III. Kl. § 156), *tüeje* § 169; dazu § 68.

Im Part. Prät. gilt *gewësen* ziemlich allgemein; *gesîn* (seit dem 12. Jh.) ist alem., z. T. auch md.; die seit dem 13. Jh. nach der schwachen Konjug. gebildete Form *gewëst* vor allem ofr. und omd.

§ 169   Das Verb *tuon*

Präsens

		Indikativ		Konjunktiv	
Sg.	1.	tuon	(tuo)	tuo	(alem. *tüeje*)
	2.	tuost	(mfr. *deis[t]*)	tuost	(alem. *tüejest*)
	3.	tuot	(mfr. *deit*)	tuo	(alem. *tüeje*)
Pl.	1.	tuon		tuon	(alem. *tüejen*)
	2.	tuot		tuot	(alem. *tüejet*)
	3.	tuont		tuon	(alem. *tüejen*)

Imper. Sg. 2. Pers. *tuo*, Pl. 1. Pers. *tuon* 2. Pers. *tuot*
Inf. *tuon* — Part. Präs. *tuonde*.

Präteritum

		Indikativ			Konjunktiv		
Sg.	1.3.	tët(e) tet(e)	Pl.	1.3. tâten	Sg. 1.3.	tæte	Pl. 1.3. tæten
	2.	tæte		2. tâtet	2.	tætest	tætet

Part. Prät. *getân*

In der Form *tuo* der 1. Pers. Sg. Präs. hat die Angleichung an die starken und schwachen Verben eingesetzt.

Im Alem. dringt die 3. Pers. Pl. Präs. Ind. *tuont* auch in die 1. und 2. Pers. ein: *wir tuont, ir tuont* (wie bei den starken und schwachen Verben §§ 150, 156).

Die alem. Formen des Konj. Präs. (*tüeje*, auch *tüege* usw.) erklären sich durch Angleichung an solche der II. und III. schwachen Kl. (§ 156); vgl. auch *sîge* (§ 168).

Die mfr. Formen der 2. 3. Sg. Präs. Ind. sind eine Angleichung an die starke und schwache Konjug.

Im Prät. *tëte* (ahd. *tëta*) ist *të-* urspr. Reduplikationssilbe, Stamm und Flexionsendung aber sind zu *-te* geschwächt.

Im Plur. Ind. Prät. werden auch die konjunktiv. Formen *tæten tætet tæten* gebraucht statt *tâten tâtet tâten*. Nach dem Sg. *tëte* wurden auch Pluralformen *tëten tëtet tëten* gebildet; sie wurden auch in den Konj. übertragen: Konj. *ich tëte* wie Ind., statt *ich tæte*.

Die 2. Pers. Sg. Prät. Ind. lautet md. statt *tæte* auch *tâtes*, nach der schwachen Konj.

§ 170 Die Verben *gân* und *stân*

Im Ahd. gab es ein vollständiges starkes Verb *gangan* nach der reduplizierenden Konjug.: *gangan giang giangum gigangan*, daneben das Wurzelpräsens *gân/gên;* ebenso ein vollständiges starkes Verb *stantan* nach der VI. Ablautreihe: *stantan stuont stuontum qistantan*, daneben ein Wurzelpräsens *stân/stên*.

Im Mhd. sind die beiden starken Verben nur noch teilweise erhalten; vor allem wird das Prät. von ihnen gebildet.

1) *gân:* Präsens

		Indikativ		Konjunktiv		
Sg.	1.	gân	gên		gê	(gâ) (alem. *gange*)
	2.	gâst	gêst (mfr. *geis*[*t*])		gêst	(gâst) (alem. *gangest*)
	3.	gât	gêt (mfr. *geit*)		gê	(gâ) (alem. *gange*)
Pl.	1.	gân	gên		gên	(gân) (alem. *gangen*)
	2.	gât	gêt		gêt	(gât) (alem. *ganget*)
	3.	gânt	gênt		gên	(gân) (alem. *gangen*)

Imper. *ganc (genc ginc), gâ/gê* — Inf. *gân/gên* — Part. *gânde/gênde*

Präteritum

Indikativ

Sg.	1.3.	gienc, gie	Pl.	1.3.	giengen
	2.	gienge		2.	gienget

Konjunktiv

Sg.	1.3.	gienge	Pl.	1.3.	giengen
	2.	giengest		2.	gienget

Part. Prät. *(ge)gangen, gegân.*

Bei den Kurzformen ist *â* bes. alem., mfr. und nd., *ê* bair.
und oft auch md.; im Konj. sind die mit *ê* allgemein üblicher-
Die mhd. Dichter verwenden aber auch die ihrer Landschaft frem.
den Formen mit *â* bzw. *ê* als bequeme Reimwörter.

Die mfr. Formen der 2. 3. Sg. Präs. Ind. sind, wie die Entsprechungen bei
tuon (§ 169) und *stân* (s. u.) Neubildungen in der Art der st. und sw. Konjugation.
Heute herrschen die Entsprechungen von *gân* im Alem., Mfr. und Nd.

Die Langformen *gange* usw. (und ebenso *stande* usw., s. u.) des Präs
Konj. sind besonders alem. im Gebrauch.

Das obd. vorwiegende Prät. *gie* ist eine mhd. Neubildung
zu der Kurzform *gân* (vgl §§ 144, 171).

2) *stân*:   Präsens

                  Indikativ   Konjunktiv

Sg. 1.   stân stên   stê   stâ   (alem. *stande*)
    2.   stâst stêst (mfr. *steis[t]*)   stêst stâst (alem. *standest*)
    3.   stât   stêt   (mfr. *steit*)   stê   stâ   (alem. *stande*)

Pl. 1.   stân stên   stên stân   (alem. *standen*)
    2.   stât   stêt   stêt stât   (alem. *standet*))
    3.   stânt stênt   stên stân   (alem. *standen*)

Imper. stant, stâ stê. — Inf. stân stên. — Part. **stânde** stênde

                         Präteritum
                         Indikativ

Sg. 1.3. stuont   Pl. 1.3. stuonden
    2.   stüende   2.   stuondet

                         Konjunktiv

Sg. 1.3. stüende   Pl. 1.3. stüenden
    2.   stüendest   2.   stüendet

Part. Prät. gestanden gestân.

Zu der Verteilung von *â — ê* bei *stân — stên*, zu mfr. *steis(t)*
steit und zu der Langform *stande* vgl. die entsprechenden Bemer-
kungen bei *gân — gên, geis(t) geit, gange* (s. o.). — Im Prät. tritt
noch gelegentlich die ältere Form *stuot* auf (ohne das urspr. dem
Präsens eigene *n-* Infix, vgl. got *stôþ*).

IV. Mhd. kontrahierte Verben

§ 171 *hân (haben)*, *lân (lâʒen)* usw.

Beide Verben zeigen im Mhd., neben Vollformen, infolge unbetonter Stellung im Satz kontrahierte Formen, die von den Formen der *mi*-Verben *gân stân* (§ 170) beeinflußt sind.

1) *hân (haben)*. In der Vollbedeutung „halten" hat das Verb *haben* (ahd. *habên*) die Vollformen meist bewahrt: *haben*, Prät. *habete*, Part. Prät. *gehabet*. Als Hilfszeitwort hat es jedoch meist kontrahierte Formen:

Präsens

Indikativ			Konjunktiv	
Sg. 1. hân	Pl. 1. hân	Sg. 1. habe (hâ)	Pl. 1. haben (hân)
2. hâst	2. hât	2. habest (hâst)	2. habet (hât)
3. hât	3. hânt	3. habe (hâ)	3. haben (hân)

Inf. hân

Präteritum

Indikativ

1.3. Pers. Sg. hâte hate hatte hæte hête hëte hete hiete

Konjunktiv

1.3. Pers. Sg. hæte hette hête hete hiete
Part. Prät. gehabet (gehebet, gehât gehat)

Die kontrahierten Formen des Konj. Präs. (*hâ*, *hâst* usw.) sind selten; im Alem. begegnet *heige* < *hebege* = *hebeje* (vgl. II. und III. schwache Kl. § 156, *tüeje* § 169, *sîge* § 168).

Die zahlreichen Formen des Ind. Prät. sind vor allem Kontraktionen von ahd. *habêta hebita; hëte hete* sind Analogieformen zu *tëte tete*, *hiete* (nach Analogie der VII. Kl.) ist bayer.-österr.

Neben 2. Pers. Sg. Ind. Prät. *hâtest* ist *hæte* nicht selten gebildet nach Analogie der starken Verben (vgl. *bræhte*, § 154).

2) *lân (lâʒen)* Auch von diesem Verb kommen, neben den Vollformen, nach dem Muster von *hân* kontrahierte Formen vor:

Präs. Ind. Sg. 1. *lân*, 2. *lâst læst*, 3. *lât læt* — Pl. 1. *lân*
2. *lât*, 3. *lânt*

Konj. (selten) Sg. 2. *lâst* 3. *lâ*, Pl. 1. *lân* 2. *lât* 3. *lân*

Imper. Sg. 2. *lâ* Pl. 2. *lât* — Inf. *lân* — Part. Prät. *(ge)lân*.

Zu der Kurzform *lân* wurde ein Prät. *lie* gebildet, vgl. *gie*
zu *gân*, *vie* zu *vân* (< *vâhen* fangen), *hie* zu *hân* (< *hâhen* hangen), §§ 170, 144.

Auch andere Verben zeigen kontrahierte Formen. Dazu gehören:

3. **Verben mit inlautendem** *b d g*:

 a) ahd. *-ibi-, -idi-, -igi-* kontrahiert > mhd. *î*,

 vgl. mhd. *gîst gît* zu *gëben*, *quît* zu *quëden* sprechen *daʒ
 quît (das heißt)*, *lîst lît* zu *ligen* liegen, *pflîst pflît* zu *pflëgen*;

 b) ahd. *-ebi-, -edi-, -egi-* > mhd. *ei* [2],

 vgl. mhd. *leist leit leite geleit* zu *legen*, ebenso *seist* usw.
 zu *sagen*, *treist* usw. zu *tragen*, z. T. auch *reit reite gereit*
 zu *reden* (§§ 41, 83);

 c) im Bair. auch mhd. *-age-* > *ei*, vgl. *kleist kleit kleite gekleit* zu *klagen*
 usw. (§ 83);

4. **Verben mit inlautendem** *h*, vgl. *hân* < *hâhen*, *vân* < *vâhen*
 (§ 144), *slân* < *slahen* (§ 142), *geschên* < *geschëhen*, *sên* < *sëhen*
 (besonders md., vgl. § 86).

 Dazu kommen im Spätalem. Formen wie *gënt* für *gëbent* sie geben, *sünt*
 für *sülnt* sie sollen, *went* für *wellent* sie wollen (§§ 150, 163, 166).

§ 172 Synchronische Darstellung der Konjugation.   Überblick.

1. starke Gruppe: 1. Pers. Sg. Präs. auf *-e/Ø*, Inf. auf *-n:* Vokalwechsel „Ablaut" Kl. I a bis VII b (§§ 137 ff.)

2. starke Gruppe: 1. Pers. Sg. Präs. und Inf. auf *-n;* *mi*-Verben, kontrahierte Verben (§ 157 ff.)

Schwache Gruppe: Prät. auf *-(e)te* (§ 152 f.)

1. gemischte Gruppe: Opposition umgelauteter — nicht umgelauteter Stammvokal („Rückumlaut") (§ 154)

2. gemischte Gruppe: Vokalwechsel „Ablaut" + *(e)te* („Präterito-Präsentien" ; §§ 157 ff.)

3. gemischte Gruppe: *(wollen, tuon, hân)* (§ 166).

 Vgl. N. R. Wolf, Zur mhd. Verbform in synchroner Sicht, in: German
Quarterly XLIV, 1971, S. 153 ff.

Dritter Abschnitt

Abriß der Satzlehre

I. Zur Wortstellung

§ 173 Für die nichtverbalen Satzglieder nach dem finiten Verb und im eingeleiteten Gliedsatz gilt wie im Nhd. das Prinzip, daß das Glied mit dem höheren Mitteilungswert später steht als das weniger wichtige.

Neben diesen inhaltlichen Gesichtspunkt tritt als formaler die Regel der wachsenden Glieder (Behaghel): von zwei Satzgliedern geht das kürzere, soweit möglich, voraus: *mâge und mîne man, Waten dës alten, die tugende disem glîch, dô het ër gemachet von bluomen eine bettestat.*

Vgl. weiter für die Verbstellung im Gliedsatz: *wie ër die ze friunt gewan*; und: *wie ein scœniu meit wære in Burgonden ze wunsche wol getân*; für die Stellung des Subjekts im Gliedsatz: *dâ diu herzoginne al eine saȝ*; und: *daȝ dâ komen wæren ritter vil gemeit.*

Andererseits beeinflußt wohl auch das Tongewicht die Stellung. So steht oft in der Gruppe aus finit. Verb und Inf. dieser nach, wenn ein betontes Satzglied vorausgeht: *daȝ du kein dinc ûf solt schieben;* aber er steht meist vor, wenn ein unbetontes Satzglied vorausgeht: *daȝ er predigen wil.*

Die größere Tonstärke gegen Ende des Satzes scheint auch ausschlaggebend zu sein für die Trennung adverbialer Gruppen: *hie vâhet man den bëren mite.*

Die emotionale Herausstellung besteht darin, daß ein Begriff vor den zugehörigen Satz gestellt und innerhalb dieses Satzes wieder aufgenommen wird, und zwar durch das Pron. *dër diu daȝ: Dancwart dër was marschalc; rüemære unde lügenære, swâ die sîn, dën verbiute ich mînen sanc;* oder auch durch das Pron. *ër si(u) ëȝ: Tristan dër ellende knabe sînen mantel zôch ër abe;* oder durch ein Adverb: *Arofels ors, hieȝ Volatîn, dâ ûf saȝ er alzehant;*

zuweilen schließlich durch ein Subst.: *Hetele unde Herwîc vür ir beider man die guoten ritter sprungen.*

Es versteht sich, daß die genannten Regeln bei der Anwendung einander oft entgegenstehen. Auch stilistische Absichten können sie aufheben. Deshalb spricht man besser nicht von „Gesetzen".

Während die Wortstellung der Prosa sonst nur wenig von der des Nhd. abweicht, ist die der Dichtung in gebundener Rede viel freier. Hier wird oft auf Metrum und Reim Rücksicht genommen und nicht selten ältere Art beibehalten. Im Heldenepos herrscht dabei noch besondere Formelhaftigkeit.

Vgl. etwa: *ëʒ lêch mîn vater Hagene hundert unde drî sînem vater bürge.* Weiter findet sich, wie auch nhd. in gebundener Rede, ungewöhnliche (archaische) Endstellung des Verbs: *dar nâch ër eine zuht begienc*; und sonst nicht (mehr) gebräuchliche Stellung der Attribute: *dër künec guot; den vetern dîn* (vgl. Hildebrandslied 24 *vateres mînes*); *swërt diu scharpfen; rein ein nam; liebiu mîn frou; daʒ Etzelen wîp; dër ir vriunt; dër wërlde ein wunne; von Tenen Hôrant.*

II. Zu den Wortarten

§ 174   Substantivierungen

Wie im Nhd. kann jedes Adj., das sowohl attributiv als auch prädikativ gebraucht wird (§ 175,1), substantiviert werden: *dër wîse, die wîsen, ein tumber, mîn tumber und mîn wîser,* Pl. *die wîsen, wîse unde tumbe.* Abweichend vom heutigen Gebrauch sind manche Substantivierungen schwach flektiert: *ein tôte,* Pl. *tôten* (so noch zuweilen bis ins 18. Jh.). Von einigen Adj. wird auch die starke endungslose Form des Nom. Akk. Sg. N. substantiviert: *(daʒ) guot, leit, liep* Angenehmes, *rëht, übel, wâr, ein;* die Flexion ist dann die eines gewöhnlichen Substantivs.

Hierher gehören auch die Mengen- und Maßangaben (§ 175,4).

§ 175   Adjektive
1) Attributiver und prädikativer Gebrauch

gilt wie im Nhd. für die meisten Adj. So gut wie nur präd. stehen mhd. *barvuoʒ, barhoubet, einvar, gar, gehaʒ* feind, *gewar, schîn* sichtbar offenbar, *vrô;* sie haben dann stets die starke endungslose Form (s. u. 2, d).

Für diejenigen von ihnen, die im Nhd. eine lautliche Fortsetzung gefunden haben, gilt mit Ausnahme von „froh" heute allgemein dasselbe; „gar" wird nur selten attributiv gebraucht.

2) Die Anwendung der Flexionsarten

stimmt in großen Zügen mit dem Nhd. überein, ist jedoch in Einzelheiten im Mhd. freier als in der heutigen Hochsprache.

a) Das attributive Adj. flektiert im allgemeinen **schwach**, wenn es nach einem stark deklinierten Wort steht: *eines* (oder *mînes*) *lieben sunes, aller guoten ritter*, im besonderen nach dem best. Artikel: *dër guote man*, dem Dem.-Pron.: *disiu edele frouwe*, und dem Pl. des Pers.-Pron.: *wir armen kinder*.

Oft findet sich nach *al* die starke Form: *allem irdischem künne*, selten steht sie nach dem best. Artikel: *dër gewisser trôst*, häufiger nach dem Dem.-Pron.: *disiu edeliu frouwe*.

b) Das attributive Adj. flektiert in der Regel **stark**, wenn es allein steht: *guoter man*, ebenso mit endungslosem unbest. Artikel oder Pron.: *ein* (oder *mîn*) *lieber sun, manec guoter ritter*, und nach dem Sg. des Pers.-Pron.: *ich tumber mensche*.

Es erscheint auch die schwache Form; alleinstehend als Superlativ: *dës küneges næhsten mâge;* weniger oft in den übrigen Fällen: *dîn êlîche wîp ich arme mensche*.

Beim **Vokativ** steht im Sg. meist das starke (*lieber sun*), älter auch das schwache Adj. (*liebe sun;* vgl. Wessobrunner Gebet 10: *cot almahtico*), im Pl. meist das schwache (*zieren helde*), selten auch das starke Adj. (*guote liute*).

c) Attributiv kann im Nom. Sg. und im Nom. Akk. Sg. N. auch die **endungslose** (substantiv. starke) Form vor dem Subst. stehen: *ein junc man, ein guot frouwe, ein schœne wîp.*

Vgl. nhd. Edelmann, Jungfrau, Jungmann, ein ander Mal. Vereinzelt findet sich diese Form auch nach dem best. Artikel: *diu ungeloubic diet.*

Von *ein, dehein, kein* und dem Poss.-Pron. wird der Nom. Sg. und der Akk. Sg. N. attributiv nur in der endungslosen Form verwendet: *ein man, kein wîp, mîn frouwe*. Die endungslose Form *al* kann vor dem best. Artikel und dem Poss.-Pron. stehen: *al diu wërlt, al dër wërlt wære tiure, al mîn êre*. Bei nachgestelltem attrib. Adj. steht im allgemeinen die endungslose Form ohne Unterschied von Kasus, Numerus, Genus: *ein ritter gemeit, dën dëgen guot, ûʒ die heide breit.*

Vgl. Goethe: „Blümlein wunderschön". — In dieser Stellung erscheint (bes. in der Dichtung) auch die flektierte Form: *hërre guoter* (Anrede), *an einen anger langen, ein wolken trüebeʒ;* auch da sehr selten beim best. Artikel: *dër knappe guoter*, zuweilen (bes. md.) sogar in der schwachen Form: *dër ritteɿ wèrde.* — In der Prosa findet sich das nachgestellte Adj. in mhd. Zeit nur noch sehr selten (vgl. § 173).

d) Dem **prädikativen** Adj. kommt in der Regel im Sg. und Pl. die **endungslose** (subst. starke, nominale) Form zu: *dër man ist guot.* Doch findet sich wie ahd. noch die pronom. starke Form: *dër man ist guoter;* ebenso auch beim prädikativen Attribut: *ër kam gesunder* (als ein Gesunder) *an daz lant, si kom müediu zim* (zu ihm), auch im Akk.: *ich sach in tôten* ich sah ihn tot.

Als „prädikatives Attribut" oder „Halbprädikativum" bezeichnet man ein Adj., das sowohl zum Prädikat gehört (Stellung!), indem es einen Zustand des Subjekts bezeichnet, aber zugleich auch durch die Flexion als Attribut auf das Subjekt bezogen wird. Während im Nhd. hier ausschließlich die endungslose Form steht, ist mhd. die pron. starke Form noch recht häufig.

3) Kongruenz

a) Bezieht sich ein Adj. oder Pron. auf mehrere Wörter verschiedenen Geschlechts, so steht es meist im Pl. N.: *diu zwei jungen* (Ritter und Jungfrau) *senten sich . . . ; sî beidiu . . .*

Dasselbe scheint auch beim Bezug auf Abstrakta zu gelten: *dër wise minnet niht sô sêre alsam die gotes hulde una ère: sîn sëlbes lîp, wîp unde kint, diu lât ër, ê ër disiu zwei verliese.* Das Neutr. erscheint auch im Sg. zur Bezeichnung eines Menschen, der nicht näher bestimmt ist: *hâst du mêr dan ein anderz* (ein anderer oder eine andere). Auffällig sind die seltenen Fälle, in denen sich das attrib. Adj. nach dem natürlichen Geschlecht richtet: *ein offeniu süeziu wirtes wîp* (vgl. auch § 179,4).

Die Kasuskongruenz ist manchmal unbeachtet bei Titel in Verbindung mit dem PN: *dës künec Artûses.*

b) Von zwei durch *und* verbundenen Adj. ist zuweilen nur das letzte flektiert: *liep unde leidiu mære.*

4) Mengen- und Maßangaben

a) Die Bezeichnungen für „viel, wenig(er)" sind substantivierte Neutra (Nom. Akk. Sg., vgl. § 174): *vil* (ahd. *filu;* das Adj. ist früh verlorengegangen), *wênic* und gleichbedeutendes *lützel* (beide als Adj. mit der Bedeutung „klein"), *minner* oder *minre* (weniger; als Adj. „kleiner"). Sie stehen daher mit dem partitiven Gen.: *vil dër êren, vil ritter* (Gen. Pl.), *dër genâden vil, lützel leides;* oder unflektiert vor dem Kasus des Subst.: *vor vil liuten, mit wênic liuten. genuoc* wird als Adj. gebraucht *(genuoge liute)* oder als subst. Neutr.: *genuoc der liute, ës* (Gen.!) *ist genuoc.*

Erst ab spätmhd. Zeit wird *vil,* zunächst noch selten, flektiert. Auch das Part. *ungezalt* erscheint substantiv. mit part. Gen.: *volkes ungezalt.*

b) Maßangaben wie *breit, lanc, grôჳ* werden ebenfalls substantiv. mit abhängigem Gen. gebraucht: *halbes vingers lanc;* auch: *drîer jâre alt* (§ 179,2,c).

§ 176   Zahlwörter

a) Die Zahlen von 1 bis 20 können entweder adjektiv. im gleichen Kasus wie das dazugehörige Subst. oder aber substantiv. mit dem partit. Gen. gebraucht werden; im letzteren Fall steht bei dem Subst. der best. Artikel, ein Dem.-Pron. oder Poss.-Pron. oder ein Adj., vgl. *drîe tage, die drîe namen;* oder aber: *dër namen drî(e), sîner süne zwêne* seine zwei Söhne.

b) Die Zahlen *zweinzec, drîჳec* usw., *hundert, tûsent* sind urspr. Substantive, werden aber meist als endungslose Adj. mit oder ohne partit. Gen. verwendet: *mit tûsent sînen mannen, dër besten recken tûsent.*

§ 177   Artikel
1) Der bestimmte Artikel

kann im Mhd. stehen in der Anrede: *Hagene, daჳ Aldriânes kint,* vor dem Poss.-Pron.: *die sîne man,* und bei Gattungsbezeichnungen oder Titeln vor dem PN: *dër künec Etzel.* Nach einem Pron. hat man noch demonstrative Kraft des best. Art. vermutet: *dehein daჳ quot; ein dër man; welch dër tiufel.* Beim Superlativ trifft das wohl nicht zu: *ein daჳ beste wort* (attrib. Stellung statt Gen. partit.).

Als Ersatz für ein zu wiederholendes Pron. steht der best. Art. in Fällen wie: *unser riuwe und diu clage.* Als Ersatz für den best. Art. scheint zuweilen das Pers.-Pron. zu stehen: *si reine und ër vil guoter.*

2) Der unbestimmte Artikel

steht abweichend vom Nhd. oft bei Stoffbezeichnungen: *an ein gras sitzen;* bei Vergleichen: *lûter sam ein îs;* in der Anrede beim Vokativ: *genâde, ein küneginne* (auszeichnendes „ein". § 127; vgl. nhd. „eine Hohe Fakultät"); beim Plur. (mit singularischer Bedeutung): *z'einen stunden, z'einen phingesten, in einen zîten* (§ 130); beim substantivierten Inf.: *ein trûren, ein stërben;* bei Angabe des Berufs oder Standes: *daჳ ër ein mûrære wære;* bei Nennung von dem Leser schon bekannten Personen (nhd. „der"): *Volker, ein edel spileman*, und bei einem Subst., das durch einen Rel.-Satz bestimmt wird: *eine* (nhd. „die") *maget, die ër im gewinnen hiez.*

3) Der Artikel kann fehlen

vor allem in Verbindung mit Präp.: *ze hove, bî hâre, von himele*; bei hinreichend bekannten und bei einzigartigen Begriffen: *sie tragent schilt enhant; gotheit sich schamen muoz*; bei Subst., die eine Gattung vertreten: *mêre denne ie kint manne enbot*; bei alleinstehenden PNN auch im Gen. und Dat. von Fem.: *dër swëher Kriemhilde* (Gen.!); vor einem Subst., von dem ein nachgestellter Gen. abhängt: *hort dër Nibelunge*, oder dem ein erweiternder Rel.-Satz folgt: *sî sâhen kampf dër vor in was*; in kurzen Frage- oder Heischesätzen: *tuo her schilt!* und wenn eine beliebige Person gemeint ist (nhd. „ein"): *nie gast zuo wirte kom geriten; nie keiser wart sô rîche.*

Auf diese Weise ist *man* „irgendein beliebiger Mensch" zum indef. Pron. geworden; vgl. für den Übergang: *dës obezes mohte man ëzzen swie vil oder swaz ër(!) wolde*, und noch im 16. Jh.: wann man ein Ding recht lernt und kann, so mag er(!) sich wohl rühmen des.

§ 178   Pronomina
1) Das Personalpronomen

ër steht vor einem Rel.-Satz, wo nhd. „der(jenige)" gesetzt wird *ër missetuot dër daz seit. ëz* steht für ein unbestimmtes Objekt in Wendung wie *ëz heben* den Anfang machen, *ëz rûmen* sich entfernen usw.

Vgl. nhd. „es treiben". Der im Nhd. aus Deutlichkeitsgründen stilistisch verpönte Wechsel der Beziehung beim Pron. der 3. Pers. ist mhd. sehr gewöhnlich: *sin meister güetliche in emphie, weinende ër in umbevie, ër kuste in vræliche und ër in.*

Über den Ersatz von *ës* durch *sin* s. § 119.

Während im Ahd. noch meist *du* die allgemeine Anrede war, gilt mhd. gegen Höhere und unter Höheren das vornehmere *ir* mit der 2. Pers. Pl. (ihrzen), gegen Niedere das jetzt unterordnende *du* (duzen). Daneben richten sich die beiden Anredeformen auch nach der Nähe und Ferne der gegenseitigen Beziehungen: Verwandte, Freunde geben sich *du*, Fernerstehende *ir*. Auch erscheint, bes. im Heldenepos, ein Mischstil, in dem *du* und *ir* rasch wechseln.

Der Pl. für die 1. Pers. (pluralis modestiae, majestatis, Autorenplural) erscheint erst in spätmhd. Zeit. Noch jünger ist das urspr. achtungsvolle „Er" und „Sie" 3. Sg. (17. Jh.), das bald dem heute noch gültigen „Sie" 3. Pl. wich und selbst zur herablassenden Anrede wurde.

2) Das Possessivpronomen

wird in der subst. Form (§ 120) seit spätahd. Zeit zuweilen schon schwach flektiert: *der mîne* usw.

Mit *mîn hër(re)*, *mîn frou(we)* vgl. frz. monsieur, madame, ndl. Mijnher.

3) Das Interrogativpronomen

im Dat. Sg. N. (*wëm(e)*, ahd. *(h)wëmu*, § 125) wird schon ahd. selten, mhd. kaum mehr, nhd. gar nicht mehr gebraucht. Nach Präp. tritt dafür der Instr. (*von wiu* usw.) oder der Akk. ein (*von waʒ* usw.).

4) Das Relativpronomen

kann im Unterschied zum Nhd. fehlen, wenn der Rel.-Satz in in der 1. oder 2. Pers. steht: *gesëgent sîstu, hërre, du dâ komen bist.*

Vgl. Tatian: *fater unser thû thâr bist in himile.* — Über die Entstehung der Rel.-Sätze aus Dem.-Sätzen s. § 124.

Ein Pron. oder Adv. fungiert oft zugleich als Demonstrativum im Hauptsatz und als Relativum im Gliedsatz: *sî funden in dâ er lac* (da, wo); *daʒ ist dën ir meinet* (der, den).

Rel.-Sätze können auch bis ins 17. Jh mit *und* eingeleitet werden, bes. bei Bezug auf Adv. oder präpos. Ausdruck, vgl. mhd. *swâ mite unt iemer mohte daʒ Ludewiges wîp.*

§ 179   Verben

1) Aktionsarten

Im Mhd. wird die perfektive Aktionsart, d. h. das Eintreten in einen Zustand (inchoativ) oder die vollendete Tatsache (resultativ), wie noch oft im Nhd. durch die Vorsilbe *ge-*, weiter durch *er-*, *be-*, *ver-*, *ent-* ausgedrückt; vgl. *stân — gestân* sich stellen, *sitzen — gesitzen* sich niedersetzen, *sëhen — gesëhen* erblicken, *ligen — geligen* sich niederlegen, *stërben — erstërben, twingen — betwingen, stëln — verstëln, fâhen — empfâhen* (nhd. etwa: blicken — erblicken, klingen — verklingen usw.). Doch die perfektivierende Kraft bes. des *ge-* verliert sich schon im Mhd., und der Gebrauch der Vorsilbe wird konventionell.

In negativen oder negativ gemeinten Sätzen werden häufig Verben mit *ge-* verwendet: *dâ noch nieman in getrat; wër gesach ie bezzer jâr?* Bei den Hilfsverben *müezen mügen kunnen türren (dürfen suln wellen)* tritt *ge-* oft vor den Inf.: *ich mac ëz wol gebezzern.*

Über *ge-* zum Ausdruck des Plusqpf. s. § 134,2,c.

Die Verben *bringen finden komen trëffen,* meist auch *wërden,* seltener *lâzen,* sind perfektiv. Fast alle übrigen einfachen Verben sind imperfektiv (durativ).

2) Verbalnomina

Der Infinitiv steht mhd. noch oft ohne Präp., bes. nach *pflëgen, beginnen, (ge)ruochen* geruhen, *fürhten, swern, loben* geloben, *gern* begehren, *türren* wagen, *bitten* usw. sowie nach den Verben der Bewegung: *in bat dër wirt nâher gên; dise fuoren sëhen frouwen.* Nach *wizzen* steht heute ein Gliedsatz: *er wiste schaden gewinnen* „daß er Schaden erleiden würde".

Über den substantivierten Inf. — der meist nur von imperfektiven Verben gebildet wird — s. auch § 177,2.

Das Gerundium (§§ 134,5a; 150) kommt im Dat. nur mit Präp. und ohne attrib. Bestimmung vor: *dar an lît dër sêle volkomenheit, an bekantnüsse und an begrîfenne.*

Das Part. Praet. wird im allgemeinen wie ein Adj. prädikativ und attributiv verwendet (§ 175) und hat dann meist passivischen Sinn.

Ausnahmen: *trunken, gewizzen* bekannt verständig, *ungëzzen* nüchtern, *ungeslâfen* ohne geschlafen zu haben, *ungesungen gesworn* vereidigt. Dies sind schon reine Adjektive.

Manche adj. Partizipien gehören zu refl. Verben: *verlegen* entwertet verdorben, zu *sich verligen* sich durch Liegen verderben, *erbolgen* zornig, zu *sich erbëlgen* in Zorn geraten usw.

Als prädikatives Attribut (§ 175, 2, d und Anm.) muß das Part. Praet. oft im Nhd. mit anderer Konstruktion wiedergegeben werden: *daz ist iu êre getân* es ist eine Ehre für euch, wenn ihr das tut.

Über die Umschreibung mt Hilfe der Partizipien zum Ausdruck fehlender Tempora s. § 134.

3) Rektion

a) Der Akk. steht abweichend vom Nhd. bei *klagen* bekla-
gen, *sûmen* auf-, abhalten, *weinen* beweinen, *dienen* verdienen, *zür-
nen* über etw. zürnen, weiter in unpers. Wendungen: *mich genüeget,
vervâhet* nützt, *ahtet* gilt, *wiget (stât) hôhe* oder *ringe* kommt viel
oder wenig worauf an, *mich (mir) hilfet, mich (mir) anet* usw. Der
Akk. des Inhalts steht in Fällen wie *einen vunt vinden* (figura
etymologica, derivatio) usw., aber auch: *ander kür sitzen* eine
Sitzung zu neuer Wahl abhalten, *eine stimme śchrîen* usw. Der
Akk. der räumlichen Erstreckung steht (wie z. T. noch im Nhd.)
bei Verben der Bewegung: *den Rîn varn, waȝȝer unde wëge varn,
sich dën griez* (auf den Sand) *legen, ungeverte* (Unwegsamkeit) *rîten.*
Der Akk. der zeitlichen Erstreckung steht wie im Nhd. (vgl.
einen Tag abwesend sein), aber auch: *ëȝ loufet die lenge niht* es
geht auf die Länge nicht usw. Der Akk. der Erstreckung über
ein Tätigkeitsgebiet findet sich häufig: *einem etewaȝ dienen* einem
in einer Sache dienen; vgl. weiter die jetzt als Adv. empfundenen
vil, mê, genuoc und *alle wëge* durchaus, *manege wîs* auf manche
Weise, *ein teil* zum Teil, *iht* in irgendeiner Hinsicht, *alleȝ* immer-
fort.

b) Der Dat. steht zunächst noch ausschließlich bei: *einem
ruofen, betten, flêhen* (zu), *hœren* (auf); reflexiv: *im (ir, in) fürhten*
(sibi timere); bei sîn: *im ist alsô* es steht so damit; *einem guot
(wol) sprëchen* Gutes von einem sagen.

c) Der Gen. findet im Mhd. eine viel weitere Anwendung
als im Nhd., wo dafür meist Akk., Präpositionen oder Umschrei-
bungen eintreten.

So kann der Gen. stehen zur Bestimmung des Maßes (vgl. § 175,4,b), bes.
beim Komparativ: *dicker eines dûmen.*

Namentlich steht der Gen. bei den meisten Verben, die eine
Hinwendung auf ein Ziel, das Genießen(lassen), das Sprechen oder
das jeweilige Gegenteil bezeichnen; Beispiele: *empfinden, lœsen,
abe gân* von etw. lassen, Dat. d. Pers., *beginnen, biten* (um), *hëlfen*
(zu), *wünschen, jëhen* gestehen zugestehen, Dat. d. Pers , *swîgen* usw.
Dazu kommen *pflëgen, schônen, spiln.* Die beiden Verben *fürhten*
und *gelouben* können neben dem Gen. auch den Akk. regieren.

Bei *sîn* erscheint der Gen. zur Bezeichnung der Zugehörig-
keit und von Eigenschaften: *diu stat was dës küneges* (gehörte),
hôher mâge sîn (hohe Verwandte haben), *ir roc was grüener varwe,*
hôhes muotes sîn.

Die obigen Beispiele sind oft als partit. Gen. aufzufassen, noch deutlicher
etwa in Fällen wie *ich wil im mînes brôtes gëben* (von meinem Brot); die
einst so ausgeprägte partit. Ausdrucksweise ist wie der Gen. als Zielkasus im
Nhd. bis auf Reste verschwunden (z. B. Manns genug, viel Schönes, ich be-
darf, freue mich dessen, Vergißmeinnicht, ich bin es satt, zufrieden); vgl. auch
§ 175,4,a.

Als nicht notwendige Ergänzung des Verbs kann der Gen. den Bereich
der Gültigkeit *(dër was dës lîbes schœne)* und die Ursache angeben *(dës*
wirt noch gelachet; so allgemein: *dës* deshalb, *wës* weshalb), auch bei Inter-
jektionen: *ach mîner schande,* vgl. nhd. „meiner Treu!".

4) Kongruenz

Im allgemeinen war im Mhd. die constructio ad sensum
(Synesis) sehr viel häufiger als heute. Die Kongruenz im Numerus
ist oft nicht beachtet in folgenden Fällen:

a) Zu einem Subst. im Pl. tritt das Verb im Sg., bes. wenn
es vorangeht: *dëm ungelîch was jeniu kleit; dô reit zwên ritter;*
doch auch, wenn es auf Subst. folgt: *driu grôziu fiwer gemachet*
was; hôhe künege nâch grôzem lêhen reit.

b) Bei mehreren Subst. steht das Verb im Sg.: *dô sprach*
ûz einem munde dër sieche und dër gesunde, Dietrîch und Etzel
weinen dô began.

c) Auf einen kollektiven Sg. bezieht sich das Verb im Pl.:
dâ liefen unde giengen manc wërder man.

§ 180   Präpositionen

Die heute nicht mehr gebräuchlichen Präpositionen sind mit °versehen.

a) Mit dem Dat. verbunden werden °*ab* herab von, wegen
(nhd. noch in „abhanden", § 100), *bî* bei, unbet. °*be* (vgl. *be-*
hende bei der Hand, nhd. behende), °*inner* °*innen* innerhalb wegen,
mit (md. *bit*), *nâch, von, vor* (nur auf die Frage wo?), °*ob* über
oberhalb auf (nhd. noch in ONN, vgl. Obwalden, Hausen ob Rott-
weil), °*sam(t) sament* (zusammen) mit, *zuo* zu, unbet. °*ze,* vgl. *ze*
wâre fürwahr (nhd. zwar), *zêrste* zuerst.

b) Mit dem Akk.: *âne* ohne ⁰*sunder* außer ohne, *umbe* um, *durch* aber auch „um . . . willen, wegen" (*durch schouwen* um zu schauen), *vür* (nur auf die Frage wohin?).

c) Mit Gen. und Dat.: ⁰*ê(r)* vor (zeitl.), *sît* seit da. *zwischen, binnen* (< ahd. *bi-, be-innan*).

d) Mit Dat. und Akk. *an, über,* ⁰*after* nach hinter (nhd. z. B. noch in After, Aftermieter), *biʒ* (zunächst bloß md.), *enëben nëben(t)* neben, *gegen* (selten mit Akk.), *hinder* (meist mit Akk.), *in* in, unbet. *en-* (vgl. *enmitten, enzwei* usw.), *über* (Dat. selten), *ûf, under, ûʒ ûʒer* ⁰*ûʒen, wider* gegen, *zwiscẻ ʾ* (seltener mit Akk.).

e) Mit dem Instrumental *diu wiu* werden einige Präp. verbunden, z. B. ⁰*be* in *bediu* deshalb, *bewiu* weshalb, ebenso ⁰*after, in,* ⁰*innen* ⁰*inner, mit, umbe, under,* ⁰*ze* (s. §§ 121; 125; 178,3).

Der Gen. erscheint bei ⁰*after* und ⁰*(b)innen inner* meist nur in Verbindung mit *dës: binnen dës* unterdes während; *after dës* hierauf danach.

Landschaftliche Verschiedenheit in der Rektion der Präp. zeigt sich bei *vor, hinder,* ⁰*after, gegen, wider*, die bair. mit dem Gen. konstruiert sind, weiter bei ⁰*ob*, das md. mit Akk. steht, sehr selten auch mit dem Gen., und bei *bî*, das in hochmittelalterlicher Zeit vorwiegend auf md. Gebiet den Akk. regiert (auf die Frage wohin?); in gemein-mhd. *bedaʒ* währenddessen vertritt *daʒ* den Dat., vgl. dazu § 178,3.

Das obd. *unz(e)* bis (zu) steht vor Adv.: *unze morgen, unze hër*; vor Subst. nur mit anderer Präp.: *unz an dën Rîn*; es wird später durch md. *biʒ* verdrängt.

III. Zu den Satzarten
§ 181 ## Hauptsatz und Gliedsatz

1) Hauptsätze sind neben-, beigeordnet (Koordination. Parataxe). Sie können unverbunden (asyndetisch) nebeneinanderstehen, oder aber durch Konjunktionen verknüpft werden (syndetisch, § 182.1). Oft zeigt dabei der zweite. mit *und* angeschlossene Satz die Inversion: *sie wisent uns ze himele und varent si zer helle.*

Diese zuweilen noch in der heutigen Kaufmannssprache gebrauchte Umkehrung nach „und" gilt in der nhd. Hochsprache als unkorrekt.

2) Gliedsatz und Hauptsatz stehen zueinander im Verhältnis der Unterordnung (Subordination, Hypotaxe): der Gliedsatz ist abhängig vom Hauptsatz und kann ohne ihn nicht bestehen.

Häufiger als heute wird im Mhd. die logische Abhängigkeit eines Satzes nicht eigens bezeichnet: *dô sâhen Blœdelînes man, ir hërre lac erslagen.* Solche Satzverbindungen (Haupts. + Haupts.) werden im Nhd. besser durch

Satzgefüge (Haupts. + Glieds.) wiedergegeben : sie sahen, daß ihr Herr er-
schlagen lag. Aus derartigen koordinierten Sätzen entstehen Konzessivsätze *(si
habe dën willen dën sî habe, mîn wille ist guot)* und Konditionalsätze, bes.
in der Form der direkten Frage mit vorausgesetztem *und* (*und bistû niht ein
zage . . .* , vgl. nhd. Und bist du nicht willig . . .).

Das älteste formale Mittel, den Gliedsatz vom Hauptsatz zu
unterscheiden, ist der Konjunktiv. Er steht mhd. — wie teilweise
noch nhd. — zur indirekten Einführung von Reden, Gedanken,
Wünschen: *ër wænet, ich sî ein waller* (Pilger); *ër sagete sînen
dëgenen, si wæren dës gewar* (sie möchten das beachten).

> Über die Abhängigkeit, die durch den Konj. in Verbindung mit der Ne-
> gation ausgedrückt wird, s. § 184,2.

Die meisten Gliedsätze aber werden wie im Nhd. eingeleitet
durch Rel.-Pron. oder Rel.-Adv., Interrog.-Pron. oder Interrog.-
Adv. und durch Konjunktionen. Entsprechend unterscheidet man
Rel.-Sätze, indirekte Fragesätze und Konjunktionalsätze.

> Über die Rel.-Sätze s. § 178,4 ; über die Rel.-Pron. §§ 124, 129 ; Rel.-
> Adv. sind *dâ(r)* wo, *dar* wohin, *dannen* von wo, *darinne* worin, *dô* als, *danne*
> wenn, *sô (alsô alse als)* wie, *(al)sam* wie.
>
> Indirekte Fragesätze werden wie im Nhd. auch eingeleitet durch *ob(e)*
> ob (mhd. *ob* bedeutet auch „wenn"! § 182,;2,f); über die Interrog.-Pron. s. § 125;
> Interrog.-Adv. sind etwa *wâ(r)* wo, *war* wohin, *wannen* woher, *wie* wie, *wan-
> de* weshalb, *wanne wenne* wann.
>
> Über subordinierende Konjunktionen s. § 182,2.

§ 182   Konjunktionen

verbinden Satzteile oder Sätze. Die Verbindung kann koordinie-
rend oder subordinierend sein (vgl. § 181).

1) Nebenordnende Konjunktionen

a) Kopulative (anreihende): *und(e) ande inde* und, *joch jouch*
und (auch), *ouch och* auch ferner, *beidiu(beide)* — *und* sowohl —
als auch (vgl. engl. both — and), *nû nu* nun.

b) Disjunktive (ausschließende): *oder alde* oder, *noch, wëder
— noch, noch — noch* weder — noch, *wëder — oder* es sei —
oder, *eindewëder eintwëder* (= eins von beiden) — *oder* entweder
— oder, *niuwan niuwen niwan* außer nur.

c) Adversative (entgegensetzende): *aber, doch, iedoch* jedoch,
dannoch dennoch (urspr. temporal), *sunder* sondern, *wan* jedoch,
sondern, nur, *halt* vielmehr.

Auch *unde* und *sô* stehen zuweilen adversativ : *sîner muoter ër gesweic, mit rede, und in dëm hërzen niht; mîn lîp ist hie, sô wont bî ir mîn sin.* Das mhd. häufige *sô* bezeichnet auch eine Folge aus dem Vorhergehenden (konklusiv oder deduktiv) : *giuʒ ûf dën stein, sô hâstu guot heil* (nhd ‚dann‟).

Als kausale nebenordnende Konj. steht mhd. *wande wan* (nicht zu verwechseln mit dem adversativen *wan*, s. 1,c !), das mit „denn, nämlich‟ zu übersetzen ist : *ëʒn dorft nie wîbe leider ze dirre wërlde geschëhen, wand sî muose tôten sëhen ein dën liebesten man.* Über subordinierendes *wan(de)* s. u. 2,c.

2) Unterordnende Konjunktionen

Adverbien örtlicher Art dienen zur Einleitung eines Relativsatzes oder eines indirekten Fragesatzes, s. § 181,2 und Anm.

a) Temporale (zeitliche): Bezeichnungen für „als‟ (oder „nachdem‟, § 183,2,a): *dô, daʒ, danne denne, nû, sô, alsô alse als;* dazu: *sâ(n) als, dô* sobald als, *swanne (wanne) swenne* sobald, wenn, wann immer, *sît* seit, *die wîle* während, *unz(e)* und *biʒ* bis, so lange als, *ê(r)* ehe (ebenso *ê danne, ê daʒ*).

Zuweilen steht auch *unde* als temporale Konjunktion: *den marcgrâven dûhte grôʒ ir kraft, und ër si rëhte ersach* („als‟).

b) Modale (die Art und Weise bestimmende), und zwar:

α) komparative (vergleichende): *sô wie, alsô alse als* als wie, *sam(e) alsam(e)* wie, *dan(ne) den(ne)* als (nach Komparat. und nach *anders*), *swie* wie auch immer, *sam — sam* so wie;

β) proportionale (entsprechende): *(sô) ie — (sô) ie* je — desto.

c) Kausale (begründende): *daʒ wande wan sît nû* da, weil, *durch daʒ (waʒ)* oder *umbe diu (wiu)* weshalb.

d) konsekutive (folgernde; „so daß‟): *daʒ, so daʒ, durch daʒ, dâr umbe daʒ.*

e) Finale (zweckanzeigende; „damit‟): *daʒ, durch daʒ, umbe daʒ.*

f) Konditionale (bedingende): *ob sô swie* und *ist daʒ* wenn; verneint („wenn nicht‟): *ëʒ newære* (woraus md. *nuér* > *núer* > md. *nur* nhd. *nur*), *ëʒ ensî denne.*

g) Konzessive (einräumende): *daʒ ob doch sît* obgleich, *swie* wie auch immer, wie sehr auch, wiewohl.

Einige Konjunktionen können verschiedene Arten von Sätzen einleiten. *daʒ* steht in Substantivsätzen, temporalen, kausalen, konsekutiven, finalen, konditionalen, konzessiven Sätzen; es wird verbunden mit Konjunktionen: *biʒ daʒ, unz daʒ. sît daʒ, ê daʒ, nû daʒ, die wîle daʒ, niuwan daʒ.* — *sô* findet sich in temporalen, komparativen, konditionalen Sätzen und für das Relativum, auch leitet es den Nachsatz ein. — *wan* steht auch für *wande (s)wanne* und damit in temporalen, einschränkenden und kausalen Sätzen.

§ 183 Der Gebrauch der Modi und Tempora in Gliedsätzen

ist im allgemeinen der gleiche wie im Nhd., jedoch wird der Konj. öfter angewendet und seltener mit Umschreibung durch ein Hilfsverb bezeichnet; vgl. *dienden alle krône mir,* nhd. auch: würden mir alle Kronen dienen.

Zur Umschreibung s. § 134, 3, Anm. Dem heutigen Conditionalis entspricht mhd. der Konj. Prät. (vgl. obiges Beispiel), oder die Futurumschreibung (§ 134,2): *heten wir einen houbetman, wir solden vinde wênic sparn.*

Besondere Fälle:

1) Der Konjunktiv im Gliedsatz

kann stehen,

a) wenn der Hauptsatz eine Aufforderung enthält, und zwar: einen Imperativ oder eine auffordernde Form des Präs.: *sît hie, unz ich mîn rëht genëme* (bis ich . . .); die Verben *müeʒen mügen suln wellen: got müeʒe im lônen, daʒ ër mir wæge sî* (daß er mir geneigt ist); einen wünschenden Ausruf oder ein Verb des Wünschens: *wê im, dër uns trûren lêre; du erkiusest dir in dëm walde einen boum, dër dir gevalle;*

b) nach den Verben des Sagens, Denkens, Glaubens im Hauptsatz: *dannoch seit sie mir dâ bî, daʒ mîn dûme ein vinger sî;*

c) wenn er die verallgemeinernden Pron. oder Adv. (Konjunkt.) *swër swie* usw. enthält: *swaʒ si sagen, ich bin dir holt;*

d) nach bejahtem Komparativ im Hauptsatz: *ich wirde wërder danne ich sî* ich werde würdiger, als ich bin.

Dagegen folgt in der Regel nach verneintem Komparativ der Indikativ im Gliedsatz: *ichne bedarf mê danne ich hân* ich brauche nicht mehr, als ich habe. Die gleiche Regel gilt für die Sätze mit *ê (danne), ê daʒ.*

Beachte folgende mhd. Konstruktion: *dô sach ër zuo im ûʒ gân eine ritterliche maget, hete si sich niht verklaget* — er sah eine Jungfrau . . . die stattlich gewesen wäre, wenn sie sich nicht durch Klagen abgehärmt hätte,

2) Die Tempora im Gliedsatz

a) Das Prät. vertritt das nhd. Plusqpf.: *dës sëlben was ein hûbe . . . von zobele, dën man tiure galt* den man teuer bezahlt hatte.

b) Für die Konjunktivformen im Gliedsatz gilt im allgemeinen: nach Präs. des Hauptsatzes folgt Präs. des Gliedsatzes, nach Prät. folgt Prät.: *si jëhent, ër lëbe noch hiute; dô sageten si mir sunder swanc, ëȝ wære dër künec Zazamanc.* Diese Regel gilt vor allem für die abhängige Rede.

c) Auf das Präs. im Hauptsatz folgt Prät. im Gliedsatz, wenn das vollendete oder vergangene Geschehen ausgedrückt wird: *wës ër mit mir pflæge, niemer niemen bevinde daȝ;* im Nhd. steht dafür der Indik.: was er mit mir tat, . . .

§ 184 Verneinung

Die urspr. Verneinungspartikel ist ahd. *ni ne* mhd. *ne;* sie steht vor dem Verb *(dër ni weiȝ)* und kann verstärkt werden, etwa durch ahd. *eo io* mhd. *ie* „immer jemals": *nie* niemals; so entstehen auch mhd. *nieman, ni(e)ht (< ni-wiht* bzw. *ni-io-wiht), niemer, niender niergen* nirgends (s. auch § 127).

Im Mhd. dient zur Verneinung die alte Partikel *ne,* die proklitisch und enklitisch steht, und/oder die neue Negationspartikel *niht* (§ 127), die seit spätahd. Zeit schon allein aufzutreten beginnt.

Proklitische Stellung vor dem Verb: *ne-,* dann auch mit Verlust des Vokals über die Zwischenstufe *ṇ* > *en-: ich nebat, ich enbat:* enklitisch nach dem Verb, dem Pers.-Pron. oder einem anderen Wort: *-ne,* oder (mit Verlust des *-e) -n: ërne hât, ërn hât.*

1) Die Verneinung im Hauptsatz

ist um 1200 meist *ne- (en-) . . . niht: ër engibet niht,* daneben auch häufig nur *niht: ër gibet niht.* Im 14. Jh. ist *ne* so gut wie verschwunden.

Besonderheiten:

a) *ne* genügt im hochmittelalterlichen Deutsch zur Verneinung: in Verbindung mit einem anderen negativen Pron. oder Adv.: *ja enweiz nieman wër ër ist;* in Verbindung mit den Wörtern für „keiner" (§ 127): *ëȝ enist dehein man;* mit *ander, anders sonst, mêre* weiter, *(für)baȝ: ichn vind ëȝ mê;* in disjunktiven

Sätzen: *iu enwahset korn noch dër wîn*; bei *ruoche*n sich kümmern
und bei *wizzen: so enruoche ich, wës ein bæser giht*; bei den Ver-
ben *dürfen mügen künnen suln türren wellen lân hân sîn*, wenn
das eigentliche Prädikat zu ergänzen ist: *rît ze hove, Dietrîch.
'hërre, ich enmac'* (ich kann nicht an den Hof reiten); bei *tuon*,
wenn es ein vorhergegangenes Verb vertritt: *vor leide stirbet mîn
wîp. 'sine tuot.'*; bei kurzen, meist antithetischen Parallelismen:
sôn kan ich nein, sôn kan ich ja; bei (imperativischen) Fragen
mit *wande ne* (kontrahiert *wanne wan*) „warum nicht“: *wan ge-
denkest dû an sîn gebot?*; bei dem formelhaften *nu enwelle (nune
welle) got.*

b) Verallgemeinernde Pron. oder Adv. gelten in Fragesätzen
oft als Negation: *sol aber mir iemer mê geliuhten . . . ir lîp?* (nie
mehr),

c) Doppelte Verneinung hebt sich (vereinzelt bis ins 19. Jh.)
abweichend von der heutigen Hochsprache nicht auf, sondern
verstärkt: *ichn gehôrte nie solhes niht gesagen; niemer niemen be-
vinde daz.*

d) Die Negation wird zuweilen verstärkt durch Akkusative
wie *ein bast, ein bere* eine Beere, *ein blat, ein bône, ein brôt, ein ei,
ein hâr, ein strô, ein wint* usw. (Litotes).

Vgl. dazu die heutige Volks- uud Umgangssprache (keine Bohne, keinen
Deut), aber auch die spätlat. Negationsverstärkungen *(non, ne) rem, passum,
micam, guttam, punctum, frz. ne — pas usw.*

Diese Wörter stehen auch oft ohne *ne* für die Negation:
daz ist gar ein wint das ist gar nichts.

Über fehlendes *ne* bei *dehein* s. § 127.

2) Die Verneinung im Gliedsatz

a) *en-, -ne, -n* steht (ohne *niht*) mit dem Konjunktiv in der
Bedeutung „wenn nicht; wofern nicht; es sei denn, daß“: *dën lîp
wil ich verliesen, si enwërde mîn wîp*; oder in der Bedeutung
„außer daß; als daß“, bes. in verneinten Sätzen nach *anders: sône
wirde ich anders niht erlôst, ëzn kome als ich mir hân gedâht*; oder
schließlich nach negativen Sätzen in der Bedeutung „daß nicht;
ohne daß; ohne zu“: *dehein koufman hete ir site, ërn verdürbe dâ mite.*

In solchen Sätzen ist oft Übersetzung mit einem Rel.-Satz möglich: *ich wæne ieman lëbe, ёrn habe ein leit* der nicht ein Leid hat.

In dem Gliedsatz mit *ne* steht zuweilen *danne denne* nach dem Verb: *ich trûwe iu dёn lip niht bewarn, ёзn sî denne iuwer wille.*

Recht häufig ist die formelhafte Umschreibung mit *ёз ensî, ёз enwære (danne) daз,* nhd. es sei denn, daß.

Hauptsatz und Gliedsatz werden bei der Übersetzung ins Nhd. vertauscht in Fällen wie: *Karl dёr nist nie sô rîche* (Haupts.), *ёrne müeze im entwîchen* — mag Karl auch noch so mächtig sein (Glieds.), er muß ihm weichen (Haupts.).

b) *en-* usw. steht pleonastisch im Gliedsatz, wenn der Hauptsatz ein Verb negativen Sinns enthält wie: abhalten, ablassen, verhindern, verweigern, verbieten, leugnen, vergessen, vermeiden, zweifeln u. ä., und dabei verneint ist: *ich enmac iuch dёs niht erlân, irn geheiзet imз* daß ihr es ihn heißt; *diu vrouwe ouch dёs niht vergaз, sine wolde wiззen.* Dabei kann die Negation des Hauptsatzes nur dem Sinn nach erfolgen: *daз diz unwendig* (unabwendbar) *wёsen sol, dёr kampf enmüeze vür sich gân.*

Oft ist Übersetzung durch den Inf. mit „zu" möglich: *nune sûmdёr sich niht, ёrn wâfente sich zehant* — er säumte nicht, sich sofort zu bewaffnen·

c) *niht* oder ähnliche Negationen (*niemer, nieman*) stehen oft pleonastisch im Gliedsatz, wenn der Hauptsatz die unter b) genannten Begriffe enthält und nicht verneint ist: *mirst verboten, daз ich mit iu niht rûnen* (flüstern) *sol.*

d) Die Negation fehlt häufig in Final- und Objektsätzen, die ein Geschehensollen ausdrücken, neben Pron. oder Adv. wie *ieman, ie* usw. und nach *ich wæne, ёз ist wân: dar umbe hât ёr sich genant, daз ёr sîner arbeit iht âne lôn belîbe.* Es steht dann also *ie iemer iht ieman iender* für *nie niemer niht nieman niender.*

Vierter Abschnitt

Landschaftliche Verschiedenheiten

§ 185 I. Verhalten zur hd. Lautverschiebung

(§§ 51 — 54. 75 ff.)

1. Oberdeutsch

Germ. $p > f(f)$, pf; $t > ʒ(ʒ)$, z; $k > ch$, k. Germ. d (west
germ. $d) > t$; $b = b$; $g = g$. Aber südalem., südostschwäb., südbair.
$k > kch$ *(ch)*: §§ 50, 84.

2. Mitteldeutsch

Rhf.: Germ. $t > ʒ$, z; $p > f$, aber — außer im Südrhfr.
— nicht zu pf § 81 (doch *lf, rf*); $k > ch$, k. Germ. d (westgerm.
$d) > d$, t § 76; $b = b$, $g = g$. Germ. $þ > d$.

Mfr.: $t > ʒ$ (aber *dat* usw. § 77), z; $p > f$, aber nicht zu pf
(moselfr. *lf, rf*, ripuar. auch hier $p : lp, rp$) § 81; $k > ch$, k §§ 84 f.
Germ. d (westgerm. $d) = d$ (moselfr. *rt*, ripuar. *rd* § 76); $b = b$
$(> v$, f § 79,; $g = g$. Germ. $þ > d$ *(th*; § 75).

Omd.: Germ. $t > ʒ$, z; $p > f$, pf *(lf, rf,* aber *mp, pp*.) § 81
$k > ch$, k. Germ. d (westgerm. $d) > t$; $b = b$; $g = g$. Germ. $þ > d$
kegen §§ 55, 83.

Während also das Niedersächs. und das Nfr. wie das Fries.
keinen Anteil an der hd. Lautverschiebung haben (es heißt dort
maken, ik, dorp, hëlpen, dat, dohter, pund, appel, wobei allerdings
im südl. Nfr., nördl. Köln, *ich* vordringt), sind die md. Maa. in
abgestufter Stärke davon erfaßt. Das Mfr. zeigt *machen, ich, dat,
dohter, pund, appel,* der ripuar. Teil auch *dorp, hëlpen,* der moselfr.
Bereich dagegen seit etwa 1200 *dorf, hëlfen.* Im Rhfr. lauten
die Leitwörter *machen, ich, dorf, hëlfen, daʒ* (aber *dit!*), *dohter, pund,
appel;* südrhfr. seit dem 13. Jh. immer mehr *pfund, apfel.* Das
Ofr. hat wie das Alem. und Bair. *machen, ich, dorf, hëlfen, daʒ, toh-
ter, pfund, apfel.* Das Omd. stimmt damit überein, zeigt aber *appel*
und neben *pfund* oft *fund.*

§ 186 II. Sonstige Unterschiede

1. Ober- und Mitteldeutsch

Zur Diphthongierung von *î û iu (ü)* vgl. § 12.

2. Oberdeutsch

a) Vokale

Allgemein: Der diphthongische Charakter von *ie uo üe* bleibt außer im östl. Teil des Ofr. erhalten § 13.

Besonderheiten: Alem. und bair. *iu* für *ie* vor Labial und Guttural § 46. — Alem.: volle Endsilbenvokale §§ 18, 98., schwaches *e > i* § 20; *van* § 29; *hër > har* § 27; schwäb. *u > o* vor Nasal, desgl. *ü > ö* §§ 31, 32; *â > au* § 33; elsässisch (westniederalemannisch) *â > ô* § 33. — Bair. *or > ar* § 29; *â > ô* § 33. — Ofr.: Inf. ohne -*n* (teilw. auch sonst obd.) §§ 74, 150.

b) Konsonanten

Allgemein: anl. *t* statt *d* (germ. *þ*) § 75; teilw. *hs > ss* § 86; Besonderheiten: Alem. *ëner, âmer* § 68; auslautendes *m > n* § 73; ausl. *k > ch* nach *r l* § 85; alem., bes. südalem. *h* fällt aus zwischen Vokalen § 86, in *soler, weler* § 86; schwäb. Nasalierung § 74. — Bair. *w > b* § 69; *b > w* § 79; anlautendes *b* als *p* § 79; *age > ei* § 83; auslautendes *g > ch* § 85; *ch* für *k* § 85. — Alem. und Bair.: *qu > k* §§ 70, 140. — Ofr.: *w* statt *j* (*blêwen* usw.) § 68.

c) Flexion des Verbs

Allgemein: *komen* § 140; *wir magen* § 164; *wöllen* § 166.

Besonderheiten: Alem.: Plur. -*ent* § 150; gekürzte Pluralformen *gënt, sunt, went* §§ 149, 163, 166; *gesîn* § 168; *gân, stân* § 170; Konj. Präs. *macheie machege ahtei* § 156, *tüeje* § 169, *hebeje* § 171. — Bair.: *ëʒ, ënk, ënker* §§ 117, 120; *schol* § 163 *birn, birt, gewësen, gewëst* § 168; *gên, stên* § 170; *hiete* § 171.

3. Mitteldeutsch:

a) Vokale:

Monophthongierung von *ie uo üe > î û ü* (so auch im östl. Teil des Ofr.) bzw. Erhaltung von altem *ê ô* § 13; Längung in offener Silbe, Kürzung vor Doppelkons. § 14; Unterbleiben der Umlautsbezeichnung § 9; *e ë ä* nicht unterschieden § 27; Umlaut *æ* ist *ê* § 34; Bezeichnung der Längen durch *ai oi ui* §§ 33, 35

37, 39; schwaches *e* erhalten, oft *i* geschrieben § 20; Wechsel von *ë e — i* (besonders *wilch, swilch*) §§ 27, 28, von *o — u* (besonders *kumen, genumen*) § 29; altes *a* statt mhd. *o* § 29; auf weiStrecken *ei > ê, ou > ô* §§ 41, 42.

b) Konsonanten:

Allgemein: Metathesis des *r* § 72: *mb > mm* § 73; *qu* bleibt § 70; auslautendes *g > ch* (besonders *manch*) § 83; *ht > cht* § 86; *h* fällt zwischen Vokalen, im Auslaut, in *ht* § 86; *hs > ss* § 86.

Besonderheiten: Thür.: *verterben* § 75. — Rhfr.: *tuschen* § 76. — Mfr. Hauptkennzeichen: *dat* usw. § 77, *ft > cht* § 82, dazu *b* im Inlaut als *v*, im Auslaut als *f* § 79. — Omd.: *tw > qu* §§ 75, 76.

c) Flexion

Allgemein: α) *Subst.:* Dat. Pl. *iuch* § 117; *mînes sëlbes* § 117; *hër hê* § 119; Dat. Akk. Sg. *ome, om, one on* § 119; Nom. Sg. M. *dê de die* § 121. — β) Verb.: 1. Pers. Sg. Präs. Ind. mit Stamm-*ë*: *ich gëbe* §§ 139—141; 2. Pers. Sg. Präs. ohne *-t: du gibes* § 150; 3. Pers. Pl. Ind. auf *-en: si gëben* §§ 150, 168; 1. Pers. Sg. Präs. Ind. auf *-en: ich gëben* §§ 150, 156, 167; Gerundium auf *-ende* § 150; Konj. Prät. schwacher Verben mit Umlaut: *brente* § 154; *ich sal* § 163; *gên stên* § 170.

Besonderheiten: Thür.: Inf. ohne *-n* §§ 74, 150. — Mfr. und Thür. Dat. Sg. *mî, dî*, Nom. Pl. *wî, gî/î* § 117. — Thür. und osächs.: *ich schal* § 163. — Mfr.: Prät. *geschiede* § 141; 2., 3. Pers. Präs. Ind. *deis deit, geis geit, steis steit* §§ 169, 170. Ripuar.: Verb *willen* schwach § 166. Moselfr.: Part. Prät. der starken Verben ohne *-n* §§ 74, 151.

Literaturhinweise

1) Mittelhochdeutsche Grammatik: *Helmut de Boor* — *Roswitha Wisniewski*, Mhd. Grammatik, ⁶1969 (Slg. Göschen). — *Gerhard Eis*, Hist. Laut- und Formenlehre des Mhd., 1958. — *Otto Mausser*, Mhd. Grammatik 1—3, 1932-33. — *Heinz Mettke*, Mhd. Grammatik, ³1970. — *Viktor Michels*, Mhd. Elementarbuch, ³,⁴1921. — *Virgil Moser*, Frühneuhochdeutsche Grammatik, I, 1. 3. 1931, 1951. — Grammatik des Frühneuhochdeutschen, hg. von Hugo Moser und Hugo Stopp, Bd. I, 1—3 (Vokalismus der Nebensilben I bearb. von Karl Otto Sauerbeck, II, III bearb. von Hugo Stopp), 1970 ff. — *Hermann Paul*, Mhd. Grammatik, bearb. von Hugo Moser, Satzlehre von Ingeborg Schröbler, ²¹1975. — *Karl Weinhold*, Mhd. Grammatik, ²1883 (Nachdruck 1967).

2) Wörterbücher zum Mittelhochdeutschen: *Georg Friedrich Benecke - Wilhelm Müller - Friedrich Zarncke*, Mhd. Wörterbuch I—III, 1854-66 (Nachdruck 1963) — *Jakob* und *Wilhelm Grimm*, Deutsches Wörterbuch, 1854-1961; Neubearbeitung Bd. 1 Lfg. 1,1965 ff. — *Franz Jelinek*, Mhd. Wörterbuch zu den dt. Sprachdenkmälern Böhmens und der mährischen Städte, 1911. — *Matthias Lexer*, Mhd. Handwörterbuch I — III,1872-78 (unveränderter Nachdruck 1965). — *Ders.*, Mhd. Taschenwörterbuch (mit Anhang , ³³1969.

3) Mittelniederdeutsch und Mittelniederländisch: *Johannes Franck*, Mnl. Grammatik, ²1910. — *Agathe Lasch*, Mnd. Grammatik, 1914. — *Dies.* und *Conrad Borchling*, Mnd. Handwörterbuch, 1928 ff. (von *Gerhard Cordes* seit 1951 fortgeführt). — *A. van Loey*, Middelnederlandse Spraakkunst. Vormleer ⁵1966, Klankleer ⁴1965. — *Karl Schiller - August Lübben*, Mnd. Wörterbuch I—V, 1875-80 (Nachdruck 1931). — *M. Schönfeld*, Historische Grammatica van het Nederlands, ⁷1964 (von *A. van Loey*). — *J. Verdam*, Middelnederlandsch Handwoordenboek, ²1932 (Nachdruck 1949). — *E. Verwijs en J. Verdam*, Middelnederlandsch Woordenboek I—XI, 1885-1952.

4) Deutsche Grammatik: *Otto Behaghel*, Dt. Syntax I—IV, 1923-32. — *Ingerid Dal*, Kurze dt. Syntax, ³1966. — *Jacob Grimm*, Dt. Grammatik I—IV, Neuer vermehrter Abdruck 1870—98. — *Walter Henzen*, Dt. Wortbildung, ³1966. — *Hermann Paul*, Dt. Grammatik I—V, 1916-20 (Nachdruck : I, II ⁶1969; III, IV ⁵1960; V ⁴1959); zusammengefaßt bei *Hans Stolte*, Kurze deutsche Grammatik, ³1963 — *Wilhelm Wilmanns*, Dt. Grammatik I ³1911 (Nachdruck 1967); II ²1899 (Nachdruck 1930); III/1 1906, III/2 1909 (Nachdruck 1967).

5) Deutsche Wortgeschichte: *Friedrich Maurer*, Leid. Studien zur Bedeutungs- und Problemgeschichte, besonders in den großen Epen der staufischen Zeit, ³1964 (Bibliotheca Germanica 1). — *Friedrich Maurer - Heinz Rupp*, Dt. Wortgeschichte I—III, ³1974-78. — *Jost Trier*, Der deutsche Wortschatz im Sinnbezirk des Verstandes I, 1931.

6) Deutsche Sprachgeschichte: *Adolf Bach*, Geschichte der dt. Sprache, ⁹1970. — *Otto Behaghel*, Geschichte der deutschen Sprache, ⁵1928. —

Hans Eggers, Deutsche Sprachgeschichte I (Ahd.) [5]1970, II (Mhd.) [3]1968, III (Frnhd.) 1969. — *Theodor Frings*, Grundlegung einer Geschichte der dt Sprache, [3]1957. — *Ders.*, Sprache und Geschichte I—III, 1956. — *Walter Henzen*, Schriftsprache und Maa., [2]1954 (Bibliotheca Germanica 5). — *Friedrich Kluge*, Von Luther bis Lessing, [5]1918. — *Friedrich Maurer*, Nordgermanen und Alemannen, [3]1952 (Bibliotheca Germanica 3). — *Hugo Moser*, Dt. Sprachgeschichte, [6]1968. — *Ders.*, Probleme der Periodisierung des Dt. In: GRM N. F. 1 (32), 1950/51, S. 296-308. *Ders.*, Mittlere Sprachschichten als Quellen der dt. Hochsprache. Eine historisch-soziologische Betrachtung, 1955 (bes. auch zur mhd.. höfischen Dichtersprache). — *Ders.*, Schichten und Perioden des Mhd. In : Wirk Wort 2, 1951/52, S. 321-328. — *Ders.*, Annalen der deutschen Sprache, [3]1968 (Slg. Metzler). — *Ders.*, *Arno Schirokauer* und *August Langen*, Dt. Sprachgeschichte. In: Dt. Philologie im Aufriß I, [2]1957, Sp. 621-1396. — *Werner Besch*, Sprachlandschaften und Sprachausgleich im 15. Jh., 1967. — *Peter von Polenz*, Geschichte der dt. Sprache, 1970 (Slg. Göschen 615/915 a). — *Rudolf Schützeichel*, Die Grundlagen des westlichen Mitteldeutschen, 1961. — *Leo Weisgerber*, Die geschichtliche Kraft der deutschen Sprache, [2]1959. — *Fritz Tschirch*, Geschichte der deutschen Sprache I, II, 1966 ff.

7) Deutsche Sprachgeographie: *Adolf Bach*, Dt. Mundartforschung, [2]1950. — *Bernhard Martin*, Die dt. Mundarten, [2]1959. — *Walther Mitzka*, Dt. Maa., 1943. — *Ders.*, Handbuch zum Dt. Sprachatlas, 1952. — *Walther Mitzka - Ludwig Erich Schmitt*, Dt. Wortatlas, I ff. 1951 ff. — *Viktor M. Schirmunski*, Dt. Mundartkunde, 1962. — *Ernst Schwarz*, Die dt. Maa., 1950. — *Ferdinand Wrede-Bernhard Martin-Walther Mitzka*, Dt. Sprachatlas, 1926 ff.

Wortverzeichnis

Zusammengestellt von Wolfgang Dinkelacker

Die Ziffern beziehen sich auf die Paragraphen.
f siehe immer unter *v*, *ph* unter *pf*.
ä und *æ*, *ö* und *œ* sowie *ü* sind bei der Einordnung wie *a/â*, *o/ô*, *u* behandelt.
a.= Anmerkung, Prp.= Präteritopräsens, st.= starkes Verb, sw.= schwaches
Verb, Wz.= Wurzelnomen.
Beim Wechsel von weiblichen Substantiven zwischen *ô*- und *n*-Deklination ist
die ursprüngliche Klasse zuerst genannt.

a

ab 79 a., 180
abbet M. *i* 65
aber 182
Achilles 107
achpære *ja/jô* 67
acker M. *a* 60
ackes F. *i* 76
Adâm 15
after 180
Agamemnon 107
achsel F. *ô* 95
ahe F. *ô* 57
aht (Zahlw.) 88, 130
ahtbære *ja/jô* 67
aht(e) F. *ô* 95, 98
âhte F. *ô* 14, 33
ahten sw. (II) 153, 156,
   179
al *a/ô* 26, 72 a., 113,
   175; Adv. 115
allen(t)halben 76
alles Adv. 115
alleswâ Adv. 115
allet 77 a., 113 a.
alle wege Adv. 179
alleʒ Adv. 115, 179
alrêrst, alrêst 72
als 182
alsam(e) 182
alse 181, 182
alsô 182
alt *a/ô* 26, 114, 175
alwære *ia/jô* 111
âmaht F. *i* 33 a.

ambaht N. *ja* 19
ambet N. *ja* 19, 21, 86
ambôʒ M. *a* 67
âmer M. N. *a* 68, 186
an 22, 180
ande 189
ander *a/ô* 17, 26, 72 a.,
   113, 131
anders Adv. 115, 182, 184
anderstunt 132
andert 113 a.
ander(t)halp 76, 130
âne 33 a., 180
an(e)bôʒ M. *a* 23, 67
anen sw. 179
ange Adv. 115
Anne 107
anst F. *i* 160
ant F. *i* 99
antfanc M. *i* 23
Antilochus 107
antlâʒ M. *a* 23
ant-litze N. *ja* 69
antwürten sw. (I b) 23
apfel M. *i* 60, 81 a.,
   108, 185
appel M. *i* 185
apt M. *i* 65
ar M. *n* 101, 108
arbeit F. *i* 26, 99
ärbeit F. *i* 26
arcwân M. *a* 33 a.
arm M. *a* 73
arm *a/ô* 73, 114, 115
arn *a/ô* 73
Artus 107

arweiʒ F. *i* 26
ärweiʒ F. *i* 26
arzenîe F. *ô* 36 a.
âtem M. *a* 20, 73
âten M. *a* 73
aventiure F. *ô* 98
âwicke N. *ja* 83 a.
axt F. *i* 76

b

s. auch unter p

bâbes(t) M. *a* 76, 80
bach M. *a* 79 a., 90 a.
bachen st. VI 142 a.
backe M. *n* 60
backen st. VI 142 a.
bâgen st. VII a 144
balke M. *n* 101 a.
bange Adv. 20
bannen st. VII a 64, 144,
   148
bant N. *a* 5
banwart M. *a* 67
bâre F. *ô*, *n* 98
barvuoʒ 175, barhoubet
   175
bars M. *a* 78 a.
best N. *a* 184
bat N. *a* 75
baʒ Adv. 64, 77, 116
be 180
bëch N. *a* 80
bedaʒ 179
bêde 10
bediu 180
bedurfen, bedürfen Prp.
   III 23, 161

begin M. *a* 23
beginnen st. III a 139, 160a, 179
behende *ja/jô* 22, 180
beide 10
beiden(t)halben 76
beiden(t)halp 76
beidiu (beide) -und 182
bein N. *a* 41 a
beiʒen, beizen sw. (I a) 60
bekantnisse F. *ô*, N. *ja* 9
bëlgen st. III b 139
belîben st. I a 10, 41, 79 a.
bëllen st. III b 139
benamen 22
bër M. *n* 26
bere N. F., *ja* 184
bërg M. *a* 79 a., 85 a.
bërgen st. III b 83
berînen st. I a 137
bërn st. IV 79 a., 140, 142 a.
bëseme(e) M. *n* 101
beste 21, 77, 114
beswæren sw. (I b) 153
bëte F. *ô* 95
betten sw. 179
betwingen st. III a 179
bevëlhen st. III b 139
bewæren sw. (I b) 154a.
bewiu 180
beʒʒer 64, 76, 114, 116
bezîte 22
bî 22, 180
biderbe *ja/jô* 23, 111
biegen st. II a 42, 46, 138, 146
bieten st. II b 7, 10, 44, 46, 138
bi(he)l N. *a* 86
bilgerîm M. *a* 80
bin F. *ô*, *n* 20
binde F. *ô*, *n* 5

binden st. III a 5, 6, 7, 31, 32, 76, 139, 147, 148
bine F. *ô*, *n* 20
binnen 20, 180
bir F. *ô*, *n* 80, 108
birsen sw. (I b) 78 a.
bischof M. *a* 30, 80
bitten st. V. 60, 141, 150, 179
bitter *a/ô* 60, 76, 113
bivilde F. *ô* 23
biʒ M. *a* 64
biʒ, biʒ daʒ 182
bîʒen st. I a 76, 137
blâ *wa/wô* 69, 112
blæ(je)n sw. (I b) 34, 68, 153
Blancheflûr(e) 107
blanden st. VII a 144
blâsen st. VII a 144
blat N. *a* 91, 108, 184
blîben st. I a 20, 137
blic M. *a* 84
blicken sw. (I c) 84, 153
blick(e)zen sw. (I c) 67
blîchen st. I a 137
blint *a/ô* 110, 113
bliuwen st. II a 8, 69, 138 a.
blitzen sw. (I c) 67
blosheit F. *i* 2
blüe(je)n sw. (I b) 48, 68, 153
bluost F. *i* 48
bluot F. *i* 99
boc M. *a* 30, 90
bodem/boden M. *a* 73
bolz M. *a* 30
bölzelîn N. *a* 30
bône F. *ô* 184
Bonifacius 107
born M. *a* 72 a.
bote M. *n* 7, 18 a., 76, 101, 108

botinne F. *jô* 98
boum M. *a* 42, 79 a, 90
brâten st. VII a 144
brâ(we) F. *wô* 69a., 97,108
brëchen st. IV 52,79a. 140
bredigen sw. (II) 80
breit *a/ô* 175
breiten sw. (I c) 64
brennen sw. (I b) 64, 152, 153, 154 a, 155, 186
brësten st. IV 140
brîden st. I a 137
brief M. *a* 11
brimmen st. III a 139
bringen Präs. st. III a, Prät. sw. (I b) 14, 28 a., 33, 58, 59, 135, 154 179a.
brinnen st. III a 64, 74, 139, 150
brîsen st. I a 137
briunen sw. (I b) 153
briuwen st. II a 138 a.
brôt N. *a* 84
brûchen sw. (I c) 39
brucke F. *ô*, *n* 32
brücke F. *ô*, *n* 62, 83 a., 98
brüejen sw. (I b) 153
brünje, brünige, brünne F. *jô* 63, 68
brunne M. *n* 7, 31, 72 a., 101 a.
bruoder M. *r* 11, 55, 102
brust F. (Wz.) *i* 72 a., 105
brût F. *i* 9, 40
bû M. *wa* 94
bücken sw. (I b) 153
büeʒen sw. (I b) 48
bühel M. *a* 86 a.
bunt *â/ô* 80
bunt M. *i* 5
buosem/buosen M. *a* 73, 108

e

ê F. wô 10, 69 a., 97
ëber M. a 6
Ecuba 107
ê danne 182, 183
ê daz 182, 183
edel(e) ja/jô 9, 17
effin F. jô 98
ei N. a 68, 91, 184
eich F. i 99
eidëhse F. n 83
eigen Prp. I 158 a.
eigen(en) sw. 20
eigen(t)lich a/ô 76
eilant N. a 67
eilf 67, 130
ein 3, 113, 126, 130, 174, 175, 184
eindewëder 182
eine 130
einec 133
einer 21
einerhant 133
eines, eins Adv. 115, 132
einlant N. a 67
einlich 133
einlif 67, 130
eintwëder — oder 182
einvalt 133
einvar 175
eischen st. VII a 144
Elena 107
elf 67, 130
ellende N. ja 67
ellende ja/jô 111
ellen(t)haft a/ô 76
Elsebê 107
embor 67
empfâhen st. VII a 23, 67, 179
empfëlhen st. III b 133
empfinden st. III a 179
en- (Neg.) 184
en- s. in
enbinnen 22

enbor 22, 67
enbunnen Prp. III 160
ende N. M. ja 25 a.
Eneas 107
enëben 180
enein 22
ëner (al.) 68, 123, 186
ênge ja/jô 111, 115
engegene 22
engel M. a 20, 90, 108
enhant 22
Enîte 107
ënk(er) (bair.) 117 a., 120 a, 186
enmitten 22, 180
enpf- s. empf-
entf- s. empf-
entlâzen st. VII a 23
entseben st. VI 142
entwëder 127
entwërh 115
(ent)wërhes 115
entwîch M. a 23
enwëc 22
enzwei 22, 72, 114, 116, 180
enzwischen 22, 133
ër 14, 119
ê(r) 10, 180, 182
erbarmen sw. (III) 153
erbelgen st. III b 179
erbolgen 179
erbunnen Prp. III 20, 160
ërde F. ô, n 6, 98
êre F. ô, n 10, 95, 98
Erëc 107
ergetzen sw. (I b) 25 a., 153
erlouben sw. (I b) 23, 43
ermorderôn sw. (II) 18, 156 a.
ern st. VII a 144
ernest M. i 6
êrre Adv. 114, 116
erren st. VII a 144, 151 a

erschrecken sw. (I b) 27
erschrëcken st. IV 27, 84
erspringen st. III a 23
erste 114, 131
erstërben st. III b 179
erteilen sw. (I b) 23
ërtrîch N. ja 19
ervindunge F. ô 23
eselîn F. jô 98
ete(s)lich 127
ete(s)wër 127
etewaz 27
êwe F. wô 10, 69a., 96, 97
êwec a/ô 69 a.
ëz 119, 184
ëz (bair.) 117 a., 120a., 185
ëzzen st. V 52, 64, 77 141, 151 a.

f

s. unter v

g

gâ a/ô 86
gâbe F. ô 5
gæbe ja/jô 5, 111
gabel(e) F. n. 101, 108
gâch a/ô 86, 111
gæhe ja/jô 111
gâhes/gâhens Adv. 115
galle F. n, ô 98
gân mi-Verb 2, 14, 18 a.' 46 a., 144, 151 a., 167, 170
gar wa/wô 69, 112
gar Adv. 115, 175
garnen sw. (II) 20
gast M. i 9, 25, 26, 53, 88, 99, 108
garwe Adv. 115
gärwen sw. (I b) 26, 69, 152, 154 a.
gëba F. ô 88
gebærde F. ô 21
gëbe F. ô 95, 108

gürten sw. (I b) 153

h

haben (hân) sw. (III) 14,
18 a , 134, 152, 153,
167, 171, 184, 186
haber (e) 11, 108
hærîn *a/ô* 34
haft F. *i* 58
haft *a/ô* 58
Hagen 106
hâhen (hân) st. VII a 33,
57, 59, 83, 86, 144, 151,
172
halp F. *ô* 98
halsen st. VII a 144
halt 182
halten st. VII a 76, 86,
144
ham(e) M. *n* 101
hamer M. *a* 14
hân s. haben, hâhen
han(e) M. *n* 101
handelunge F. *ô* 16
hangen sw. (III) 33, 57
hant F. *u, i* 76, 100, 133
hâr N. *a* 184
harfe F. *n, ô* 81
harnas M. N. *a* 78 a.
harpfe F. *n, ô* 81
hart *a/ô* 111
harte Adv. 26, 115
haz M. *i* 77
he/hê 119 a.
heben st. VI 58, 65, 142
hecke F. *jô, n* 83 a.
Hector 107
heffen st. VI 57, 82
heften sw. (I b) 82, 153
heiden M. *a* 91
heilant M. *nt, a* 18, 103
heilec *a/ô* 17, 115
heilen sw. (I b) 18
heim M. N. *a* 73
hein M. N. *a* 73
heiter *a/ô* 20

heiz *a/ô* 60
heizen st. VII a 60, 144
heizen, heizen sw. (I a)
60
hëlfen st. III b 6, 7, 27,
31, 52, 81, 139, 147,
148, 179, 185
helle F. *jô* 25 a., 60, 96
hellen st. III b 139
helm M. *a,* helme M. *n*
27, 90
hëln st. IV 140, 149
hëlpen s. hëlfen 185
hemde N. *ja* 9
hengen sw. (III) 25, 33,
57
her s. hêrre 22
her N. *ja* 93
hër Adv. 27 a., 186
hër (md.) Pron. 119 a.
hêr *a/ô* 21, 111
hêre *ja/jô* 111
heri N. *ja* 63
hêrre/hërre M *n* 14, 21,
22, 101 a.
hêrsen sw. (II) 78 a.
herte *ja/jô* 26, 111, 115
hërze N. *n* 52, 101, 108
herzoge M. *n* 57
herzoginne F. *jô* 98
Hetel 106
heven st. VI 142
hie 11, 22, 72, 119 a.
hier 11
himel M. *a* 14, 28 a.
hinâht 119 a.
hinder 23, 76, 114, 180
hinken st. III a 139
hinnan (al.) 18 a.
hinne 22
hirse M. *ja, n* 78 a.
hirte M. *ja* 92, 100, 108
hirz M. *a, n* 77 a.
hitze F. *jô* 60
hiure 44 a., 119 a.

hiute 12, 44 a., 119 a.
hô(ch) *a/ô* 10, 10 a., 38,
86, 114, 116
hôchfart F. *i* 67
hôchgemuot *a/ô* 16
hœhe F. *(în), ô, (n)* 38,
86, 98, 101
hœhen sw. (I b) 38
hölzelin N. *a* 30
hœnen sw. (I b) 9, 38,
153
hœren sw. (I b) 10, 20,
61, 153, 156 a. 179
hövisch *a/ô* 30, 57 a.
höu N. *(ja) wa* 43 a., 94
höuwe N. *(ja) wa* 94
hof M. *a* 7, 30, 57, 65,
82, 90
hofieren sw. 2
hoffart F. *i* 67
hôhe Adv. 116
hol *a/ô* 110
holn sw. (II) 154 a.
holt *a/ô* 7
holunder M. *a* 15
holz N. *a* 7, 29 a., 30
hôn M. *a* 9, 38
hor N. *wa* 94
hôrchen sw. 14
horn N. *a* 30
hou/höu N. *ja* 43 a., 94
houbet N. *a* 21, 43
houwe N. *ja* 94
houwen st. VII b 145
hübesch/hübisch *a/ô* 7,
30, 32, 57 a.
hucken sw. (I b) 83 a.
hüeten sw. (I b) 153
huf F. *i* 76, 82
hügen sw. (I b) 32
hulde F. *ô* 7, 32
hülzîn *a/ô* 7, 30
hundert N. 130
hunt M. *a* 76
hunt (Zahlw.) 130

zeichen N. *a* 10a., 91
zeigen sw. (II) 153
zeisen st. VIIa 144
zellen sw. (Ib) 154
zeln sw. (Ia) 154
zëmen st. IV 73, 140
zên s. zëhen 86
zêrste 180
zëse *wa/wô* 69, 112
ze wâre, zewâre 22, 115,
   180
ziegel M. *a* 11
ziehen st. IIb 9, 10, 31,
   32, 45, 57, 86, 138
zien s. ziehen 86
ziere *ja/jô* 11, 111
zieren sw. (Ic) 153
zîhen st. Ib 10, 57, 137
zimber N. *a* 73a.
zît F. *i* 36a., 99,108, 177
ziunen sw. (Ib) 40
zol M. *a* 77a.

zorn M. *a* 7, 29a.
zouberærinne F. jô 67
zöugen sw. (Ib) 43
zoumen sw. (Ib) 43
zuc M. *a*, *i* 31, 57
zucken/zücken sw. (Ib)
   32, 64
zügel M. *a* 32, 57
zünden sw. (Ib) 153, 179
zunft F. *i* 73
zûn M. *a*, *i* 40
zunge F. *n* 7, 101, 108
zuo 180
zupfen sw. (Ib) 32
zürnen sw. (Ib) 7, 153,
   179
zwähele F. *jô*, *n* (s.
   twähele) 75
zwahen st. VI (s. twahen)
   75
zwâre s. ze wâre
zwei 10, 52, 68

zweinzec 130
zweite 131
zwelf 25a., 82, 130
zwêne 130
zwërc M.N.*a*(s.twërc)76
zwërch *a/ô* (s. twërch) 75
zwilich 133
zwillinc/zwinelinc M.
   67
zwingen st. IIIa (s.
   twingen) 75
zwir 132
zwisc 133
zwischen 28a., 77a., 133
   180
zwispaltec *a/ô* 133
zwispilde *ja/jô* 133
zwivach 133
zwivalt 133
zwîvel M. N. *a* 82
zwîvelôn sw. (II) 18,
   156a.

Sachregister
Angelegt von Günter Ketzer

Die Ziffern beziehen sich auf die Paragraphen.
a. = Anmerkung; st. = stark; sw. = schwach.

A

Abhängigkeit: von Haupt- u. Glied-
sätzen 181 f.; Zeitfolge 183;
Negation 183
Ablaut: 5; qualitativer 27, 31, 137,
142; quantitativer 28, 36, 137,
142; ablautende Verben 27, 135;
Ablautreihen der st. V. 137—151,
der Präteritopräsentia 158—165
Ableitungen: 6; mit Primärumlaut 25;
mit Sekundärumlaut 26
Ableitungssilben s. Suffixe
Abschwächung: volle Endsilbenvo-
kale 1, 2, 18, 19; Mittelsilben 19
Abstrakta: ahd.-*î* 98; Umlaut 25, 32,
34; -*heit*, -*keit*, -*schaft* 99; Kon-
gruenz 175

Abstufung s. Ablaut, quantitativer
Abtönung s. Ablaut, qualitativer
Adjektive: 109, 110, 175; doppelfor-
mige (*ja-jô*-Dekl. und *a*-, ô-
Dekl.) 111; Steigerung 114; Ad-
jektivadverbien 115 f; auf -*ic*,
-*ec* 115; Pronominaladj. 125; adj.
dekl. Zahlwörter 130; subst. Ge-
brauch 174; Anwendung der
Flexionsarten 175; Stellung 175;
attribut. A. 175; prädikat. A. 175;
Part. Prät. 179; Kongruenz 175
Adverbien: Bildungsweise 115; Stei-
gerung 116; enklit. Verbindungen
22; adv. Verbindungen 98; Ablei-
tungen 114; Trennung adv. Grup-
pen 173; Relativ- 181; Interrog.

181; Lokal- 182; verallgemeinernde Adv.: Konjunktiv 183, Negation 184 *ære*, Suff.: 16, 18 ,92

Affrikata: 3, 52, 60, 77, 82, 122 130a.

Akkusativ: Endung 90, 98, 101; endungsloser Akk. Pl. 104; pronominale Akk.-Endung 106; adverbial gebrauchter neutr. Akk. Sg. 115, 116, 127; unpersönl. Wendungen 179; A. des Inhalts 179; A. der Ersteckung: räumlich u. zeitlich 179, über ein Tätigkeitsgebiet 179; Verben mit Akk. 179; Präpos. mit Akk. 180

Aktiv: 134

Alemannisch: 1, 2, 186; *gân, stân* 2, 170, 186; Diphthongierung 12; Monophthongierung 13 a.; Dehnung 14; volle Endsilbenvokale 1, 18 a., 98 a., 114, 152 a., 156, 186; *e = i* 20 a.; Rundung des *e* 25 a., des *i* 28 a.; *har* für *hër* 27 a., 186; *a* statt *o* 29, 186; keine Brechung *iu > io, ie* 46, 186; hd. Lautverschiebung 51, 185; *k >* *kch* 52, 60, 84, (*ch* für *k*) 85, 185, 186; *k*-Aussprache des *g* 53, 83; *b, t, g > p, t, k* 53; *b >p* 79; Schwund des *b* bei Kontrakt. 36, 79, 150; Gemination, *r (nerren)* 63, 64 a.; Lenierung 66; Schwund des *u* in *qu* 70; Nasalierung 74 a., 186; *sp, st* 78; *sch + t = st* 78 a.; *p > pf* 81; *ht* 84; *hs > ss* 86; Schwund des *h* 86, 186; *dien* statt *dën* 121 a.; *jener* usw. ohne *j* 68, 123, 186; Plural *-ent* 150, 156 a., 169; gekürzte Pluralformen 79, 150, 163, 166, 172 a., 186; Konj. Präs. 156 a., 168, 169, 171, 186; Nebenformen zu *sîn* 168

Altdeutsch: 1; Unterscheidung des Nhd. vom A. 1

Analogie: analog. Neubildungen 26, 30; *ss > st* 58, 157; umgelautete Verwandtschaftsnamen 102; Gen. Pl. zum Nom. u. Akk. 104; adv. Gen. 105; sw. Adj.-Dekl. 109; st. V. 145; Prät.: Ind. zum Konj. 151 a., sw. V. 154; 2. u. 3. Pers. Pl. Ind. Präs. 156; Prät. von *beginnen* zu *gan* 160 a.

Anlehnungen: s. Pro- u. Enklise

Anrede: 175, 177, 178

Apokope: 20; st. Subst. auf *l, r, m, n* 90, 91; sw. Subst. 101; Adj. 113: *diz* 122; st. Verben auf *l, r, n* 149; Prät. der sw. Verben 156; *gunnen* 160

Artikel: pro- u. enkl. 22; bestimmter 121, 177; unbestimmter 130, 177; fehlender 177;

Assimilation: 67; Voll- 67; Teil- 9, 67, 76, 86; *mn > mm* 21, 113; *mb > mm* 73 a.; *mt, nt > md, nd* 76; *hs > ss* 86; *z > s* bei Superl. 77, 114; *s > r* bei *dirre* 122; Doppelkonsonanz 64; Sing. an den Pl. Prät. 57, 142; *tuon* an st. u. sw. Verben 169

a-Stämme: Subst. 88, 89, 90, 91, 93; Adj. 110

Asyndese: 181

Attribut: Stellung 173; attr. Adj. 175; prädikatives Attr. 175, 179

Auslautverhärtung: 65, 82; *b > p* 57, 79; *g > c* 57, 83, 90; *d > t* 75

Aussprache des Mhd.: 3

B

Bairisch: 1, 2, 186; *ê* 3, 35; *e* 27, *or > ar* 29 a., 186; *â > ô* 33 a., 186; *ei* 41, *age > ei* 83 a., 172, 186; *öu = ou* 43 a.; *ui* 44; keine Brechung *iu > io, ie* 46, 186; Lautverschiebung 51, 185; *b, t, g > p, t, k* 53; *b > p* 79, 186;

Lautverschiebung: germ.: 51, 53, 56; **hd.**: 2, 51, 52, 53, 54; Datierung: 51; Grenzen: 2, 51; Geminaten: 60—64; *d* > *t:* 53, 76; *b* >*p:* 53, 79; *p* > *pf:* 52, 80, 81; *p* > *ff, f:* 52, 82; *k* > *ch:* 52, 85; in den mhd. Maa. 81 a., 185

Lautstand: Mischung von alem. u. ofr. 2

Lehnprägungen: 2

Lehnsuffixe: 2, 92

Lehnübersetzungen: 57 a.

Lehnwörter: frz. 2; nfr. 2, 80; lat. 11, 46, 98; erhaltenes *j* 68; erhaltenes *w* 69 a.; germ. L. im Finn. 88 a.

-leie, Lehnsuff.: 2, 133

Lenierung: s. Konsonantenschwächung

-lf: 52, 81 a., 184

-lich: 9, 14, 16, 19, 26, 126, 127;

-lich: 14, 19, 126, 127, 133;

-liche, -lichen: 16, 115

Limburgisch: 2

Literaturidiome: 2

Literatursprachen: 2

-lp: 52, 81 a., 185

M

Maskulina: *a*-Dekl.: 90-92, 94; *i*-Dekl.: 99; *u*-Dekl.: 100; *n*-Dekl.: 101; Schwanken zw. st. u. sw. Dekl.: 90, 101

Maßangaben: 175

Mediae: s. Verschlußlaute

Meißnisch: *iu* > *û* 44 a.

Mengenbezeichungen: 104 a., 175

Metathese: 72 a., 131 a., 186

Mischdeklination: 90, 98, 101

Mitteilungswert: 173

Mitteldeutsch: 2, 186; Längezeichen *e, i* 3; **Umlautsbezeichnung 9 a.**, 38; Monophthongierung 13; Kürzung 14; Wechsel: *ë, e, i* 27 a.; *e* der Endsilben 20 a.; *i* für *e* 20 a., 25 a.;

ô für *u* 31 a.; *ö* für *ü* 32 a., *â* für *ô* 33; *ei* > *ê* 41 a., 186; *ou* > *ô* 42 a., 186; *öu* = *eu* 43 a.; *iü* > *û* 45 a.; *uo* > *û* 47 a.; Lenierung 66; Metathese des *r* 72 a., 131; *mb* > *mm* 73 a.; unverschob. *d* 75 a., 76; *g* > *ch* 83 a.; Schwund des *h, ch* 86 a.; Pers. Pron. ohne *r* 117 a.; 1. Pers. Sg.- -*n* 156; *pflēgen* 141 a.; Pl. auf -*en* 150 a.; *wollen* 166; *gên, stēn* 170; *ob* 180 a.; *biz* statt *unz* 180 a.; hd. Lautverschiebung 185

Mittelfränkisch: 2, 186; Diphthongierung 12; *â* > *ai, ae* 3, 33; *ê* > *ei* 3, 35; *û* > *ui, ue* 3, 39; *ô* > *oi* 3, 37; *ê* 11 a., 13 a., 46 a.; *ei* > *ê* 41 a.; *ô* 11 a., 13 a., 47; hd. Lautverschiebung 51, 185; Lehnübersetzungen 57 a.; *wr* 69; unverschob. *d* 75, 76; unverschob. *t* 77; *dat* 121, 184; *wat* 125, 185; *dit* 122, 184; *it* 185; *v* > *b, v, f* 79; *ch* für *g* 83; *hs* > *ss* 86; Pers.-Pron. ohne *r: mî, dî, wî, gî, î* 119 a.; Formen mit *h: hê, hie, he, hër* 119 a.; *tuon* 169; *gân* 170; *stân* 170

Mittelhochdeutsch: 2; sprachgeschichtliche Stellung 1

Mittelniederdeutsch: 2

mnl. Literatur- u. Schreibsprache: 2

Mittelrheinisches Literaturidiom: 2

-mi-Verben: 142, 144, 167-171, 186

Monophthongierung: 1, 10, 13, 186; *ei* > *ê* 41 a.; *ou* > *ô* 42 a.; *ie* > *î* 46 a.; *uo* > *û* 47 a.

Moselfränkisch: 2, 185, 186; *iu* > *û* 44 a.; Lenierung 66; Part. Prät. der st. V. ohne -*n* 74 a., 151 a.; *rd* > *rt* 70, 184; *lf* 81 a., 185; *rf* 81 a., 186; Adj.-Dekl. 113 a.

Mundarten: Einteilung 2; gesprochene 2; **koloniale** 2; Ost- 12; **hd.** Lautverschiebung 51, 81, 185

Mystik: Sprache 2; Wortschatz 2

-rîch, -rich: 14, 19
Ripuarisch: 2; Übergang vom Nd.
zum Hd. 85, 185; Diphthongierung
12; hd. Lautversch. 51, 185; keine
Versch. des p 81 a., 185; Lenie-
rung 66; rd: 76, 185; lp, rp: 81,
185; ft > cht: 82; Schwund des h
in rht 86 a.; Adj.- Dekl. 113 a.; sw.
Verb. willen 166 a., 186
-rp: 52, 81 a., 185
r-Stämme: 102
rs > rsch: 78 a
rt: 76, 184
Runenzeichen þorn: 55
rz > rsch: 77 a., 78 a.

S

Sächsisch: 1, 186; Niedersächsisch:
2, 185; Obersächsisch: 2; ei > ê:
41 a.; Lenierung 66 a.; f, v: 82;
sk > sch: 163 a
Satz: -lehre 178-184; -arten 181-184;
-verbindung 181; -gefüge 181;
Hauptsatz 181 ff.; Gliedsatz 181
ff.: Stellung des Verbs. 173, des
Subjekts 173; nach wiʒʒen 173;
Modi u. Tempora 183
sc > sch: 78; s > sch in sl, sm, sn,
sw 78
-schaft: 99
Schlesisch: 2, 66
Schreibidiome: 2; Schreibung: Sub-
jektivismus 2; Schreibweise: nor-
malisierter mhd. Texte, Hand-
schriften 3; Schreibsprachen 2;
überlandschaftl. Schreibsprachen
2
Schriftsprache: 2
Schwäbisch: Diphthongierung 12;
â > au 33; ê 3, 35; e 27; ei 41; ui
44; k > kch 52, 60, 84, 184; Lenie-
rung 66; schw. Nasalierung 74,
185; b > p 79 a.; gekürzte Plural-
formen 79, 150; Plural -ent 150 a.
Schweizerisch: ei 41

Schwund des schwachen e s. Apo-
kope u. Synkope
Schwund: n vor h: 59; r in ver- vor
l 72; h zw. Vokalen 86; germ. w
nach Kons., im Anlaut 69
Sekundärumlaut: s. Umlaut
Singular, kollektiver: 179
-sk: 52; sk > sch 163 a
Sondersprachen, landschaftl.: 2
sp: 52, 66 a., 78
spätmitteralterl. Deutsch: 1, 2
Spiranten: s. Reibelaute
Sprache: bürgerliche 2; Bibelüber-
tragungen 2; Dichtung 2; Helden-
epen 2, 173; Predigt 2; Mystik u.
Erbauung 2; Scholastik 2; Urkun-
den 18 a.
Sprachgrenze: dt.-roman. 2 a
Sprachmischung: 2
st: 52, 66, 78, 83 a; ss > st 58
Stammessprachen: 2; germ. 1
Staufisch: Einfluß auf die mhd.
Dichtersprache 2; Verkehrsspra-
che 2
Steigerung: Adj. 114; Adv. 116
Stoffbezeichnungen: 177
Straßburger Alexander: 2
Subjekt: Stellung im Gliedsatz 173
Substantiv: 87-108 Dekl.; subst.
Formen: der st. Adj.-Dekl.: 109,
113; der Zahlwörter 176; subst.
gebrauchte Adj. 174; Substantiv-
bildungen des Verbs 134; Sub-
stantivsätze 182
Substantivierung: Part. Präs.: 103;
Adj. 174; Infinitiv 177, 179
Suffixe: volle Suffixvokale: 18, 37,
114; Schwächung 19; Lehn-: 2, 92;
i-haltige: 32; Subst.- 73, 91, 92, 93,
95, 98, 99, 101, 134; -n- 87, 101;
Plural-: 90, 91; Komp.-: 114, 116,
121; Superl.-: 114, 116; Dental-:
134
Superlativ: 18, 77, 175, 177; Adj.
114; Adv. 116; Synkope 21;

Abkürzungen

Adj. = Adjektiv, **Adv.** = Adverb, **afrz.**=altfranzösisch, **ahd.**=althochdeutsch, **Akk.** = Akkusativ, **alem.** = alemannisch, **asächs.** = altsächsisch, **bair.** = bairisch, **D(at).** = Dativ, **Dekl.** = Deklination, **dt.** = deutsch, **F.** = Femininum, **fränk.** = fränkisch, **frz.** = französisch, **G(en).** = Genitiv, **germ.** = germanisch, **got.** = gotisch, **hd.** = hochdeutsch, **hess.** = hessisch. **Hs(s).** = Handschrift(en), **ideur.** = indoeuropäisch (indogermanisch). **Imper.** = Imperativ, **Imperf.** = Imperfekt, **Ind.** = Indikativ, **I(nstr).** = Instrumental. **Kl.** = (Verbal-) Klasse, **Komp.** = Komparativ, **Konj.** = Konjunktiv, **Konjug.** = Konjugation, **Kons.** = Konsonant, **lat.** = lateinisch. **M.** = Maskulinum, **Ma(a).** = Mundart(en), **md.** = mitteldeutsch, **mfr.** = mittelfränkisch. **mhd.** = mittelhochdeutsch, **mlat.** = mittellateinisch, **mnd.** = mittelniederdeutsch, **mnl.** = mittelniederländisch, **moselfr.** = moselfränkisch, **N.** = Neutrum. **neuengl.** = neuenglisch, **neufrz.** = neufranzösisch, **neutr.** = neutral, **nhd.** = neuhochdeutsch (wenn nicht anders gesagt = Hochsprache), **nfr.** = niederfränkisch, **nld.** = niederländisch. **N(om).** = Nominativ, **nsächs.** = niedersächsisch, **obd.** = oberdeutsch, **ofr.** = ostfränkisch, **omd.** = ostmitteldeutsch, **ON(N)** = Ortsname(n), **osächs.** = obersächsisch, **Part.** = Partizip, **Perf.** = Perfekt, **Pers.** = Person, **Pl(ur).** = Plural, **Plusqpf.** = Plusquamperfekt, **PN(N)** = Personenname(n), **Präs.** = Präsens, **Prät.** = Präteritum, **Pron.** = Pronomen, **rhfr.** = rheinfränkisch, **ripuar.** = ripuarisch, **schles.** = schlesisch, **Sg., Sing.** = Singular, **st.** = stark, **stimmh.** = stimmhaft, **stimml.** = stimmlos, **Subst.** = Substantiv, **Superl.**=Superlativ, **sw.**=schwach, **thür.**=thüringisch, **urgerm.** = urgermanisch, **urspr.** = ursprünglich, **wgerm.** = westgermanisch, **wmd.** = westmitteldeutsch.

ǝ = Murmel- (Neutral)vokal; sog. *schwa indogermanicum*

b̄ ḡ đ = stimmh. labiale, gutturale bzw. dentale Reibelaute

þ = stimml. dentaler Reibelaut (vgl. neuengl. *th* in *thing*); þorn- Laut (Runenzeichen)

ᷓ, ȝ = s-Laut

* bedeutet, daß die betr. Form lautgerecht vorausgesetzt werden darf, aber nicht belegt ist.

> wird zu, < kommt von.

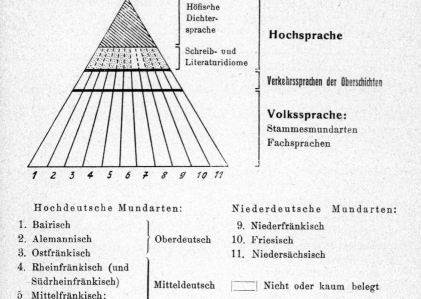

Hochdeutsche Mundarten:

1. Bairisch
2. Alemannisch   } Oberdeutsch
3. Ostfränkisch

4. Rheinfränkisch (und
   Südrheinfränkisch)
5 Mittelfränkisch: } Mitteldeutsch
   Moselfränkisch., Ripuar.
6. Thüringisch
7. Obersächsisch
8. Schlesisch

Niederdeutsche Mundarten:

9. Niederfränkisch
10. Friesisch
11. Niedersächsisch

☐ Nicht oder kaum belegt

Karte 1
Gliederung des hochmittelalterlichen Deutsch
(etwa 1170—1250)

Nach Hugo Moser, Deutsche Sprachgeschichte der älteren Zeit, in: Deutsche Philologie im Aufriß (hg. v. W. Stammler) I ²1957, Sp. 850.

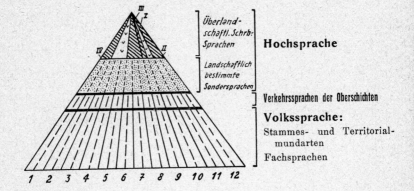

Hochdeutsche Mundarten:		Niederdeutsche Mundarten:

Hochdeutsche Mundarten:

1. Bairisch ⎫
2. Alemannisch ⎬ Oberdeutsch
3. Ostfränkisch ⎭
4. Rheinfränkisch (und
   Südrheinfränkisch) ⎫
5. Mittelfränkisch
   (Moselfränkisch und ⎬ Mitteldeutsch
   Ripuarisch)
6. Thüringisch
7. Obersächsisch
8. Schlesisch ⎭

Niederdeutsche Mundarten:

9. Niederfränkisch
10. Friesisch
11. Niedersächsisch
12. Koloniales Niederdeutsch

Überlandschaftl. Schreibspr :

I. Mittelniederländisch
   (seit Mitte 13. Jh.)
II. Mittelniederdeutsch
   (seit Mitte 14. Jh.)
III. Ostmitteldeutsch
   (seit Ende 14. Jhd)
IV. Gemeines Deutsch
   (seit Mitte 15. Jh)

⌷ Nicht oder kaum belegt ⌷ v v ⌷ Nicht vorhanden

— — Mundartliche Unterteilungen

Karte 2
Gliederung des spätmittelalterlichen Deutsch
(etwa seit 1250)

Nach Hugo Moser, Deutsche Sprachgeschichte der älteren Zeit, in: Deutsche Philologie im Aufriß (hg. v. W. Stammler) I ²1957, Sp. 851.

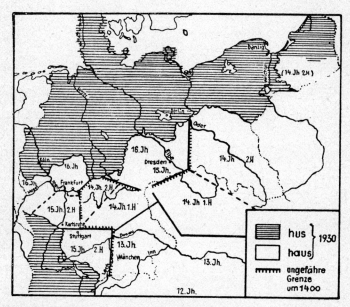

Karte 3: Verbreitung der neuhochdeutschen Diphthongierung nach den schrift-
lichen Zeugnissen

(Nach K. Wagner, Deutsche Sprachlandschaften, 1927, und A. Bach, Deutsche Mundartfor-
schung ²1950)

aus: H. Moser, Deutsche Sprachgeschichte ⁵1965, Karte 5

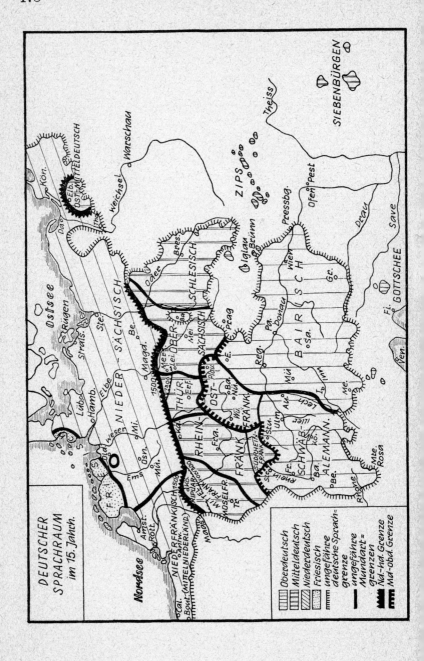